Alfonso de Toro, Klaus Pörtl (eds.)
Variaciones sobre el teatro latinoamericano

TPT - TEORIA Y PRACTICA DEL TEATRO
THEORIE UND PRAXIS DES THEATERS
Vol. 5

DIRECTORES: Alfonso de Toro
Centro de Investigación Iberoamericana
Universidad de Leipzig

Fernando de Toro
School of Comparative Literary Studies
Carleton University, Ottawa/Canada

CONSEJO EDITORIAL: Jean Alter (University of Pennsylvania; Eugenio Barba (International School of Theatre Anthropology); Fabricio Cruciani (Università di Lecce); Marco De Marinis (Università di Bologna); Tim Fitzpatrick (University of Sidney); Erika Fischer-Lichte (Universität Mainz); Wilfried Floeck (Universität Giessen); Henry Schoenmakers (Universiteit Utrecht); André Helbo (Université de Bruxelles); Karl Kohut (Katholische Universität Eichstätt); Wladimir Krysinski (Université de Montréal); Hans-Thies Lehmann (Universität Frankfurt); Ane-Grethe Oestergaard (Odense Universitet); Patrice Pavis (Université de Paris VIII); Klaus Pörtl (Universität Mainz); Franklin Rodríguez (Schwerin); Eli Rozik (University of Tel Aviv); Franco Ruffini (Università di Bologna); Henry W. Sullivan (University of Missouri-Columbia); Fernando Taviani (Università di L'Aquila); Antonio Tordera (Universidad de Valencia); Jorge Urrutia (Universidad de Sevilla); Juan Villegas (University of California, Irvine); Jiri Veltrusky (Paris).

REDACCIÓN: Claudia Gatzmeier; René Ceballos

Alfonso de Toro, Klaus Pörtl (eds.)

Variaciones sobre el teatro latinoamericano

Tendencias y perspectivas

Frankfurt · Madrid

1996

Die Deutsche Bibliothek - CIP-Einheitsaufnahme

Variaciones sobre el teatro latinoamericano : tendencias
y perspectivas / Alfonso de Toro ; Klaus Pörtl (ed.). - Frankfurt
am Main : Vervuert ; Madrid : Iberoamericana, 1996
  (Teoría y práctica del teatro ; Vol. 5)
  ISBN 3-89354-355-4 (Vervuert)
  ISBN 84-88906-42-0 (Iberoamericana)
NE: Toro, Alfonso de [Hrsg]; GT

© Vervuert Verlag, Frankfurt 1996
© Iberoamericana, Madrid 1996
  c/Amor de Dios, 1
  E-28014 Madrid
Reservados todos los derechos
Impreso en Alemania

ÍNDICE

PRÓLOGO

El presente volumen reúne una selección de trabajos presentados en el Congreso de la Asociación de Hispanistas Alemanes realizado en Augsburgo del 3 al 7 de marzo de 1993 e intenta un diálogo entre académicos dedicados al teatro, dramaturgos, directores de teatro y críticos periodísticos con la finalidad de ofrecer un breve panorama de algunas tendencias actuales del teatro latinoamericano. Además se intenta realizar una teoría teatral que esté de acuerdo con las manifestaciones teatrales contemporáneas, como lo vienen exigiendo hace ya tiempo tanto autores como dramaturgos, así por ejemplo Pavlovsky: "por una parte existe una cierta cantidad de críticos que no están al tanto de lo que sucede hoy en el mundo y no poseen los instrumentos analíticos para tratar el teatro, y por otra, los críticos informados han sido avasallados por la rapidez y variedad del teatro actual: necesitamos nuevos críticos jóvenes que acompañen estas vanguardias"[1].

De este modo continúa esta publicación, que es parte de un programa de libros sobre el teatro latinoamericano, aquella trayectoria iniciada con *Hacia un nuevo teatro y una nueva crítica del Teatro Latinoamericano*[2]. Por último nos resta agradecer a René Ceballos, quien tuvo a su cargo la redacción y la preparación técnica del presente volumen.

Alfonso de Toro, Leipzig   Klaus Pörtl, Germersheim   Diciembre de 1995

---

1   Vid. en el presente volumen A. de Toro, p. 60.

2   (TPT, Bd. 1, Verlag Klaus Dieter Vervuert). Frankfurt, 1993.

Fernando de Toro

Universidad de Carleton

LA(S) TEATRALIDAD(ES) POSTMODERNA(S) SIMULACIÓN, DECONSTRUCCIÓN Y ESCRITURA RIZOMÁTICA

Nací traducción, expresión de una primera lengua.
Nací traducción francesa de una madre cuya madre
había olvidado el amerindio y cuyo padre, británico
en exilio, había elegido vivir en francés por amor.
Soy en mi lengua la memoria de otras lenguas.

Si alguien te quita las palabras de la boca, no te quejes,
el lenguaje no pertenece a nadie, al contrario del silencio.
Alberto Kurapel. *Carta de ajuste ou nous n'avons*
plus besoin de calendrier.

1. PUNTOS DE PARTIDA

La tan discutida *teatralidad* latinoamericana es difícil de asir puesto que su heterogeneidad temporal y artística está marcada por un descentramiento congénito y no obedece a ninguno de los paradigmas estéticos modernos, incluso a los paradigmas literarios latinoamericanos. Lo que deseo señalar es lo siguiente: al hablar de paradigmas estéticos podemos sostener con cierta seguridad que la poesía moderna, en Latinoamérica, se inaugura con Rubén Darío y el Modernismo latinoamericano, el cual culminará en la Modernidad occidental, con poetas como Neruda, Vallejo, Paz, etc. En este sentido, el discurso poético del continente se desarrolla contemporáneamente a los *ismos* europeos, en un mismo tiempo creativo aunque en otro espacio. La situación de la narrativa es distinta, puesto que arranca a fines de los años 40 (Rulfo, Carpentier) cuando la Modernidad occidental ya había concluído al menos 25 años antes[1]. Con respecto al teatro, la situación es casi anacrónica puesto que nunca verdaderamente se entró en la Modernidad y esto por varias razones. El teatro lati-

---

1   Desde nuestra perspectiva la Modernidad comienza hacia fines del siglo XIX, tal vez con *Ubu Roi* de Alfred Jarry en 1896 y termina con la alta Modernidad hacia 1925. Para entonces toda experimentación ha llegado a un final y lo que tenemos es "ciencia normal", esto es, la extensión, desarrollo, divulgación de la estética modernista y sus recursos discursivos/artísticos que concluirá en la Modernidad tardía de Beckett, Ionesco, etc.

noamericano, a partir de los años 60, centrará su discurso no en la actividad artística del teatro, sino en una actividad política y mensajista, vehiculada por una estética básicamente realista[2].

Con esto no queremos decir que no hubieran puestas o textos que hubieran asumido una estética moderna, ya que sí las hay, pero son la excepción[3]. A la vez ha habido una gran división entre dramaturgos y grupos de teatro en Latinoamérica. Estos realizan una práctica textual que poco o nada tiene que ver con lo que sucede en el resto de Occidente, donde el *Happening,* el *Performance* y un teatro que cada vez se inscribía más en una textualidad performativa determinada por la práctica escénica. Los modelos, tanto de dramaturgos como de directores y grupos de teatro latinoamericanos no son Grotowski, Kantor o Müller, sino Ibsen, Strindberg; a lo más Brecht. Así, la Modernidad teatral latinoamericana se produce fragmentada, esporádica, discontinua, particularmente debido a la resistencia, tanto de dramaturgos y directores, como a la de los grupos teatrales que se niegan a abandonar el "realismo" y un teatro mensajista por excelencia.

Resumiendo: el teatro latinoamericano de los años 60 y 70 se caracterizó, por razones sin duda comprensibles, por un exceso de compromiso con el mensaje político pero con un escaso compromiso con el teatro como arte. La dimensión ideológica lo permeó todo, olvidando que el teatro, ante cualquier otra consideración, es arte, un artefacto (y de esto no escapó la crítica). La práctica teatral de estas dos décadas se centró casi exclusivamente en dos paradigmas teatrales: por una parte en un "realismo" mecánico y trasnochado, y por otra en Brecht. En ambos casos se trata de estéticas históricamente superadas.

2. HACIA UN NUEVO PARADIGMA ESTÉTICO

Es solamente a partir de la década de los 80 que se comenzaron a plantear las cosas de una forma diferente, tanto desde la perspectiva de los practicantes como de la de los teóricos-críticos del teatro. No es raro hoy escuchar a Gerald Thomas, Antunes Filho, Luis de Tavira, Alberto Ure, Griselda Gambaro, Eduardo Rovner, Angel Ruggerio, Ramón Griffero, Alberto Kurapel, Eduardo Pavlosvky, referirse a los temas centrales de la discusión actual, tales como la deconstrucción, la postmodernidad, el post-colonialismo, el feminismo, etc. Pero hay más: en la práctica teatral misma, particularmente en ciertos grupos de teatro, tales como Cuatro Tablas (Perú);

---

2   Tal vez el teatro más "moderno" de las décadas de los 60 y 70 sea un teatro al estilo de B. Shaw, Ibsen, Brecht, O'Neill o Strindberg. Sólo basta pensar en autores tales como E. Wolff, R. Arlt, A. Sieveking, R. Usigli, por nombrar solamente algunos, quienes se mantienen activos en estas dos décadas.

3   Una excepción clarísima es Eduardo Pavlovsky, quien desde fines de los años 50 comienza una labor teatral experimental que es contemporánea a las búsquedas que se estaban realizando en Europa y en los Estados Unidos. Vid. A. de Toro (1995: 37-84 en el presente volumen).

Teatro Laboratorio de Movimento e Expressão (Brasil); Grupo Yuyaschkani (Perú); Grupo de teatro La Rueca, El Teatro del Cuerpo (México); La Compagnie des Arts Exilio (Montreal), por citar sólo algunos casos, se ha iniciado un tipo de trabajo y de reflexión sin precedentes en el continente. El centro es ahora el oficio del actor, el cual trasciende la retórica espontaneista e incluso demagógica del los años 60 y 70.

Este nuevo espacio de reflexión que comienza a unir a dramaturgos, actores, directores y teóricos del teatro constituye un nuevo momento en el teatro latinoamericano, tal vez el momento más rico, más importante, puesto que hasta hoy, en términos generales, no ha existido una reflexión estética y teórica extensiva, y mucho menos prácticas teatrales, que hoy, en los años 90, podamos calificar directamente de postmodernas.

Si bien es cierto que el teatro latinoamericano no tuvo una verdadera Modernidad, al menos desarrollada, hoy se posiciona en una Post-Modernidad simultánea en una serie de dramaturgos/directores. En efecto, todo parece indicar que el trabajo teatral se focaliza en la producción de una textualidad performativa donde las diferencias de sólo una década anterior entre dramaturgo, director, actor y grupo, se borran para dejar espacio a una práctica escénica que se funde y se exhibe como algo singular: el hecho escénico se transforma en un acto de teatro reflexivo. La palabra adquiere otra carga, puesto que se desliza de significante a significante, intentando evitar toda clausura, instalando la ambigüedad y la relatividad como centros de reflexión y de interrogación.

Es esto lo que ha ocurrido en los últimos diez años; hemos estado asistiendo a un cambio fundamental en la escena latinoamericana: el énfasis en la experimentación en el teatro como arte, fundado en sólidas técnicas de actuación y prácticas de entrenamiento acreditadas en el medio teatral.

Estas puestas que marcan nuevas tendencias se encuentran en diversos países: *Cinema Utoppia* de Ramón Griffero (Chile, 1985); *Potestad* y *Paso de Dos* de Eduardo Pavlovsky (Argentina, 1987/1989); *La Negra Ester* de Andrés Pérez (Chile, 1988); *Antígona* de Alberto Ure (Argentina, 1989); *3 Performances* (1987), *Prometeo encadenado según Alberto Kurapel* (1989), *Carta de Ajuste o nous n'avons plus besoin de calendrier* (1991), *Colmenas en la sombra ou l'espoir de l'arriere-garde* (1994) de Alberto Kurapel (Canadá/Chile); *Contraelviento* de Miguel Rubio/Yuyaschkani (Perú, 1990); *Postales argentinas* de Ricardo Bartis (Argentina, 1990); *Carmen com Filtro 2* de Gerald Thomas (Brasil, 1990); *La pasión de Pentesilea* de Luis de Tavira (México, 1988); *Antígona furiosa* de Griselda Gambaro (Argentina, 1986). Estas puestas producen una ruptura fundamental en la medida que elaboran un lenguaje escénico, que si bien es parte de la trayectoria de un director/autor, no lo es del contexto general del continente o del país en cuestión. Se trata de un teatro que no es espejo/reflejo, para emplear las palabras de Ramón Griffero (1989: 87), sino de un teatro que abandona la mimesis realista/brechtiana para entrar en la búsqueda de una nueva estética que más que latinoamericana (concepto por lo demás abstracto), sea capaz de revelar un arte teatral, que exprese una actividad artística y una concepción del mundo y del arte teatral. Esto, que parece tan difícil en nuestro continente, ha sido una realidad cotidiana en el teatro occidental, oriental y asiático, para no hablar de nuestro teatro precolombino.

Por otra parte, paralelamente existe una producción teatral anquilosada y sobrecargada, que ideológicamente revela una nostalgia de un pasado irrecuperable, de un fantasma que incluso puede llegar a operar demagógicamente sin quererlo, al reclamar *una* identidad que nunca ha existido pero que siempre se ha considerado como existente o en búsqueda de[4]. Sin embargo, esta "autenticidad" teatral se expresa en cierta crítica con un metalenguaje "moderno": "recodificación de...", "neo...", "deconstrucción de modelos precedentes", etc.[5] Sabemos, al menos desde los formalistas rusos, que la "reutilización" de procedimientos artísticos, introducidos-manipulados en un nuevo tejido, servían para efectuar la desfamiliarización y, por lo tanto, el efecto de *ostrenanie* o, si se quiere, el *Verfremdungseffekt* brechtiano, teniendo como resultado la inscripción de un nuevo paradigma estético o práctica artística. Así, se trataba no de continuar una "tradición", sino de re-utilizar procedimientos para vaciar el objeto de su transparencia, esto es, que la materialidad misma del signo, de la sustancia de la expresión, en tanto forma (*formatio*), se hiciera sentir por su opacidad. Sin embargo, las manifestaciones actuales del llamado "neo....x" no presentan, a nuestro ver, ningún rasgo de re-articulación de procedimientos de la tradición en una nueva forma, sino por el contrario, el espectador asiste a un espectáculo (un objeto) cuya percepción no remite a un intertexto pocesado en un espacio-tiempo actuales que permite una *Gestalt*, sino más bien se encuentra ante una reposición manierista, ante un objeto a destiempo. Además carece de ese aspecto central que según Chkolvski consiste en "créer une perception particulière de l'objet, de créer sa vision et non pas sa reconnaissance" (1965: 90).

En este mismo espacio teatral, las puestas de otros autores y directores se concentran en una nueva utilización del lenguaje, del espacio escénico, del trabajo del

---

4   Esta búsqueda incluso ha devenido sospechosa, puesto que después de 500 años, por lo visto todavía estamos en búsqueda de una identidad. Un buen ejemplo es el libro de María Bonilla y Stoyan Vladich, *El teatro latinoamericano en busca de su identidad cultural* (1988). Sin restarle mérito al libro, cae en todos los clisés conocidos y después de 327 páginas terminamos sin enterarnos si hay una identidad o no, pero sin duda la "búsqueda" continúa. Sin temor afirmamos que existe una actitud patológica en nuestro continente con respecto a este asunto de la identidad, tema que imperdonablemente surge en cada encuentro teatral, en cada festival, en cada coloquio, en cada discusión. Si construyéramos y creáramos más y abandonáramos la retórica y muchas veces la demagogia de la identidad (que en la mayoría de la veces no es sino una forma de ocultar serias deficiencias intelectuales y artísticas), tal vez nuestra identidad se definiría por nuestro trabajo, por nuestro hacer.

5   Osvaldo Pellettieri, en un interesante y valioso estudio que sirve de prólogo a *Teatro de Eduardo Rovner* (1989), señala: "La evolución de esta textualidad ha generado lo que nosotros denominamos neosainete, un conjunto de textos que redescubre y refuncionaliza la productividad de un sistema marginal, hasta ese momento considerada como un discurso teatral desplazado por los sectores centrales de la actividad. Y el mundo que vendrá es un neosainete. Es una variante de lo que denominamos sainete o tragicomedia del autoengaño", pp. 33-34.

actor y de la semiotización de un objeto que presenta una resistencia, una diferencia que va contra su horizonte de espectativa, y que por lo tanto obliga a un trabajo semiótico de re-construcción y de actualización en-su-con-texto (A. de Toro, 1989a). Normalmente este tipo de espectáculo no es recibido con grandes halagos ya que el público se resiste ante un objeto que no le es entregado transparentemente. Sólo basta pensar en la fría recepción y desatención con que se recibieron espectáculos de óptimo nivel como *Cinema Utoppia* de Ramón Griffero; *Antígona* de Alberto Ure; *Antígona furiosa* de Griselda Gambaro; *Carmen com Filtro 2* de Gerald Thomas o *Carta de ajuste* de Alberto Kurapel, sólo por citar casos ejemplares.

Todo esto está relacionado a dos ejes que marcan la práctica teatral latinoamericana: una vertiente esencialmente mimética, claramente referencial y otra anti-mimética, autoreflexiva y metatextual. Como sabemos, el teatro mimético, como paradigma, murió con Antoine, brutalmente liquidado por Alfred Jarry en 1896. De allí en adelante, el teatro se caracterizó por su fragmentación, discontinuidad y no figuración. Se nos preguntará qué tienen que hacer Antoine y Jarry con el teatro latinoamericano. Para bien o para mal, el teatro latinoamericano en general, tal vez más que cualquier otro teatro a nivel mundial, ha sido siempre marcado por estéticas y prácticas escénicas europeizantes, con lo cual no deseamos sostener que no exista una tradición teatral propia. El problema no reside en lo que se adopta, sino en cómo se utiliza lo adoptado. Brecht tomó de todas partes: del teatro chino, del circo, de la *Commedia dell'Arte*, del teatro del pasado europeo, de Meyerhold y de los grandes dramaturgos de su tradición. Sin embargo, su teatro tiene un sello inconfundible. Los artistas del renacimiento trabajaban *a la manera de*, sin preocuparse del "préstamo". En esto Brecht no fue distinto, como tampoco ninguno de los grandes directores del siglo XX. El problema con nosotros ha residido, en muchos casos, en la copia y no en el adoptar y retrabajar un material que nos puede resultar útil.

En nuestro "aislamiento" (hoy casi inexistente) y en nuestra necesidad de instrumentos, y ante la falta de nuestros propios maestros, hemos oscilado entre la copia poco reflexiva y un autoctonismo histérico que rechaza todo lo que viene de afuera (incluso antes de conocerlo) proclamando el trabajo propio, y esto basado, muchas veces, en consignas que no nos han conducido aún a una relativa madurez artística.

Hoy, en la Argentina, en el Brasil, en el Perú, México, Cuba y otros lugares sucede un hecho inusitado: Barba es elevado a categoría de gurú (aún contra su propio deseo) entre los grupos colectivos de teatro, particularmente en provincia, de sacerdote, donde el cuestionamiento, cuando lo hay, es ideológico y no artístico ni metodológico. Es fácil, como lo hace Ure, criticar y atacar a un Stanislavsky, o a un Grotowski mal asimilado[6], pero esto no es problema de aquellos, sino de la forma

---

6   Alberto Ure (1990: 83): "En Buenos Aires y en toda la Argentina, hasta las bailarinas de strip-tease se decían interesadas en Grotowski, y hubo grupos que iniciaron peregrinaciones a Wroclan como si fuera Tierra Santa. Cuando Grotowski vino a la Argentina, se encontró con múltiples grupos que le reclamaban la legitimación; su cara de espanto me resulta involvidable".

en cómo se recibe lo que llega de afuera. El teatro latinoamericano se debate en esta coyuntura y la salida no es clara.

En la llamada tradición existe una falacia peligrosa. Se piensa que dejarse penetrar por otras prácticas teatrales de alguna manera lleva contaminaciones poco deseables, sin detenerse a pensar que el tener una competencia (en el sentido chomskiano) teatral universal, para nada impide la propia y genunina expresión y, que por el contrario, la enriquece. Los grandes directores (y artistas en general) de Occidente, no han vacilado en tomar de todas partes, sólo basta pensar en Peter Brook, Grotowski o Barba, para no hablar de nuestros grandes novelistas y poetas que han producido su arte en contacto con todo lo que les rodeaba en su tiempo.

En el teatro latinoamericano actual existe una marcada búsqueda, una búsqueda por una identidad que no es argentina, chilena, peruana o brasileña, sino artística. Esta inquietud se da particularmente entre los jóvenes, grupos de incipientes actores y directores que buscan en medio de una gran desorientación, persiguiendo un centro que los evade. Sólo basta viajar por ciudades tan distintas como Tucumán, Salta, Córdoba, Bahía Blanca, San Pablo, Bahía, Río de Janeiro, Lima, Montevideo, Santiago, etc., para confrontar esta realidad. De estos grupos, muchos de ellos producto de los años 80, poco se habla, por no decir, no se habla. Se continúa en estos años representando las obras de autores que llevan veinte años de práctica (Díaz, Dragún, Gambaro, Wolff, Leñero, etc.) y, ante esto, nos preguntamos ¿dónde están los nuevos?

Pensamos que el teatro latinoamericano se encuentra ante una crisis. Esta reside entre ese teatro que se viene practicando desde hace al menos veinte años, cuyo péndulo fluctúa entre tradición y modernidad, sin que veamos surgir todavía el perfil de una práctica teatral que ya no se preocupe si su teatro es argentino o peruano, o si está con o contra la tradición, sino que se centre en su quehacer teatral dotándolo de todo el saber que puede aportar la cultura teatral universal.

En algunos países este perfil es claro, por ejemplo, en el Perú, donde el Grupo Yuyaschkani ha llegado en estos últimos tiempos a una madurez artísticas y propia, que pocos grupos latinoamericanos pueden reclamar. Su espectáculo *Contraelviento*, es un ejemplo de lo que se puede lograr "prestando" de su propia tradición andina (mitos) y teatral (técnicas) lo que se necesita y transformando esos préstamos en algo genuino y, lo que es más importante, en un resultado de gran calidad artística y compromiso político, sin excluirse el uno con el otro. Algo similar, aunque no exactamente igual, podríamos decir de *Postales Argentinas* de Ricardo Bartis o las magistrales puestas de Antunes Filho, que han tenido un gran éxito en distintos festivales durante el año 1989 y que sin duda parecerían iniciar una nueva estética[7]; y por cierto en el teatro mexicano, en particular algunas de las puestas de Luis de Tavira o de Teresa Rodríguez, para no hablar de los *performances* de Alberto Kurapel.

---

7   Otro claro ejemplo es el teatro brasileño, donde autores-directores como Cacá Rosé, Antunes Filho, Gerald Thomas, Augusto Boal, sólo para nombrar algunos, son creadores de envergadura internacional al mismo tiempo que participan de una tradición que ha venido elaborándose en el Brasil en conctato con el mundo teatral internacional.

Tal vez la entrada a la última década del siglo le permitirá al teatro latinoamericano sentirse parte de la comunidad internacional del teatro, cuya identidad y vitalidad no estará centrada en consignas de tradición o modernidad, sino simplemente en establecer su propia identidad teatral, la cual solamente se puede obtener al transformar las etiquetas en prácticas escénicas que merezcan dicho nombre, como es el caso de muchos espectáculos actuales que confirman y atisban un marcado cambio que esperamos se transforme en un hecho extendido en los años 90 en todo el continente.

3. TEATRO Y POSTMODERNIDAD EN LATINOAMÉRICA

Desde la publicación de los artículos seminales sobre el teatro postmoderno de Alfonso de Toro (1990; 1990a; 1991; 1991a; 1992), la investigación sobre la postmodernidad teatral en Latinoamérica ha comenzado a inscribirse en parámetros más sólidos, sobre cuyas bases podemos comenzar a articular un teatro genuinamente contemporáneo y latinoamericano[8]. De todas las obras y puestas que se han escrito/realizado en los últimos años, y que marcan una nueva etapa dentro del continente, hay algunas que se destacan de una manera particular y sobre éstas centraremos nuestra atención. Nos referimos a *Paso de Dos* (1989) de Eduardo Pavlovsky; *Extásis* (1994) de Ramón Griffero; *Antígona furiosa* (1986) de Griselda Gambaro; *Pentesilea* (1989) de Luis de Tavira y *Prometeo Encadenado* (1989) de Alberto Kurapel.

En nuestro artículo sobre teatro postmoderno (1993), desarrollamos una serie de categorías operatorias para dar cuenta del funcionamiento de textos/puestas teatrales postmodernas. A partir de éstas enfocaremos los textos mencionados más arriba con el fin de exponer los aspectos salientes de sus diversas prácticas teatrales.

Una de las características centrales de las prácticas culturales postmodernas es lo que podríamos denominar *apropiación* (F. de Toro, 1993: 29-31)[9], la cual se manifiesta a través de diferentes formas de intertextualidad. Esta intertextualidad se articula, al menos, de una forma triple: intertexto, palimpsesto y rizoma[10]. En lo que sigue presentaremos algunos casos significativos de esta particular operatividad postmoderna del teatro en general.

---

8   Otros estudios importantes sobre teatralidd postmoderna son los de Berringer (1991); De Gaetani (1991); Fischer-Lichte (1985 y 1987); Schlueter (1985); A. de Toro (1990). Véanse también en el presente volumen las páginas 59-84 y 119-138.

9   Por apropiación entendemos la inscripción de estructuras, temas, personajes, materiales, procedimientos retóricos del pasado en el tejido mismo de un nuevo texto, y empleados paródicamente en una doble codificación. La doble codificación, no solamente en el sentido de Jencks, esto es, articulada en pasado/presente (*double coding: the combination of Modern techniques with something else, usually traditional building*) (1989: 14), sino también en el sentido de un doble acceso, articulado en competencia/no-competencia del receptor/consumidor.

10   Intertexto, palimpsesto, y rizoma, son tres formas de intertextualidad. No deseamos discutir aquí estas nociones ya bien conocidas (A. de Toro, 1992: 159-164). Empleamos el término rizoma en el sentido de Deleuze y Guattari (1976).

A su vez deseamos una especificidad nocional y operativa: un intertexto es una inserción que ostenta su texto y no deja dudas sobre su origen y fuente, mientras que el palimpsesto efectúa una transformación radical en el intertexto, alterando su estructura y solamente dejando una huella, un vestigio de su origen y fuente. Finalmente, la intertextualidad rizomática no deja nada detrás, solamente un referente falso que oblitera el texto matriz y, de hecho, ostenta la ausencia de toda fuente o una presencia vacía simulada. En este caso, el intertexto es irreconocible, puesto que el rizoma, según Alfonso de Toro, es "un tipo de organización donde un elemento se encuentra conectado a otro de muy diversa estructura, produciendo una proliferación ajerárquica, desunida, abierta y siempre en desarrollo" (1994: 10).

3.1 Intertexto

Hemos escogido dos casos ejemplares de este tipo de intertextualidad: *Antígona Furiosa* de Griselda Gambaro y *Pentesilea* de Luis de Tavira. En estos textos se presenta un dialogismo explosivo y una radical intertextualidad que solamente puede ser accedida por la comunidad competente de espectadores/lectores. Estamos ante una doble codificación y accesibilidad[11].

3.1.1 *Antígona furiosa* o el sepulcro de los desaparecidos

Antígona Furiosa de Gambaro se construye en las fisuras del texto de Sófocles, esto es, cuenta lo no dicho en *Antígona*, pero conserva la estructura central del texto original: el entierro de Polinices. Al mismo tiempo introduce componentes metaficcionales, tales como la sobreposición del presente (Café) y pasado (fragmentos del intertexto), el lugar de la batalla entre Polinices y Eteocles. El texto de Gambaro discute los poderes del Estado; los personajes, Antinoo y Corifeo asumen los papeles de personajes del intertexto (Creón representado por una carcasa que él se pone y saca, el Corifeo; Polinices por un sudario, Hemón por Antígona o bien el Corifeo y Antinoo citando diálogos entre Hemón y Creonte); Antígona no es ajusticiada por Creón (quien está ausente en la obra y solamente presente narrativamente por medio de una personificación indirecta, la carcasa), sino que ella misma se mata en un acto de liberación, minando, de este modo, la autoridad del Estado y de Creón:

> Antígona: ¿No terminará nunca la burla? Hermano, no puedo aguan-
> tar estas paredes que no veo, este aire que oprime como

---

11   Entendemos por *doble codificación* no solamente la intertextualidad presente en una doble codificación como en la pintura de Stephen Mackenna, *Clio Observing the Fifth Style* (Edward Totah Gallery, London) o el edificio de Charles Vandenhove, *Place de Tikal, Hors-Château* (Liège, 1978), sino también como doble acceso, es decir la posibilidad de acceso en más de un nivel. Jencks señala respecto a la doble codificación: "I term Post-Modernism that paradoxical dualism, or double coding, which its hybrid name entails." (1989: 10).

una piedra. La sed. (*Palpa el cuenco, lo levanta y lo lleva a sus labios. Se inmoviliza*). Beberé y seguiré sedienta, se quebrarán mis labios y mi lengua se transformará espesa en un animal mudo. No. Rechazo este cuento de la misericordia, que les sirve de disimulo a la crueldad. (*Lentamente, lo vuelca*). Con la boca húmeda de mi propia saliva iré a mi muerte. Orgullosamente, Hemón, iré a mi muerte. Y vendrás corriendo y te clavarás la espada. Yo no lo supe. Nací, para compartir el amor y no el odio. (*Pausa larga*). Pero el odio manda. (*Furiosa*). ¡El resto es silencio! (*Se da muerte. Con furia*) (1989: 217)[12].

El texto de Gambaro se inscribe en el intertexto clásico marcando dos tiempos/ espacios: el pasado griego, a cuya tradición se vincula *Antígona* y el presente de la Argentina materializado en el Café. Es esta articulación la que permite el contrapunto paródico, puesto que instala la indecibilidad del doble código: no es ni enteramente presente ni enteramente pasado, no es ni el uno ni el otro, sino ambos a la vez.

La indecidibilidad también se inscribe en lo que podríamos llamar, con Deleuze y Guattari, el sujeto nomádico y el espacio nomádico (Deleuze y Guattarri, 1991: 351-423). El diálogo no emerge de sujetos claramente inscritos y totalmente seguros de su prensencia lingüística, en el sentido derridiano (Derrida: 1981: 65-156), de un *fonocentrismo* que autoriza y legitima el diálogo y su veracidad. Es precisamente esta "autoridad" la que explota en un marcado dialogismo y en una heteroglosia puntualmente marcada (Creonte es asumido por el Corifeo y Hemón por Antígona):

Corifeo:	(en la carcasa). No soy yo. Es la muerte.
	(*Ríe. Bajo*). ¿Hemón? (*Antígona se vuelve hacia él*).
	¿No estás furioso?
Antígona:	(*todas sus réplicas con voz neutra*) No.
Corifeo:	Seré inflexible.
Antígona:	Lo sé.
Corifeo:	Nada modificará mi decisión.
Antígona:	No intentaré cambiarla (1989: 206).

Así, el discurso tiene una procedencia y gestación múltiple y muchos personajes son "presentados" por el discurso sin jamás aparecer como tales en el escenario (o en el texto). De hecho a Creón, aparte de que su voz es asumida en el diálogo de otros, se le representa metonímicamente por medio de una carcasa, un vacío, un hueco (y lo mismo sucede con Polinices que es representado por un sudario).

El texto gambarino conserva episodios claves del texto de Sófocles, tales como el entierro de Polinices, diálogos y acciones entre Creón y Hemón, Creón y Antígo-

---

12 Este pasaje final expresa una posición feminista en el sentido de que plantea a la mujer contra la guerra que mata a su hijos, esposos, amantes. Expresa una dimensión afectiva que rechaza el odio y lo reemplaza por el amor. La guerra es un producto del sistema patriarcal, de la *ley-del-padre*, claramente expuesto y parodiado en *Del sol naciente* (donde uno de los temas centrales es también el de los desaparecidos).

na; la representación por diálogo de Hemón ante el cuerpo ahorcado de Antígona, etc. La pregunta que surge aquí es en relación a la intención del texto, puesto que hay que preguntarse ¿por qué *Antígona* en 1986? La respuesta solamente puede sugerirse a partir del texto y del contexto social-histórico-político argentino.

Alberto Ure, en una entrevista sobre su puesta de *Antígona* de Sófocles, sostuvo: "*Antígona* en la Argentina casi inevitablemente es obvia: los desaparecidos, el entierro de todos por igual, el reconocimiento de los muertos" (1989: 56), y "*Antígona* tiene algo que ver con eso. La peste está al final, en el último coro, la peste triunfa al final" (1989: 59). Pienso que no es accidental que *Antígona* de Gambaro trate, en parte, este mismo problema: los desaparecidos. Este tema ha obsesionado a los argentinos y a sus artistas, sólo basta pensar en *Potestad* de Eduardo Pavlovsky y tantos otros que continúan tratando este tema, esta tragedia no concluída.

El texto de Gambaro desliza esta temática casi subrepticiamente, puesto que está tejida entre las fisuras del texto de Sófocles y sus marcas son detectables a cada paso:

Corifeo:	(*Majestuoso, avanza hacia la carcasa, pero se detiene a mitad de camino. Se vuelve hacia Antígona*). La ciudad pertenece a quien la gobierna.
Antígona:	Solo, podrías mandar bien en una tierra desierta (1989: 208).
Antígona:	Vivirán a la luz como si no pasara nada. ¿Con quién compartiré mi casa? No estaré con los humanos ni con los que murieron, no se me contará entre los muertos ni entre los vivos. Desapareceré del mundo, en vida. (1989: 210).
Antígona:	Por última vez. Me llevan sin llantos, sin amigos, sin esposo. En mi muerte, no hay lágrimas ni lamentos. Sólo los míos.
Antinoo:	¡Qué sabiduría! Está y no está, la matamos y no la matamos (1989: 211).

Es la situación de incertidumbre de los desaparecidos, la imposibilidad de determinar si están vivos o muertos lo que expresan estas citas. En este sentido, Antígona, encerrada por Creonte en una cueva, condenada a morir/no morir, es una metáfora de todos los desaparecidos. El querer enterrar a su hermano Polinices es la metáfora que indicaría el fin de la incertidumbre, el comienzo del final, el momento en donde los muertos serán enterrados y los vivos podrán comenzar a vivir otra vez.

El texto gambarino no trata acerca de una reactualización de Antígona, sino de una mirada diferente donde Antígona asume su propio destino: Creón la ha perdonado pero ella opta por el suicidio, por su propia ejecución como desafío a un mundo que perversamente vive en función de la barbarie, el odio y la muerte. Sus palabras, que cierran el texto, son lapidarias: "Nací, para compartir el amor y no el odio. Pero el odio manda" (Gambaro, 1989: 217)[13].

---

13   El tema de la violencia, de la guerra, de la represión y de sus víctimas, ha sido una preocupación central y una constante en muchas de las obras de Griselda Gambaro. Sólo basta pensar en *Las paredes* (1963); *Los siameses* (1965); *El campo* (1967); *Información para extranjeros* (1973); *Puesta en claro* (1974); *Real envido* (1980); *Del sol naciente* (1984), por citar solamente algunas de las más conocidas.

3.1.2 Luis de Tavira y su contradictoria Postmodernidad

Una puesta y un texto paradigmático es *La pasión de Pentesilea* (1988) de Luis de Tavira, donde éste no solamente realiza una intertextualización de von Kleist, sino que desconstruye el mito a través de una nueva lectura, una lectura informada por la Historia de los horrores de nuestros héroes, materializados en Ulises, Aquiles, San Sebastián, Pizarro, Napoleón y Eisenhower. De Tavira textualiza su texto al menos en tres niveles: a) desconstruye el mito clásico de Pentesilea/Aquiles, el cual tiene más de una versión: en una Aquiles mata a Pentesilea, en otra Pentesilea mata a Aquiles. De Tavira opera con ambas versiones; de Kleist conserva el espíritu del romanticismo, puesto que, según De Tavira refiriéndose a Kleist, las narraciones cotejadas por Kleist sobre Aquiles/Pentesilea:

> ofrecen un conjunto de interpretaciones contradictorias sobre el desenlace del único planteamiento suficientemente capaz de ser la clave del misterio de la muerte de Aquiles en el plano trágico. Kleist no desecha ninguna sugerencia, va hilvanando los episodios con el hilo conductor de su propia fantasía. Pasa por todas las contradicciones en virtud de una intuición incomprensible para su tiempo. Kleist construyó un laberinto (1988: 7-8).

Esto es exactamente lo que hace De Tavira con su texto: escribe sobre esa contradicción y también construye un laberinto espacial y temporal; b) circulariza la escritura al presentar recurrentemente ciertos episodios de una forma constante, nos referimos a las escenas donde Ulises está abatido y reaparece Aquiles, quien supuestamente ha muerto (I, 10: 54-56; I, 13: 74-78; II, 10: 157-164); a las varias muertes de Aquiles/Pentesilea (I, 11: 63-68; II, 4: 113-126, II, 6,7,8: 135-152); o al Prólogo que comienza con dos Clandestinos, un ciego, cuatro guardias, y el guerrero troyano/San Sebastián caído, y, a la última escena que termina con exactamente los mismos personajes, salvo que el Clandestino I (asesinado por los guardias) ahora es San Sebastián/Pentesilea; c) el texto de De Tavira instituye la indecidibilidad al simultaneizar los espacios/tiempos sin demarcaciones lógico-causales y al reterritorializar las múltiples intertextualidades que construyen su texto[14].

La indecidibilidad temporal queda expresada desde el comienzo:

> Soldados troyanos, aqueos; conquistadores españoles del siglo XVI, US marines del siglo XX, plañideras, quimeras, San Sebastían, soldados napoleónicos, Napoleón, guardias napoleónicos, clandestino 1, clandestino 2, músico ciego, mensajero prusiano, la mujer original, la serpiente de viento, los argonautas. Tres niños (1988: 17-18).
> Al volver la luz sobre la misma playa es 1802. Un lugar de veraneo. En un extremo, sin embargo, yace el cadáver de un soldado troyano atado a una columna. (Digo que es un soldado troyano sólo porque aparecerá más tarde en la Bahía de Ilión, pero en

---

14 De Tavira inscribe la indecidibilidad espacial y temporal de la misma manera que lo hace Gambaro en *Antígona*, esto es, simultaneizando discursos, espacios, tiempos; presente/pasado. A su vez, de una forma similar a *Antígona* de Gambaro, varios personajes asumen, a través del discurso, el rol de otros (Diomedes - Einsenhower, Antíloco - Pizarro).

realidad es la imagen de San Sebastián derrumbada en la playa). En otro extremo, sentado sobre un cajón de mercado, toca la flauta un ciego de feria del siglo XIX (1988: 25).

Estos dos textos funden personajes, tiempos, espacios en un territorio (en el sentido de Deleuze y Guattari) sin inscripción, evitando toda especificación y dejando solamente un constante movimiento de territorialización, desterritorialización y territorialización, con constantes líneas de fuga que permiten este movimiento rizomático. Así, el mito griego, que opera como intertexto del texto de De Travira, se teje y desteje con texturas del pasado, recuperadas para el presente.

Alfonso de Toro, en un artículo seminal sobre la postmodernidad teatral latinoamericana, ha señalado sobre *Pentesilea* que:

> De Tavira deconstruye la forma tragedia y el mito griego del campeón de Aquiles y la barbaridad amazónica por la autodestrucción como elemento subversivo contra la imposibilidad del amor en un orden impuesto (1992: 172).

El texto de De Tavira va incluso más allá: pone en tela de juicio discursos minoritarios universalizantes y esencialistas, amenazados por Aquiles y Pentesilea. Esta ha cedido a la pasión de Aquiles (y éste ya no es el guerrero de siempre y es abatido por el amor) y su muerte lleva a Asteria a clamar:

Yo las convoco a crear
una nación de mujeres,
un estado de mujeres
en el que no haya lugar para los hombres
según la intuición original de
nuestra fundadora.
Debemos luchar contra nosotras mismas.
El horrible fin
de Pentesilea
nos orienta
hacia la reconstrucción
de la república (De Tavira, 1988: 156).

Este tipo de reflexión deconstructivista, a través de una lectura intemporal, a través del tiempo, constituye un acto de re-articulación y re-lectura/re-escritura de textualidades pasadas que se vinculan polémicamente con el presente. De Tavira trasciende el binarismo característico de mucho del teatro latinoamericano al introducir un tercer elemento: la indecidibilidad y la paralogía como actos constituyentes de una teatralidad, que como Pentesilea/Aquiles, se carnivoriza en un acto de auto destrucción/renacimiento. Pentesilea mira al futuro, a lo no inscrito pero abierto a una nueva inscripción que solamente puede venir, en el momento actual, de un pensamiento absolutamente crítico y capaz de mirar a la cara de Medusa/Jano, dentro/afuera, sin temor a la reflexión del espejo.

El texto de De Tavira está enmarcado en dos secuencias casi idénticas: la de los Clandestinos 1 y 2 que dan comienzo y concluyen el texto central. La única diferencia entre la secuencia inicial y la última es que el Clandestino 1 es asesinado por los Guardias. Cuando el Ciego le pregunta al Clandestino 2: "¿Quién? ¿Quién ha muerto?, éste responde: "Pentesilea, mi Pentesilea ha muerto" (1988: 170). Es en esta frase final donde se encuentra, tal vez, la clave interpretativa del texto de De Tavira, puesto que desvela a su vez la simultaneidad de espacios, tiempos, personajes históricos: la historia es recurrente, la guerra y la muerte siempre han predominado irracionalmente en nuestra civilización y los Aquiles/Pentesilea del mundo, si sucumben al amor, la muerte les aguarda. "Mi Pentesilea" marca la recurrencia histórica, al igual que la oclusión de espacios/tiempos.

El texto de De Tavira presenta una visión ambivalente del mundo: una de desilusión y disolución, y otra de esperanza, la esperanza contenida en lo no controlable e inesperado como lo es el amor de Aquiles/Pentesilea:

Asteria: Huyamos de la pasión
que esclaviza
y degrada.
Conquistemos nuestro cuerpo
como se sitia a Troya.
¡Mutilemos su adorno!
[...]
(*Asteria descubre sus pechos. Toma un puñal y se mutila*
el pecho derecho. La sangre mana generosa. Asteria se
desvanece pero de pronto se recupera. Llueve sobre ella
una lluvia de pétalos de rosa.)
¡Amazonas!
Mutilemos el pecho
que estorba
al arco en la batalla.
Mutilemos el adorno del cuerpo
porque las amazonas
seremos
mujeres sin corazón
y por ello mismo
venceremos.
Desde hoy
las amazonas
serán
las que no tienen pecho (1988: 156-157).

El acto de mutilación las convierte en una máquina de guerra tan destructiva y poderosa como la que encabezan Aquiles y Ulises. La destrucción de Aquiles y Pentesilea metaforizan este acto de barbarie que se repite de generación en generación, de civilización en civilización, trascendiendo todas las diferencias. Todo parece indicar, en *Pentesilea*, que el punto de unión de la humanidad reside en su antihumanismo, en su autodestrucción.

Accidentalmente, tanto *Antígona* de Griselda Gambaro, como *Pentesilea* de Luis de Tavira no sólo comparten una visión similar del mundo (de desencanto con esperanza), sino también una preocupación por la historia, por los mitos de destrucción y poder, con una escritura que se teje con textos del pasado en su intento de penetrar ese pasado irrecuperable para indagar en el presente.

3.2 Palimpsesto

La intertextualidad palimpséstica es, tal vez, una de las formas recurrentes de escritura y recontextualización de pasado en un nuevo contexto. Como lo señalamos más arriba, aquí los intertextos son fragmentos del texto original y el nuevo texto poco tiene que ver con aquél.

Un excelente ejemplo lo encontramos en *Prometeo encadenado*, (subtitulado *según Alberto Kurapel*, lo cual no es un accidente, como veremos): veinte espectadores ante una enorme cortina de plástico transparente; detrás, difusamente, bultos en el centro (que se revelarán cuerpos y momias ancestrales); a la izquierda una tarima (consola: teatro que revela su teatralidad, su artificio) por la que se accede por una escalera frontal; al centro una pirámide de monitores de televisión; al fondo algo que parece ser una gran pantalla de proyección; finalmente a la izquierda, el frente de un automóvil destrozado, con un bulto sobre él. La apertura del telón revela algo desconcertante: el espacio está poblado por una gruesa capa de polvo y ladrillos. Este es el espacio donde se desplazará Prometeo e Io. ¿Cómo vincular este espacio mezcla de lo ancestral y lo contemporáneo?

Este es el punto de partida primero del espectador: un espacio que en una primera instancia no tiene coherencia ninguna, pero es precisamente en esta aparente incoherencia, fragmentación y heterogeneidad de los objetos donde el espectador encontrará, al fin del viaje, la posibilidad de reconstruir el texto espectacular. El espacio es un *mise-en-abîme* del texto verbal: ese texto no narra nada, sólo expresa trozos, fragmentos de discurso, de un discurso que quisiera articularse pero que solamente logra enunciar careciendo de una situación de enunciación que haga coherente ese discurso; es un discurso sin deictización posible y el objeto teatral viene a reforzar su fragmentación. Simultáneamente al discurso se proyectan diapositivas diversas, particularmente pinturas del expresionista Roberto Matta, acompañadas, contradictoriamente, por la Sinfonía número 1 de Brahms, y por monitores de televisión que solamente se expresan por su ausencia de imagen. Así, el espacio escénico y el objeto teatral operan como contrapunto que va construyendo una imagen descentrada, pero que poco a poco comienza a adquirir precisamente ese sentido: el descentramiento, la falta de vinculación entre el mito ancestral y nuestra época carente de mitos y poblada de objetos inservibles que ya no solamente no nos reflejan, sino que nos anulan en una extremada reificación. Esto es exactamente lo que exhibe Prometeo/Kurapel: el choque de dos formas de estar en el mundo.

Es en estas fisuras textuales donde Kurapel inserta y teje su propio discurso: una metáfora que se superpone a *Prometeo* de Esquilo, transformándolo no en un libertador de la humanidad, sino en aquél que por obtener el poder la traicionó. En esta mezcla de textos, o más bien de intertextos empleados de una forma palimpséstica, es donde reside la riqueza y la novedad del espectáculo, pero también su complejidad[15].

Es el tejido de estos intertextos lo que conforma, en última instancia, el texto espectacular, y que le da una coherencia fragmentaria, pero es precisamente aquí donde se encuentra el secreto del espectáculo: hay una simultaneidad, una incorporación de significante/significado, donde el uno es el otro recíprocamente. La fragmentación del mundo, el caos entre pasado y presente no es revelado por un mensaje direccional o por una espacialización del discurso o del objeto de una forma icónica, sino por la propia sustancia y forma de la expresión: todos los elementos de la puesta en escena conducen directamente a esta integración significante.

¿Prometeo/Esquilo? Como lo señalamos más arriba, no hay vinculación directa, puesto que Kurapel ha construido su texto/espectáculo en las fisuras mismas del texto de Esquilo, es decir, el texto original es solamente un pre-texto, un lugar de inserción y reflexión palimpséstica, de puesta en signo de los silencios, o como dice Kurapel, de intervalos[16]. Esto es, en lo no-dicho, no manifestado, pero virtualmente presente en el texto griego. Prometeo se nos presenta rugiendo, mejor, lamentándose, en un quejido ancestral, encadenado a un automóvil (enmascarado y obeso: Jarry/Ubu). Desde allí profiere su rebeldía, pero a la vez ese vehículo es lo que vincula el pasado y el presente, la relación del mito de ayer con el hombre de hoy, es decir, el vehículo, como los monitores y proyecciones, proveen el eje diegético entre ayer/hoy. El ayer es el haber proveído a los hombres del fuego/saber, el hoy es su colaboración con el tirano, puesto que el fuego prometéico ha servido a aquél, no para liberar a los hombres, sino para aprisionarlos. Prometeo lleva la marca de Caín, de la traición: sus entrañas no son devoradas por un buitre, sino por su conciencia:

---

15   De hecho, hay una serie diversa de intertextos:
- intertextos tecnológicos: proyecciones de un torno en diapositivas;
- intertextos pictóricos de Roberto Matta que remiten a la fragmentación y especularidad de su propio texto y discurso;
- intertextos musicales de Brahms, que operan como un cuerpo extraño, armónico, en un mundo fragmentado y derruido;
- intertextos míticos, los chamanes y las momias incaicas que están allí como una ausencia, un pasado pero terriblemente presentes, como la memoria que no logra evadirse;
- intertextos discursivos históricos, que aluden al tirano, a la revolución que no tuvo lugar, a la ficción de la revolución misma que traiciona Prometeo.

16   En los "Apuntes de la Puesta en acción" Kurapel señala:
"Lo que siempre me llamó la atención en esta tragedia fueron los INTERVALOS que hay en ella, que son muchos.
La Performance *Teatral Prometeo Encadenado según Alberto Kurapel* transcurre en los ESPACIOS de la tragedia griega que actualmente encuentro infinitamente más interesante que el planteamiento general de la tragedia de Esquilo" (1989: 38).

PROMETEO: [...] y gracias a mí este tirano gobierna ahora y con
esto me paga [...] repartió entre sus favoritos las
diferentes tareas y ordenó su imperio. No tuvo en
cuenta para nada a los pobres y nadie le salió al
paso, salvo yo. (Kurapel, 1989: 54-55)

En Kurapel, como antes en Gambaro y De Tavira, la historia, el pasado y los grandes mitos son cuestionados a la luz del presente. Kurapel incluso va más allá: se incluye como identidad real, histórica y viva en su propio discurso, en su propia *performance*. Esta es una práctica que ha existido en el teatro de la Modernidad, por ejemplo en Tadeusz Kantor, pero aquí tiene que ver con la eliminación entre privado/público, arte/vida y con la ostentación de la posicionalidad del sujeto que emite discursos. La voz del texto, la voz del personaje Prometeo es dialógica, múltiple, puesto que está entrecruzada por Ubu Rey, chamanes latinoamericanos, la voz del mismo Kurapel, huellas, fragmentos de la voz antigua de Prometeo según Esquilo.

Una de las características principales de la obra de Alberto Kurapel es su explosiva y desbordante imaginación, la cual inevitablemente se re-escribe con intertextos del pasado. De hecho toda su obra se caracteriza por esta escritura palimpséstica, escribir sobre, y por el establecimiento de un sentido siempre diferido, no clausurado: se trata de una textualidad abierta, constantemente deslizándose de significante a significante[17].

3.3 Rizoma

El texto de Eduardo Pavlovsky, *Paso de Dos*, es, tal vez, uno de los textos más rizomáticos que se hayan escrito en Latinoamérica. El único punto de referencia cercano, que podemos ofrecer, es el texto de Heiner Müller, *Hamletmaschine*. *Paso de dos* es un texto imposible de visualizar o "leer" independientemente de la puesta en escena: el texto *es* la puesta en escena. Alfonso de Toro ha indicado al respecto que hay una

aparente total discrepancia entre el texto dramático y el espectacular, es lo que nos da la medida de lo que Pavlovsky no dice de la mera virtualidad del texto dramático y de los secretos que éste contiene que son sacados a luz durante la puesta [...]. El texto espectacular nace de lo que se le extrae al texto dramático como sustancia corporal, como vivencia física y anímica. El texto dramático no representa, sino que es mera virtualidad sugestiva, la obra teatral es pura espectacularidad en el momento en que los actores se mueven (y no digo presentan) (1995: 78).

---

17   Por ejemplo *Carta de ajuste ou nous n'avons plus besoin de calendrier* (1991) y *Colmenas en la sombra ou l'espoir de l'arrière-garde* (1994). En ambos textos se re-escribe el pasado empleando intertextos tales como *El Lazarillo de Tormes*, *Segismundo* en *Carta de ajuste* o textos del pasado precolombino. Se reconstruye el pasado y se expone esta recontrucción-lectura.

El texto de Pavlovsky consiste de una serie de diálogos-monólogos que nada tienen que ver con la estructura dramática de textos teatrales, incluso de la Modernidad. Estos monólogos giran en torno a una isotopía del poder y la victimización en las relaciones humanas, particularmente con respecto a la sexualidad. De hecho, el texto es una puesta en escena del cuerpo, pero la puesta no es una transposición del texto, sino un descubrimiento que materializa la voz en la escena. La semiotización del texto hace irreconocible la lectura del texto, como ha señalado Alfonso de Toro[18].

Laura Yusem comenta sobre este aspecto corporal, en el penetrante artículo de Eduardo Pavlosvky, al final del texto publicado: "Descubrimos que *Paso de Dos* era un cuerpo a cuerpo y esta revelación no fue sencilla, abrazo de dos cuerpos, con matices desde el amor hasta la muerte, que sugerirán la clave de la intensidad de la obra" (1989: 32).

El carácter rizomático del texto se construye también en el nivel de la realización de una *textualidad en proceso*, haciéndose en cada instancia, tomando la textura como cartografía, como superficie donde múltiples intensidades pueden inscribirse. Es el mismo Pavlovsky quien nos da la clave de esta escritura rizomática: "La puesta estaba inscripta como posibilidad en el texto escrito. Cada grupo encontrará su propia puesta, sus propias historias. Se re-inscribe de múltiples sentidos" (1989: 34). La escritura rizomática también se caracteriza por lo que Deleuze y Guattari han llamado los principios rizomáticos: conexión, heterogeneidad, multiplicidad, ruptura asignificante, cartografía y calcamonía (1991: 3-25), los cuales se manifiestan en una estructura implosiva que se expande desde el centro en múltiples direcciones y no opera en relación a una estructura lógico-causal. El rizoma se interconecta por medio de rupturas asignificantes desde un centro en movimiento. El espectáculo de *Paso de Dos* se espacializa, esto es, crea un espacio de intensidades y consistencias donde se libera el cuerpo.

Deleuze y Guattari definieron el *cuerpo sin órganos* de varias formas, y entre ellas, el *cuerpo masoquista*[19]. Este cuerpo,

> it is poorly understood in terms of pain; it is fundamentally a question of the BwO. It has its sadist or whore sew it up; the eyes, anus, urethra, breasts, and nose are sewn shut. It has itself strung up to stop the organs from working; flayed, as it the organs clung to the skin; sodomized, smothered, to make sure everything is sealed tight (1991: 150).

Es este *cuerpo sin órganos* sadodoblemasoquista que Pavlovsky y Yusem llevan a escena. No solamente cuerpo en su sentido físico, sino también *cuerpo* en su sentido metafórico: la escena como cuerpo, el texto como cuerpo. Como el título lo indica (How Do You Make Yourself a Body without Organs?) se trata, según Deleuze y Guattari, de la construcción de un cuerpo, el cual a su vez es indecidible puesto que

---

18   Véanse en este volumen pp. 59 ss.

19   Los distintos tipos de cuerpos sin órganos son: el cuerpo hipocondriaco, el cuerpo esquizoide, el cuerpo paranoico, el cuerpo drogado y el cuerpo masoquista (1991: 152).

no es binario. Este cuerpo no es una noción o un concepto, sino una serie de prácticas (Deleuze y Guattari, 1991: 150).

Eduardo Pavlovsky, en el mismo artículo, señala con respecto al cuerpo:

> Porque hay una historia que siempre se intenta narrar en la puesta, pero hay también múltiples historias que atraviesan y bordean la historia original, a través de las ceremonias de los cuerpos, efectos de intensidades insospechadas, que se desplegaban desde el cuerpo de los actores en nuestra primera aproximación. [...]. La obra surgía como pura intensidad, pero desde su inicio la letra transcurría a través de líneas de grandes intensidades (1989: 32).

Este cuerpo de grandes intensidades, es el mismo cuerpo sin órganos, al cual se refieren Deleuze y Guattari:

> The body is now nothing more than a set of valves, locks, floodgates, bowls, or communicating vessels, each with a proper name: a peopling of the BwO, a Metropolis that has to be managed with a whip. What peoples it, what passes across it, what does the blocking?
> A BwO is made in such a way that it can be occupied, populated only by intensities to pass; it produces and distributes them in a *spatium* that is itself intensive, lacking extension. It is not space, nor is it in space; it is matter that occupies space to a given degree - to the degree corresponding to the intensities produced (1991: 153).

Estas tres formas de intertextualidad (intertexto, palimpsesto, rizoma) operan una radical transformación en la teatralidad contemporánea, alterando la forma de hacer teatro y de comprender el teatro en Occidente, las cuales se van a sumar a otras características que señalaremos a continuación.

4. HISTORICIDAD

4.1 El pasado como memoria y recuperación

Todo el fenómeno de la Modernidad, con respecto a la historia, es una absoluta negación: el pasado no existe, creamos de cero, *ex novo*, tanto en arquitectura como en teoría literaria: el punto de partida es cero. Esta actitud epistemológica se basa en una fe absoluta en la ciencia, la tecnología, en la totalización y la posibilidad concreta de sistematización de todo conocimiento. Hoy, ante el fracaso total y rotundo de tal concepción, solamente nos preguntamos con sorpresa cómo tal actitud pudo ser posible. Charles Jencks sintetiza este fracaso con exactitud: "The 'death' of Modern architecture and its ideology of progress which offered technical solutions to social problems was seen by everyone in a vivid way" (Jencks, 1989: 16), en la destrucción de edificios que no tenían más que unas décadas de existencia.

Como correctamente señala Jencks (1989: 16) esto no es tan claro en las otras artes, pero pienso que el fracaso de la famosa, estridente e imperialista nueva novela francesa, demuestra el callejón sin salida al que se llegó. En la pintura como en la música, es la ausencia, el silencio lo que predomina.

Ante esta situación, la postmodernidad reintegra la historia, el pasado, no para presentarlo como hecho dado y concluido, sino para cuestionarlo, para re-pensarlo, para re-interpretarlo. Tomamos conciencia que la Historia no es algo concreto sino una forma de textualización de ordenar los eventos brutos y transformarlos en acontecimientos significativos. Así, la Historia es sospechosa, toda textualización lo es por que consiste en una serie de textualizaciones y por ello re-interpretaciones. Así, tanto los acontecimientos ficticios como los reales son elaborados de forma similar, eliminando la tradicional y transparente barrera realidad/ficción: la realidad y la historia no son sino textualizaciones y constructos deliberados.

Dentro de este contexto, no se trata tanto de historiar sino de ostentar el pasado como constructo y como resultado directo, lo político emerge en forma de discurso dominante de ciertos sectores. Así, los llamados discursos marginales, minoritarios, excéntricos, feministas, étnicos, pasan a formar parte de la *pluralidad* postmoderna, donde el imperialismo discursivo, las posiciones hegemónicas, las ideologías maniqueas, de las cuales nos hemos nutrido, pierden su centralidad dejando un espacio discursivo fragmentado, compartido, problematizado.

Es de esta forma que la historia, o más bien, el historicismo postmoderno, se manifiesta como una recuperación del pasado, como un reconocimiento de que somos *producto* y no comienzo, y de aquí la complicidad/crítica y la doble codificación postmoderna.

Este fenómeno, es decir, la relatividad de la historia, es algo que aún no forma parte de la teatralidad latinoamericana, pero sí de la europea y norteamericana. En Latinoamérica la historia es aún historia de hechos, es aún considerada como algo concreto, no eventual, incluso cuando se trata de cuestionar la historia oficial se hace esto desde otra historia percibida como 'verdadera' y totalizante. Este es el caso de Vicente Leñero en *La noche de Hernán Cortés* (1992), donde más que cuestionar la historia, se trata de producir un referente con una interpretación y no dejar libre ese referente por medio del cuestionamiento, esto es, exhibirlo por lo que es: *constructo* de eventos transformados en hechos, interpretados y estructurados de cierta manera.

La historización que realizan una gran variedad de dramaturgos y directores latinoamericanos (Luis de Tavira, Alberto Kurapel, Griselda Gambaro, Eduardo Pavlovsky), demuestra la efectividad de este cuestionamiento, de manera similar a la que hace, aunque desde una perspectiva diferente, el autor mexicano, Guillermo Schmidhuber en *El día que Mona Lisa dejó de sonreír* (1987), donde escribe la historia subterránea de Leonardo da Vinci, que sólo descubre con los signos de la ficción, cuando los signos pasan a ser signos de signos.

4.2 La historia como constructo

Tal vez uno de los aspectos más sobresalientes de la cultura postmoderna, incluido el teatro, es la consideración de la Historia y la Realidad como productos discursivos, o como cualquier otro constructo. No se trata de negar que el mundo material exterior no existe, sino más bien, que éste está siempre mediado por el discurso. En definitiva, todo es un constructo: identidad, género, cultura, ciencias, etc.

Lo que caracteriza a la escritura postmoderna con respecto a la historicidad y la realidad es la indecidibilidad y fracticidad. De este modo, lo que se produce es una especie de igualamiento del conocimiento donde ningún tipo de saber tiene el centro, pero a su vez hay una *re-escritura* de la historia. Esto es lo que sucede en *Colmenas en la sombra ou l'espoir de l'arriere-garde* de Alberto Kurapel: es la re-escritura de la historia de América. Tlalepan, Dios Azteca, asume distintos personajes en la obra, uno de ellos es Cortés:

> Tlaleplan
> (*Como Hernán Cortés*): No habríamos venido al Nuevo Mundo si en nuestra tierra hubiésemos tenido caballos para trabajar y alguna que otra oportunidad de ser alguien (1994: 122).

La Malinche misma es vista desde otra perspectiva, no como la traidora que vende a su pueblo:

> La Malinche: ¡En este juego de amor hay que saber actuar! Te amo. Cuando tengas oportunidad de sentir, piensa que soy una india maldita y maldecidora de este imperio, por el que vagué sufriendo las peores injusticias. Maldita porque denigrada recorrí las calles escondidas que nadie se atrevía a transitar (1994: 128).

En términos generales podríamos afirmar que la escritura dramática de Kurapel es siempre una re-escritura, ya sea en *Prometeo Encadenado* o *Carta de Ajuste*. Hay una preocupación casi obsesiva por el pasado y su relación con el presente. Esta práctica escritural es deconstructivista en el sentido que no solamente expone el pasado sino que al mismo tiempo ostenta sus mecanismos de construcción y ofrece una lectura alternativa de la historia. Esta se manifiesta como construcción relativizada al revelar diversas posiciones discursivas desde donde los sujetos pronuncian estos discursos.

5. LA DISOLUCIÓN GENÉRICA

Un fenómeno extendido de toda la práctica artística de la postmodernidad es la transgresión de los géneros clásicos. En esto no hay excepciones, ya que este fenómeno intenta liberar la expresión e inserta en el tejido mismo de una especificidad artística algo que va completamente contra ésta. Por ejemplo, la presencia de textos en fotografías, esto es, la mezcla de lo visual y verbal, donde ya no se trata de 'ver' fotografías, sino de 'leerlas'. En este sentido, la palabra *foto* y *grafía* adquiere toda su significación semiótica. Este es el caso de la serie *The Bowery in Two Inadequate Descriptive Systems* de Marta Rosler, o de Hans Haacke quien manipula la distribución en la superficie del papel, lo visual y lo verbal.

El teatro postmoderno se aparta, por lo general, radicalmente de lo que fue hasta recientemente el uso de los medios en el teatro, en particular en lo respectivo a la lengua y a la inserción de otras prácticas artísticas como componentes centrales del espectáculo. Sólo basta pensar en el uso del film, del video y de las diapositivas en el teatro de Alberto Kurapel, espectáculos como *Off Off Off ou sur le toit de Pablo Neruda*; *Prometeo encadenado* (Canadá) o en *Eletra concreta* de Gerald Thomas (Brasil); o la danza como parte integrante del teatro, como en *Ulrike Meinhof*, *Hamletmaschine* (Alemania), *Rivage de l'Abandon* y *Le dortoir* de Gille Maheu del grupo Carbón Catorce (Canadá); la mezcla de diversos tipos de discursos, realidades, situaciones, espacios y temporalidades en *Plaques tectoniques* de Robert Lepage (Canadá); *Cinema Utoppia* de Ramón Griffero (Chile), donde el cine ocupa un lugar central desdoblando al espectador interno y externo del espacio escénico; o bien la destrucción y la alteración de la palabra como en *Comabat de nègre et de chiens* o *Dans la solitud des champs de coton* de Bernard-Marie Koltès (Francia) o en *El Evangelio según Oxyrhincus* de Eugenio Barba (Dinamarca), donde una buena parte del lenguaje procede de lenguas muertas o bien simplemente de sonidos[20].

En Latinoamérica la *forma* de escritura dramática tradicional es tal vez el aspecto teatral que ha presentado más resistencia a cualquier tipo de cambio. Sin embargo, textos como los de Kurapel, Pavlovsky, De Tavira, Griffero, para dar solamente algunos ejemplos, indican un cambio fundamental de la escritura dramática. Como resultado, esto necesariamente está llevando a una reconceptualización de la puesta en escena, la cual también está sufriendo cambios radicales que cada vez se insertan más en las prácticas contemporáneas de *escritura dramática*.

6. DECONSTRUCCIÓN, LA REPRESENTACIÓN DEL OTRO O EL FIN DEL PANOPTICÓN

Otro aspecto de importancia en la 'condición postmoderna' es el cuestionamiento de la representación del otro y la valorización de la diferencia y la marginalidad, en particular vinculado a la cultura feminista y a las etnias. Es en este contexto donde surge el trabajo de Alberto Kurapel, Ramón Griffero, Eduardo Pavlovsky, Marco Antonio de la Parra (1990), Griselda Gambaro, etc.

En el contexto latinoamericano la representación del otro y la *diferencia*, en términos generales, casi no se plantea, salvo excepciones. De hecho, como ya hemos señalado en otro lugar, tanto la dramaturgia latinoamericana como la puesta en escena

---

20 No es necesario que señalemos que no estamos hablando del uso del cine ni en Piscator o Brecht, puesto que para quien esté enterado de cómo se insertan los medios hoy, sabe que no hay punto de comparación con dos estéticas fosilizadas por la historia.

son todavía decimonónicas, fuertemente enraizadas en la mimesis realista, en el discurso patriarcal, en un retoricismo anquilosado y en una historicidad totalizante.

La reflexión de la *diferencia*, del Otro, del discurso plural, como son el de la mujer, los homosexules y lesbianas, las comunidades aborígenes y étnicas, parece, al menos en la superfice, inexistente.

Sin embargo, las excepciones son notables, como es el caso de casi toda la dramaturgia de Griselda Gambaro, de Eduardo Pavlovsky, de Ramón Griffero, de Alberto Kurapel, de Marco Antonio de la Parra, Ricardo Monti, Luis de Tavira, Rodolfo Santana (1991), etc.

El discurso del Otro está íntimamente vinculado al discurso deconstructivista, puesto que es allí donde se plantea no sólo la pluralidad, sino también la crítica y la revisión de presupuestos fuertemente enraizados en la *doxa*. En *Antígona furiosa* de Gambaro, como en *La secreta obscenidad de cada día* de Marco Antonio de la Parra o en *Santa Isabel del video* de Rodolfo Santana (1991), es presisamente el Otro quien es expuesto, deconstruyendo la tradición, la doxa, uniendo oposiciones y viceversa.

En estos textos se ostenta el constructo, la representación como representación pero a la vez se inquiere, entregando un referente que no es accesible directa o transparentemente. Este trabajo deconstructivista del teatro postmoderno es, tal vez, una de sus características más importantes y penetrantes.

Un aspecto importante de esta articulación del Otro, es el Yo. El Otro para ser escuchado, para adquirir una voz y una identidad muchas veces necesita imperiosamente autorepresentarse, esto es, representar su propia experiencia. Así, el Yo y el Otro aparecen como marcando la diferencia de lo Mismo (sameness). Es la necesidad de no ser lo Mismo, en cuanto someterse a estructuras de dominio social, escencialmente patriarcal, lo que radicaliza a este tipo de teatro en *performances* casi narcisistas e incluso masoquistas.

Este es el caso de Alberto Kurapel, donde Kurapel está siempre presente en sus *performances,* no como ficción sino como entidad real, eliminando los binarismos privado/público, realidad/ficción, teatro/vida. Por ejemplo, el título mismo de sus obras indica la incorporación de Kurapel en un acto narcisista: *Prometeo encadenado según Alberto Kurapel* o en *Colmenas en la sombra*:

> Kurapel, el Guanaco gaucho quería que Quetzalcóatl se elevara lentamente en un útero brillante hacia el infinito, yéndose así a la Casa del Alba. No pudo. Las condiciones circundantes no lo permitieron. Quetzalcóatl/Kurapel se quedaron en la tierra, en este suelo aferrados a su impotencia (1994: 91).

Otro ejemplo de Alberto Kurapel es su *performance Carta de ajuste ou nous n'avons plus besoin de calendrier*. El centro de la actividad de esta performancia reside precisamente en intentar dar voz, acceder a una voz desde los márgenes, no intentando ser asumido por lo Mismo (uniforme), sino ser voz en la diferencia y lograr un espacio propio desde donde hablar: "Tradúceme, Traducción pulso en busca de un inaferrable amor" (1991: 91). Es aquí donde vemos el gran aporte de la crítica y de la creación feminista, con sus altos y bajos, puesto que es en este espacio que no es sino la pluralidad de espacios, el derecho a ser diferente pero igual, donde las marginalidades dejan de serlo para pasar a ser parte de un espacio, y digámoslo claramente, de una pluralidad discursiva antitotalizante. Con esto no queremos decir que no existan actitudes totalizantes en la marginalidad, particularmente en sus enunciados deónticos, sino más bien la instalación de éstos en espacios discursivos que han sido ganados en las últimas dos décadas. Es su componente deóntico lo que muchas veces se proyecta como discurso totalizante.

7. REPRESENTACIÓN COMO SIMULACIÓN

En la cultura postmoderna, la holografía, la hiperrealidad y la simulación parecerían constituir la base del conocimiento, siempre fractal, sospechoso y deceptivo. Algunos, en una especie de nostalgia modernista o, a veces, premodernista, sostienen que esto es una exageración.

Pero, ¿qué tiene que ver todo esto con nuestro tema? Mucho, puesto que este fenómeno de la realidad virtual o hiperrealidad, como la han llamado Eco (1983: 1-58) y Baudrillard (1983: 2), se ha transformado en el *sine qua non* de la práctica artística, puesto que ya no se trata siquiera de "imitar" lo real o lo exterior, sino de producir objetos culturales autosuficientes y autocontenidos.

La relación es, entonces, una de fabricación de nuevos modelos de escritura, no basados en ninguna realidad externa sino en falsificados de esa realidad o en nada en absoluto. Baudrillard sostiene al respecto:

> So it is with simulation, insofar as it is opposed to representation. The latter starts from the principle that the sign and the real are equivalent (even if this equivalence is utopian, it is a fundamental axiom). Conversely, simulation starts from the utopia of this principle of equivalence, from the radical negation of the sign as value, from the sign as reversion and death sentence to every reference. Where as representation tries to absorb simulation by interpreting it as false representation, simulation envelops the whole edifice of representation as itself a simulacrum (1983: 11).

Lo que de hecho ha cambiado radicalmente es que el teatro, al igual que otros artefactos culturales, ya no se interesa por representar algo, esto es, el principio de equivalencia entre el signo y lo real. Esto ha conducido a un tipo de cultura y de teatralidad sin precedentes en el mundo occidental, pero al día con el presente y, como todo parece indicar, con un posible futuro.

Así, el teatro postmoderno consiste fundamentalmente en simulaciones. De hecho, la mayoría de los textos tratados producen una "realidad" desde un falsificado, de un signo, esto es, de un texto o realidad que ya es un sistema secundario de signos modalizante de la realidad. En este sentido la cultura postmoderna, el teatro incluido, son signos que desean ser lo real por medio de la neutralización del signo. Umberto Eco, discutiendo este problema sostiene: "The sign aims to be the thing, to abolish the distinction of the reference, the mechanism of replacement. Not the image of the thing, but its plaster cast. Its double, in other words" (1983: 7). Desde esta perspectiva el referente deja de tener cualquier relevancia y los límites entre realidad y ficción son borrados.

8. A MODO DE CONCLUSIÓN

El teatro postmoderno, como la *condición postmoderna*, no es uniforme y por ello, cualquier intento de sistematizarlo a partir de las llamadas estructuras profundas y estructuras convergentes, resultará un fracaso. La diversidad de formas de este teatro es equivalente a la pluralidad cultural. Lo importante es intentar comprenderlo/aprehenderlo no tanto para sistematizar, sino para penetrar sus rasgos performativos más sobresalientes y capturar su proyecto.

La decentralización, la pluralidad, la fragmentación, la indecidibilidad, el cuestionamiento de lo pre-existente, ha llevado a concentrar la práctica teatral performativa en una dirección en particular: eliminar o cuestionar una marca precisa de lo que ha sido el teatro hasta ahora: la palabra. En la performancia postmoderna es la palabra, el discurso lo que entra en crisis o se cuestiona dejando lugar al gesto, al cuerpo, al silencio, a la danza, a la fragmentación anti-diegética y la introducción masiva de la imagen, del componente visual. Con esto no intentamos decir que aún no se haga teatro dialogado, como el de Luis de Tavira, puesto que existe, pero se trata de otra palabra, insertada en un mundo cultural auditivo y visual. La decentralización y la autorepresentación socavan la palabra puesto que ésta casi siempre se presenta como deóntica: ninguna certeza existe, solamente la percepción individual, o como dice Lyotard, "comment prouver la preuve?, ou, plus généralement: qui décide des conditions du vrai?" (1979: 51). La sospecha del lenguaje en *Paso de Dos* de Eduardo Pavlovsky; *Cinema Utoppia* de Ramón Griffero; *Carta de ajuste ou nous n'avons plus besoin de calendrier* de Alberto Kurapel; *Pentesilea* de Luis de Tavira o *Antígona furiosa* de Griselda Gambaro por mencionar solamente algunos, se caracteriza por la producción de imágenes, la fragmentación anti-diegética, la corporalización del trabajo escénico, la espacialización de contrarios, la crítica y la parodia de lo cultural y social, pero centralmente por el rechazo del lenguaje hablado.

Estas características centrales del teatro postmoderno, que hoy, recién en los años 90 comenzamos a "descubrir", estaban ya en Heiner Müller en textos como *Hamletmaschine*, que data de 1956 (aunque retrabajado a través de los años y publicado en 1976), y en el teatro de Eduardo Pavlovsky desde fines de los años 60. En este sentido, el punto de arranque del teatro postmoderno en Latinoamérica, sin duda, se origina con Eduardo Pavlovsky y Griselda Gambaro, se extiende y desarrolla con Gerald Thomas (Brasil), Luis de Tavira (México), Ramón Griffero (Chile), y llega a un punto de máxima elaboración con Alberto Kurapel (Canadá/Chile).

Otro aspecto que parece reforzar nuestro enunciado sobre el autor dramático como arqueología, como remanente de un pasado donde la escritura aún le decía algo a alguien, es el hecho de que desde Grotowsky, Müller, Wilson (Shyer, Laurence, 1989) y Barba, y más tarde en directores/autores como Alberto Kurapel, Luis de

Tavira, Ramón Griffero, Gerald Thomas, Alberto Ure, etc., se efectúa una convergencia de la producción de un texto espectacular, donde los directores son productores o co-productores (y actores como en el caso de Kurapel y Pavlovsky) de sus textos-espectáculos, es decir, donde la práctica teatral y no la dramaturgia, intenta encontrar sus propios medios de expresión. Lo que se produce es la fusión de lo que eran dos actividades en una, solamente para mencionar algunos casos.

El punto de partida es ahora un *material*, en el sentido estricto de la palabra, y no un producto como lo es un texto dramático. Es este material, disforme, elusivo, plurifacético el que captura la imaginación performativa actual y pensamos que será la marca más permanente de la elusividad puesto que este material, según Robert Wilson, "does not mean anything, its is what it is"[21].

BIBLIOGRAFÍA

Baudrillard, Jean: *Simulations*. New York (Semiotext(e)). 1983 [Contiene: *The Precession of Simulacra*, pp. 1-80; *The Orders of Simulacra*, pp. 81-159]

Birringer, Johannes: *Theatre, Theory, Postmodernism*. Indiana (Indiana University Press) 1991

Chlovski, V.: *L'art comme procéde*, en: *Théorie de la littérature. Textes des Formalistes russes réunis, présentés et traduits par Tzvetan Todorov. Préface de Roman Jakobson*. Paris (Edition du Seuil) 1965, pp. 76-97

Derrida, Jacques: *Dessimination*. Traducción, introducción y notas adicionales de Barbara Johnson. Chicago (University of Chicago Press) 1981

De Gaetani, John L.: *A Search for a Postmodern theatre. Interviews with Contemporary Playwrights*. New York (Greenwood Press) 1991

Deleuze, Gilles/Félix Guattari: *Thousand Plateaus. Capitalism & Schizophrenia*. Traducción y prefacio de Brian Massumi. Minneapolis (University of Minnesota Press) 1991

De Tavira, Luis: *La pasión de Pentesilea*. México (Universidad Autónoma Metro politana) 1988

Eco, Umberto: *Travels in Hyperreality*, en: ídem.: *Travels in Hyperreality: Essays*. Traducido del italiano por William Weaver. San Diego, Nueva York y Londres (Harcourt Brace Jovanovich) 1983, pp. 1-58

Fischer-Lichte, Erika: *Jenseits der Interpretation. Anmerkungen zum Text von Robert Wilson/Heiner Müller Civil warS*, en: *Historische und aktuelle Konzepte der Literaturgeschichtsschreibung*. Akten des VII. Internationalen Germanisten-Kongresses. Göttingen. Vol 11, S. 1985, pp. 191-201

----: *Postmoderne Performance; Rückkehr zum rituellen Theater?*, en: *Arcadia* 22 (1987) 55-65

---

21 Documental sobre Robert Wilson de la BBC TV de Londres, Arena Productions, 1985, dirigido por Howard Brookner.

Gambaro, Griselda: *Antígona furiosa*, en: *Teatro 3*. Buenos Aires (Ediciones de la Flor) 1989, pp. 195-217. [Inluye: *Viaje de invierno*; *Sólo un aspecto*; *La gracia*; *El miedo*; *Decir sí*; *Antígona furiosa* y otras piezas breves]

Griffero, Ramón: *Teatro fin de siglo - El Trolley. 3 Obras de Ramón Griffero*. Santiago de Chile (Neptuno Ediciones) 1993. [Incluye: *Historias de un galpón abandonado; Cinema-Utoppia; 99 La Morgue*]

Jencks, Charles: *What is Post-Modernism?* Third Edition. New York (St. Martin's Press) (1986) 1989

Krysinski, Wladimir: *Estructuras evolutivas "modernas" y "postmodernas" del texto teatral en el siglo XX*, en: Fernando de Toro (Ed.): *Semiótica y teatro latinoamericano*. Buenos Aires y Ottawa (Editorial Galerna y IITCTL) 1990, pp. 147-180

Kurapel, Alberto: *Prometeo encadenado según Alberto Kurapel*. Montreal (Humanitas) 1989

----: *Carta de ajuste ou nous n'avons plus besoin de calendrier*. Montreal (Humanitas) 1991

----: *Colmenas en la sombra ou L'espoir de l'arrière-garde*. Montreal (Humanitas) 1994

Leñero, Vicente: *La noche de Hernán Cortés*. Madrid (El Público y Centro de Documentación Teatral) 1992

Lyotard, Jean-François: *La condition postmoderne*. Paris (Les Éditions de Minuit) 1979

Müller, Heiner: *Hamletmaschine and other texts for the stage*. Traducido del alemán por Carl Weber. New York (Performing Arts Journal Publications) 1984 [Incluye: *The correction*; *Medeaplay*; *Hamletmaschine, Gundling's life, Frederick of Prussia, Lessing's sleep Dream Cream*; *The task*; *Quartet*; *Heartpiece*; *Despoiled shore, Medeamaterial, Landscape with argonauts*.]

Parra, Marco Antonio de la: *King Kong palace o el exilio de Tarzán y Dostoievski Van A La Playa*. Santiago de Chile (Pehuén Editores) 1990

Pavlovsky, Eduardo: *Paso de Dos*. Buenos Aires (Ediciones Búsqueda) 1989

Santana, Rodolfo: *Santa Isabel del video*. Madrid (El Público/Centro de Documentación Teatral) 1991

Schmidhuber, Guillermo: *El día que la Mona Lisa dejó de Sonreír*. México (Editorial Oasis) 1987

Schlueter, June: *Theatre*, en: Stanley Trachtenberg (Ed.): *The Postmodern Moment. A Handbook of Contemporary Innovation in the Arts*. Westport, Connecticut (Greenwood Press) 1985, pp. 209-228

Toro, Alfonso de: *De la imagen al texto dramático*, en: *La Escena Latinoamericana* 3 (diciembre 1989) 43-46

----: *Osvaldo Pellettieri y el neo-sainete*, en: *La Escena Latinoamericana* 3 (diciembre 1989a) 53-55

----: *Semiosis teatral postmoderna: intento de un modelo*, en: *Gestos*, año 5, No. 9 (1990) 23-52

----: *Hacia un modelo para el teatro postmoderno*, en: Fernando de Toro (Ed.): *Semiótica y teatro latinoamericano*. Buenos Aires (Editorial Galerna) 1990a 13-42

----: *Entre el teatro kinésico y el teatro deconstruccionista: Eduardo Pavlovsky*, en: *La Escena Latinoamericana* 7 (diciembre 1991) 1-3

----: *Postmodernidad en cuatro dramaturgos latinoamericanos*, en: Peter Roster y Mario Rojas (Eds.): *De la Colonia a la Postmodernidad*. Buenos Aires/Ottawa (Editorial Galerna/IITCTL) 1991a, pp. 157-176

----: *La poética del teatro de Griffero: Lenguaje de imágenes*, en: *Teatro fin de siglo - El Trolley. 3 Obras de Ramón Griffero*. Santiago (Neptuno Ediciones) 1992, pp. 24-36

----: *Borges y la 'simulación rizomática diridiga': percepción y objetivación de los signos*, en: *Iberoamericana* 18/1, 53 (1994) 5-32

Toro, Fernando de: *Desde Stanislavski a Barba: Modernidad y Postmodernidad o la epistemología del trabajo del actor en el siglo XX*, en: Fernando de Toro (Ed.): *Semiótica y teatro latinoamericano*. Buenos Aires y Ottawa (Editorial Galerna y IITCTL) 1990, pp. 79-100

----: *Post-Modern Fiction and Theatricality: Simulation, Deconstruction and Rhizomatic Writing*, en: *Gestos* 16, Año 6 (noviembre 1993) 23-49

Ure, Alberto: *Alberto Ure: subversión y confrontación escénica*, en: *La Escena Latinoamericana* 3 (diciembre de 1989) 55-61

----: *Polémica desde el sur*, en: *La Escena Latinoamericana* 4 (mayo de 1990) 82-83

Eduardo Pavlovsky

ESTÉTICA DE LA MULTIPLICIDAD. CONCEPCIONES DE LA PRODUCCIÓN DE SUBJETIVIDAD EN MI TEATRO

> "No hay movimiento artístico que no tenga sus ciudades y sus imperios, pero también sus nómades, sus bandas y sus bandas primitivas".

1. TEXTO-ESCENA-ACTOR

Lo que interpreta el actor nunca es un personaje, es un tema (el tema complejo o el sentido) constituido por los componentes del acontecimiento y singularidades comunicativas efectivamente liberadas de los límites de los individuos y de las personas. El actor *tensa* toda su personalidad en un instante, siempre aún más divisible para abrirse a un *papel impersonal* y *preindividual*. Siempre está en la situación de interpretar un papel que interpreta otros papeles.

El actor efectúa pues el acontecimiento, pero de un modo completamente diferente a como se efectúa el acontecimiento en la profundidad de las cosas. Dobla esta efectuación cósmica física con otra a su modo singularmente superficial, tanto más neta, cortante y por ello pura cuanto que viene a delimitar la primera, *destaca* de ella una línea abstracta y no conserva del acontecimiento sino el contorno o el esplendor: convertirse en el comediante de sus propios acontecimientos: contraefectuación.

Solamente es verdad del hombre libre porque él ha captado el acontecimiento mismo y porque no lo deja efectuarse como tal sin operar-actuar su contraefectuación[1].

En el teatro están las escenas - la interacción de los personajes - el drama. La psicología de los caracteres, el recorte en sus formas. Una personalidad enmarcada en lo social-histórico. El San Genet de Sartre, Genet fue un gran contraefectuador, un gran creador de acontecimientos. Multiplicó de sentidos su infancia de abandonos. La padeció y la *transformó* en obra de arte.

La escena no deja de ser lo que impide ver. Lo que enceguece, lo que fascina o atrapa, lo narrativo. Lo que ocurre. Se puede mirar la escena sin "ver". Textura atrapante que puede enceguecer.

---

1   Vid.: G. Deleuze (1989).

El acontecimiento es lo que pretendemos des-capturar. Su esplendor. El acontecimiento no es la escena que sucede en el presente, "está en lo que sucede, el puro expresado que nos hace señas y nos espera". El cuerpo del actor -sus líneas de fugaritmos y velocidades-intensidades "entre" sus cuerpos y "entre" el texto.

Se desrostriza, se desindividualiza porque el contorno de la silueta del cuerpo del actor-personaje se fisura dejando pasar partículas.

El personaje es desbordado por el cuerpo del actor que lo atraviesa con sus ritmos propios invadiendo otros espacios no fenoménicos. El cuerpo del actor delimita otra escenografía: escenografía de líneas de fuga.

Alfonso de Toro[2] dice sobre *Potestad*: "se hace accesible su lenguaje lingüístico a través de un lenguaje mímico que transforma el signo verbal en signo gestual-corporal [...]". Existe un momento donde "las manos, el cuerpo de El Hombre giran en torno a la mujer la acaricia a unos milímetros de la piel, se presume casi el roce entre las manos, el rostro, pero no llega a concretizarse. Existe una especie de barrera de energía que impide el acercamiento. Así expresa Pavlovsky el aislamiento y la soledad más infinita, no con las palabras sino con este juego corporal. Además son sus diversas posiciones mímicas reproductoras de diversos personajes y en diversas situaciones".

En el "entre", los cuerpos, las manos en ese espacio mínimo, se fuga la energía de la soledad - no son dos dedos por tocarse; es el espacio que adquiere textura de nuevo territorio "*entre* los dedos entre las manos" - lo que impide el contacto. Se opaquiza el espacio que separa la mano de los actores. Se convierte en el texto dramático de la desesperación. Pero no es texto narrativo, es "mancha" en el proceso de la pintura de Bacon. Energía pura. Espacio que habla sin narrar. No subraya. No ilustra. Se despliega en superficie. Pero ese espacio se fuga hacia el cuerpo del espectador: del espacio-cuerpo al cuerpo del espectador. "Hasta dónde llega un cuerpo". El cuerpo del actor interpreta un papel que interpreta otros papeles.

Vuelvo a de Toro sobre *Potestad*: "La meta-teatralidad se refleja en que el Hombre siempre está reflexionando sobre sus palabras gestos y acciones como así frente a las de los otros personajes. De esta forma se produce un teatro antimimético, una especie de "distanciación" incrustada sutilmente en el discurso mismo, sin llegar a ser una estética brechtiana, sin transformarse en un discurso psicoanalítico distanciador en la tradición de Ionesco. Más bien es una reelaboración del discurso de Beckett, esto es, una deconstrucción de la escena, una derepresentación, desrealización de lo tradicionalmente teatral, sin llegar al límite de la destrucción del signo teatral como se ve en Beckett: tenemos una recodificación pavlovskyana del teatro de Beckett para un asunto meramente argentino, pero que dentro de esta reactualización se transforma en universal [....]. [...] deja el mensaje político en lo no dicho, en el subtexto ambiguo en cuanto representa la tragedia del malhechor desde el punto de vista del malhechor, [...] haciendo uso de una vasta gama de trabajo corporal y

---

2   Vid.: Alfonso de Toro (1991: 3).

mímico. [...] desterritorializa el teatro comprometido y el teatro del absurdo"[3] en un nuevo territorio.

Las dos sillas en la puesta aluden a un living-concreto. Espacio o lugar escenográfico. Espacio vacío a llenar de Peter Brooke.

Pero en un momento de la pieza el personaje dice: "¡Es Ana María, es Ana María - Tita!", y comienza a desplazarse hacia el fondo del escenario golpeando sus manos en la pared o telón del fondo. Allí el cuerpo desrealiza la escenografía del espacio-fenoménico (living-room).

Allí, sobre la pared, el personaje sufre una verdadera metamorfosis, transformación corporal que lo convierte en un represor. Ese espacio donde se produce la metamorfosis no puede incluirse dentro del espacio escenográfico habitual. Es espacio que alude a lo preextensivo, no-representativo, desrealizado. El personaje muta a un personaje impersonal-preindividual. Del supuesto "padre-víctima" de lo social-histórico se convierte en una máquina represiva impersonal serial. Espacio preextensivo no representativo no significable desrealizado.

Está ligado a la noción de singularidad que existe a partir de sus conexiones, vecindades, relaciones. No es significable. Es el cuerpo actoral el que produce el espacio preextensivo desrealizando la escenografía del living-room.

Una singularidad es real cuando se practica y realiza como tal. Es un acontecimiento. La noción de espacio está modalizada por la del tiempo. Este espacio preextensivo (de las obras de Beckett) no tiene que ver con la imagen de espacio local perceptible que reconocemos diariamente.

El espacio preextensivo tiene sentido en relación al tiempo como acontecimiento y éste en relación al Devenir[4].

El acontecimiento se define por duración: tiempo cualitativo, tiempo de intensidades. Entonces el espacio sugerido del living-room con las dos sillas del comienzo de la obra es un espacio reconocible que alude y se nombra como living-room pero el cuerpo del actor sale del living-room y se dirije hacia la pared de atrás, creando con el cuerpo del actor un nuevo espacio que ya no es el living-room. Pero ¿dónde está? ¿Dónde habita? El personaje se dirije hacia atrás, golpea con sus manos la pared y el cuerpo se estremece ante una música caótica que no ilustra, que no narra la metamorfosis. Estalla en pleno acontecimiento.

Es, junto con el cuerpo del personaje, el creador del acontecimiento en el espacio preextensivo. Como dice De Brasi: el acontecimiento se define por su duración. Tiempo de duración. Tiempo no cronológico. Tiempo de intensidades. Si se midiera el tiempo de la música y se le dijera a un actor que tiene que permanecer dos minutos y medio sobre una pared en un espacio de un metro cuadrado, seguramente no aceptaría esa acción por demasiado extensa. El cuerpo del actor estremeciéndose en su metamorfosis víctima-victimario, con la música corresponde a un tiempo cualitativo.

---

3   Ibíd.

4   Comunicación personal de Juan Carlos de Brasi.

El cuerpo más el espacio preextensivo-acontecimiento-tiempo de duración.

¿Cuánto tarda una convulsión epiléptica para un observador? ¿Diez segundos - diez minutos? El tiempo de intensidad no se mide por reloj porque es tiempo cualitativo.

Como se ocupan dos minutos y medio de tiempo cronológico gritando contra una pared sin moverse (es el tiempo que transcurre en la metamorfosis).

No hay desplazamiento, pero hay acción. No tiene recorrido. Tiene movimiento (De Brasi).

Sin embargo, la intensidad de la máquina deseante - personaje-pared música-cuerpo estremecido - configura un tiempo de otra cualidad.

La escena del living se desterritorializa hacia otra escena en otra calidad de espacio. Espacio ligado a la singularidad que existe a partir de conexiones, vecindades, relaciones, etc.

Siguiendo a Deleuze:

"El actor tensa toda su personalidad en un instante siempre aún más divisible para abrirse a un papel impersonal preindividual".

El personaje de un determinado social histórico estalla junto con la música en pleno acontecimiento devenir y se abre a un papel impersonal. Sale de los límites de su yo corporal configurado y caracterizado por una silueta de contornos definidos de una determinada clase social con su gama de vicios y costumbres. "Rostrificado", "reconocible" en su territorio para estallar en pleno acontecimiento y se impersonaliza, se des-rostriza, se desterritorializa, se vuelve otro, se abre en esporas, se rizomatiza, se convierte en pura multiplicidad puro devenir.

Cuando el personaje vuelve al living después de su metamorfosis vuelve otra vez al espacio fenoménico reconocible. Pero hay algo que se ha modificado. El personaje ya lleva en su cuerpo la marca de su transformación.

Nada será igual, comienza su devenir-represor. La víctima estalló en pleno acontecimiento, ahora sólo quedan los rastros del victimario. Todo se descentró.

Intensificación de los descentramientos, puro devenir.

"El yo es solo un umbral una puerta un devenir entre multiplicidades. Un cuerpo no se define sólo por la forma que lo determina, un sujeto determinado ni por órganos o funciones. Un cuerpo se define por su regimen de afecciones-afectos movimientos y velocidades"[5].

Cuando los actores mueven las sillas desplazándose por el escenario establecen en su rodar las diferentes subjetividades de los personajes. Más cerca, más lejos. Juntos.

---

5   Vid.: Mil Mesetas-Deleuze-Guattari (1988).

Me pregunto si es justo intentar conceptualizar sobre mis textos. Creo que sí. Porque si hay una inscripción artesanal-corporal que sólo puede intentar ponerle palabras soy yo. Eso solo intento. Encontrar las palabras que puedan conceptualizar el proceso.

Siempre me ha ocurrido que cuanto más personal se convierte mi relato más posibilidad tiene de resonar con otros actores que multiplican mi texto y lo amplían.

Cadena de resonancias. Foucault dice que los verdaderos teóricos de las cárceles debieran ser los presos o los carceleros, sólo ellos son los verdaderos "afectados".

1.1 Sobre un relato testimonial de *Potestad* [6]

El primer día en la Sala del Ciudadano no vino nadie. Para ser más preciso diré que había solo cuatro amigos sentados en la platea. Todos habíamos esperado, bebiendo impacientemente, a algún espectador.

A las 22.30 resolví hacer la función. Improvisé los primeros minutos que casi no tenían texto. Modifiqué el estilo de la actuación. Pluridimensioné las siete funciones anteriores. Hoy, con Kesselman, diríamos que multipliqué de sentidos la puesta original. Intenté investigar el subtexto de cada palabra escrita. Con mi cuerpo gané espacios. Encontré silencios, subtextos de dolor, nuevos ritmos corporales, nuevo ritual de la desesperación. Una nueva máscara de la tortura. Tal vez más delicada...

Nunca pude escribir todo lo que había dicho esa noche ... una amiga lo grabó en el Festival de las Naciones en Montreal y lo desgrabó. Es texto de actuación. Es texto y tiempo de actor. OBRA ABIERTA de U. Eco. No hay literatura, hay acción dramática que puede ser leída en historias de subtexto.

¿Cuál fue el proceso maquinal de esa noche? Nunca lo podré saber. Lo que puedo aventurar es que mi cuerpo actoral rebasaba la silueta del personaje. Lo atravesaba ... lo impersonalizaba. Lo desterritorializaba.

Seamos justos, en la puesta original de Norman Brisky, en el texto original, estaban inscriptas las posibilidades de este margen de libertad de improvisación que el actor "Pavlosky" realizó esa noche.

Porque no hay multiplicación sin texto original, sin puesta original.

El actor no improvisó sobre el vacío sino sobre la malla intersticial de la puesta que director-actor autor y músico habían plasmado en sus treinta y cinco minutos originales... .

El teatro es un lugar de experimentación de subjetividades.

Bob Wilson experimenta con 9 millones de dólares para luces, sonidos y escenografías.

Nosotros tenemos que "experimentar" desde nuestros lugares posibles, con nuestros cuerpos actorales, con la producción de nuestra experimentación. Nadie tiene la obligación de conceptualizar sus prácticas.

---

6   Del prólogo de la edición de *Potestad* (1988).

Pero intentarlo es una posibilidad. Bartis es probablemente el director más experimental de los directores argentinos.

No es un teórico, pero tiene ideas muy claras sobre las innovaciones que plantea o sobre el tipo de producción de subjetividad que plasma en el escenario. Kantor lo hacía. Grotowsky también.

2. DE UNA ENTREVISTA CON FRANCIS BACON

"No dibujo. Empiezo haciendo todo tipo de manchas. Espero lo que llamo el accidente la mancha desde la cual saldrá el cuadro. La mancha es el accidente. Pero si uno se para en el 'accidente', si uno cree que comprende el accidente, hará una vez más ilustración - pues la mancha se parece siempre a algo. No se puede comprender el accidente. Si se pudiera comprender, se comprendería también el modo en que se va actuar.

Ahora bien, este modo en el que se va actuar, es lo 'imprevisto', no se lo puede comprender jamás: la imaginación técnica (la imaginación que da el oficio).

¿Qué es el accidente? No puedo definirlo. Sólo se puede hablar 'en torno'. Van Gogh no hablaba de una pintura sino de los 'en torno a...' "[7].

El cuerpo del actor en el trabajo de "experimentación" es la "mancha" de Bacon. En un ritmo corporal (en una "mancha" baconiana) el actor descubre la línea de fuga, el accidente, por donde el personaje se multiplica de nuevos sentidos. Pero todo este proceso requiere entrenamiento (*imaginación técnica*). Nuestro ex-campeón del mundo de box, Nicolino Loche, decía que no necesitaba poner sus manos en "guardia" porque él podía "imaginarlas". La noción de distancia y sus ritmos de esquive provenían de su gran "imaginación técnica". Un actor puede improvisar. Lo que no se puede improvisar es *ser* actor.

Para descubrir el "accidente" en la mancha de Bacon hay que haber arrojado muchos años de "manchas". Hablamos de oficios. De artesanías. De producciones.

En cuanto al problema de la subjetividad en los personajes que encarna *El Represor* en mi teatro, desde *El Señor Galíndez*, *El Sr. Laforgue*, *Paso de Dos* y *Potestad*, tomando los casos más paradigmáticos.

Algunas veces se me ha sugerido que los "personajes" que encarno como actor en mis obras representan al represor; producen en el espectador un cierto nivel de identificación durante parte de la obra, e incluso despiertan simpatía y luego se "revelan" como verdaderos monstruos de la represión, produciendo en el espectador un cierto sentimiento de fraude, engaño o ambigüedad. ¿Cómo un médico al servicio de organismos de inteligencia y responsable directo del rapto de una niña puede al mismo tiempo despertar simpatía en la primera parte del espectáculo cuando se le vislumbra en sus debilidades humanas relatando o confesando sus heridas narcisistas masculinas frente a su mujer? El "tiempo" en el cuerpo, el "tiempo" en la pareja y la posible identificación que estos grandes temas humanos puedan producir en el espectador. Cómo puedo "identificarme" a lo largo de la obra con las angustias reco-

---

7   Entrevistas con Francis Bacon - David Sylvester (1990).

nocibles de este hombre si luego ese mismo personaje, en quien me "reconocí", se me revela como un "monstruo represor" al que no merezco tener piedad o pena y mucho menos simpatía. O más precisamente: ¿Cómo un *raptor* de una niña puede abrigar sentimientos de pena por la pérdida de "su niña", cuando los organismos de derechos humanos a través de la justicia, logran *liberar* a la niña de su rapto, para devolverla a su familia original? ¿Puede acaso un raptor de niños sentir ternura o pena por la niña a quien robó su identidad? ¿No es acaso el "niño raptado" una prótesis de la falta o castración del raptor, y siendo solo prótesis de su falta esto le impediría desarrollar hacia ella sentimientos tiernos, porque la niña raptada es solo prótesis narcisista?

La literatura psicoanalítica encuadra a los raptores dentro de las patologías narcisistas graves. Para nosotros la situación adquiere otros niveles de complejidad.

En *Paso de Dos*, la víctima torturada le dice a su amante torturador: "somos fuimos vos y yo nuestras historias nuestras certidumbres nuestra manera de sentir las cosas, de eso no podemos arrepentirnos allá vos allá yo es la distancia que nos hace reconocernos qué misterio se cruza entre los dos haciéndonos olvidar tanto pasado quién sabe si somos tan diferentes que creció tanto entre los dos algo que no entiendo algo más allá me hace sentir ambigua y me produce terror haber sentido piedad en algún momento como surgió a pesar mío esto de la piedad entre los dos como piedad convertirme en piadosa yo que nunca lo fui".

¿Puede una militante torturada sentir piedad por su represor?

¿Puede un torturador sentir piedad o ternura por su víctima?

¿Si un torturador sintiese piedad por su víctima seria acaso por eso menos responsable? ¿Si un raptor de niños hubiese desarrollado alguna capacidad de amor hacia su víctima sería por eso menos responsable? ¿Cuál es la estética en todas estas preguntas?

Serían responsables siempre, pero tendríamos que admitir una mayor complejidad en la subjetividad de los represores.

Los personajes de la represión, en su amplia galería, se nos podrían revelar más ambiguos y complejos de lo que imaginamos. Y esto sugeriría una mayor complejidad en el proceso de búsqueda de creación del personaje. Existiría más ambigüedad. Más molecularidad en su recorrido.

Pero nadie los condena por su incapacidad o capacidad de sus afectos, sino por el acto mismo criminal del rapto y robo de la identidad de los niños. Metamorfosear la identidad de una niña raptada ocultando su verdadero origen es un hecho monstruoso que debe ser juzgado, pero este hecho no elimina por sí solo la capacidad de haber podido desarrollar algún tipo de vínculo tierno con su víctima. Lo que nos interesa es la estética de la ambigüedad.

Lo condenamos por su acto criminoso. A veces, ciertas concepciones científicas, ideológicas y políticas reabsorben parten de la complejidad de los fenómenos de la subjetividad de los represores. Desde la estética, a veces, descubrimos ciertas líneas de la ambigüedad y de la complejidad de su problemática. Estética de la multiplicidad.

En el teatro intentamos descubrir la ambigüedad, esa zona incierta del ser humano, que creemos necesario develar estéticamente. Condenamos su ética pero revelamos en cambio su tormentosa ambigüedad. Esa es la subjetividad que nos interesa investigar estéticamente en los personajes de la represión. Recorrer desde el "personaje" el intrincado y complejo mundo de los afectos de personas que han quebrado su ética y es precisamente confrontándola con su reverso estético. La *ética* de la multiplicidad.

Asumir estéticamente la complejidad de la subjetividad en la problemática del represor, no es nada más que acercarnos a la posibilidad *dramática* de una nueva forma futura de represión: el control social y sus sutiles formas posibles, a través de un nuevo tipo de represor.

En *Memorias del Calabozo*[8], Mauricio Rosencrof y Fernández Huidobro, militantes uruguayos detenidos en calabozo durante once años (1972-1983) en Uruguay, nos dicen en relación a los represores:

> "quiero referirme un poco a la patología de los oficiales que se han ensañado con nosotros. Existe la tesis de que los que más agredieron eran los que tenían dentro de sí desarrolladas las tendencias sádicas. Yo me resisto un poco a considerar enfermos a aquellos que se ensañaron más en las torturas, adscribiéndoles entonces un diagnóstico psiquiátrico, porque sería limitar la cuestión a grados de patología individual.
> Este oficial que tenía esa conducta con nosotros era simultáneamente uno de los más estimados por la tropa cada vez que los soldados tenían problemas. Dirigirse a ese oficial era una gran tranquilidad porque los atendía paternalmente. Era patológico con nosotros. La metodología que usó *el ejército* fue hacer participar a todos, enfermeros, médicos, oficiales, etc., todos tenían que 'mojar' para que todos se sintiesen implicados y además el exceso fue *lo normal* en la Institución. Por eso rechazo que Astiz o Mason sean sádicos. La esencia del sadismo como patología dentro del ejército es *secundaria*.
> Lo constante es la *normalidad* en que se convierte lo *anormal*".

La *institucionalización* de la violencia, el rapto o el saqueo, o la tortura. La interiorización institucional de la violencia como obvia.

Foucault decía que los únicos que pueden hablar con eficacia sobre las cárceles o prisiones son los presos o los carceleros.

La institución (policial - militar - carcelaria) produce esta específica subjetividad.

La tortura no se presenta como patología individual. No nos sirve para intentar pensar sobre los fenómenos de producción de subjetividad. Su complejidad.

La tortura como producción de subjetividad institucional. Diaria, cotidiana, interiorizada como conducta normal, aceptada y valorada.

En el *Sr. Galíndez* intentábamos seguir esta hipótesis: "lo que nos interesaba señalar la institucionalización de la tortura mucho más que la patología individual de los torturadores quienes a su vez eran víctimas de la institución. Si insistimos en los cuadros psiquiátricos individuales de los torturadores perdemos de vista el eje

---

8   *Memorias del Calabozo* (1990).

central de la problemática: la tortura o el rapto como institución" (en este caso representado por las llamadas del teléfono del Sr. Galíndez).

Y este punto de vista es importante para el desarrollo de la estética de los personajes.

Buscamos una estética de multiplicidad donde se perciba la singularidad del personaje en este particular atravesamiento institucional. Nos interesa entonces exaltar la *institucionalización* de la conducta para expresar la intensidad de sus conflictos en la creación del personaje.

No nos interesa el naturalismo. Pretendemos "afectar" al espectador en el tormentoso mundo marginal del represor. Tampoco buscamos las transiciones psicologistas que pudiesen explicar sus diferentes motivaciones. Vaivenes de subjetividad que puedan ser expresados a través de un cuerpo que se conecta abruptamente con diferentes grados de intensidades y de emociones. Devenir triste - devenir tierno - devenir sádico - devenir sexo - devenir terror - sin transiciones - sin conexiones psicologistas. Cuerpo como máquina deseante. Cuerpo haciendo maquina con... Siempre *entre* nunca llegando a ningún lado a ningun objetivo.

Existe una institución que *viola* la ETICA del represor.

Para *formarlo* tuvo que violarlo. Cómo "resingularizar" esta batalla. El represor *violado* y *violador* al mismo tiempo.

Un cuerpo actoral que pueda expresar este régimen de inscripciones que lo atraviesan.

Porque el cuerpo actoral es al mismo tiempo institución violadora: represor violado y represor violador. Tres devenires en el desarrollo de la acción dramática. Cuerpo como letra... o LETRA de cuerpo...

De cómo es capaz de transmitirse institucionalmente, este tipo de subjetividad que fabrica torturadores - raptores - saqueadores como fénomenos normales cotidianos y obvios.

Existe una institución como producción de una subjetividad que engendra como normal lo monstruoso y esto a su vez es un factor de producción de subjetividad social. (Terrorismo de Estado y su concomitante complicidad civil).

Pero entonces el problema desde la estética incluye este tipo de complejidad. Si el rapto o la tortura son interiorizados como hechos naturales, normales, el acto criminal se percibe como *sintónico institucionalmente*.

Intentemos comprender el "régimen de afecciones" en que se mueve el individuo. Su régimen de conexiones institucional. ¿Cómo les habla la institución? ¿Cuál es la lógica institucional? "Puede ser un buen padre de familia - pertenecer a la protectora de animales - ser un beato, asistir a la iglesia todos los domingos, pero luego volverse sádico con los prisioneros" (*Memorias del calabozo*).

Pero todo esto incluye una "lógica de afecciones" - en la totalidad de la conducta. No existe disociación de la personalidad dentro de la lógica institucional.

"Todos los oficiales, todo el personal de la protección militar y carcelaria, recibían cursos en que los manipulaban meticulosamente con *fundamentos ideológicos*, y se les decía que eran traidores a la patria, asesinos deleznables. Todo esto iba conformando en ellos un criterio ideológico. Eran *coherentemente* fascistas" (El mismo texto).

Aquí Rosencrof dice: coherentemente fascistas. La institución produce coherencia en este tipo de subjetividad. Lo obvio. Lo normal es el fascismo y su complementariedad: la violencia.

Una camada de jóvenes militares de la dictadura griega había cometido atroces torturas. Fueron juzgados y sometidos a exámenes psiquiátricos. Ninguno de ellos reveló alteraciones psiquiátricas severas.

Sin embargo, durante las entrevistas con ellos se obtuvo información de que todos habían sido sometidos a un severo entrenamiento doctrinario ideológico de ocho meses de duración, que culminaba con la práctica de los elementos de la tortura con prisioneros políticos.

Hacer un psicoanálisis de cada uno de ellos no nos revelaría tal vez demasiadas diferencias de las habituales, de otras psiconeurosis o caracteropatías.

Lo singular, en cambio, sería analizar el tipo de discurso institucional, que produjo esa singular subjetividad que interioriza la tortura como obvia, necesaria, cotidiana, y normal en la formación de los jóvenes militares. No creo en este caso que la ideología institucional funcione como prótesis de la falta de cada uno de ellos.

El discurso se filtra intersticialmente y eficazmente a través de un complejo sistema de códigos y afecciones[9].

En algunas de mis obras, enfocadas generalmente sobre la luz del *represor*, la Institución aparece presente siempre en algún momento del discurso de los personajes.

En *El Sr. Galíndez* la Institución está corporizada por el teléfono que da las órdenes y contraórdenes a los torturadores (Beto y Pepe) en forma constante y contradictoria.

Ambos torturadores - no formados ideológicamente - "los de la vieja camada" dependen absolutamente de Galíndez para todo tipo de tarea profesional y ambos están pendientes de la simple aprobación o de las estimulantes felicitaciones de Galíndez.

Son el "cuerpo" menos pensante, institucionalmente los menos formados o solo formados en la *práctica concreta*. La mano de obra barata de la tortura.

Esta dependencia incondicional hacia el Sr. Galíndez produce en ellos el terror de que puedan ser prescindibles - o reemplazables - como ya ocurrió en otras ocasiones con otros "profesionales" - a lo largo de la historia institucional.

Son la parte "descartable". Por eso se convierten también en víctimas de la Institución. Sobreviven hasta que alguien de mayor habilidad pueda reemplazarlos. Son "serie" de una larga cadena.

---

9   La Asociación Psic. Argentina producía en los tiempos que yo cursaba seminarios un tipo de producción de subjetividad que hacía creer a los candidatos que para ser psicoanalistas y resguardar la "salud mental" había que analizarse durante años (8 ó 10) cuatro veces por semana. Esto, a su vez, se transmitía a los pacientes. Máquina iatrogénica que todavía perdura a veces.

Beto y Pepe recibían órdenes del Sr. Galíndez para adiestrar a Eduardo, un joven que concurre para "aprender el oficio" de ambos torturadores. Ordenes Institucionales.

Pero Eduardo ha estudiado los libros del Sr. Galíndez - es el nuevo torturador pensante ideologizado. Como los jóvenes torturadores griegos, ha recibido información a través de un aprendizaje "teórico". Aquí hay un cambio cualitativo con efectos en el discurso institucional y en la produccion de subjetividad de los personajes. Beto y Pepe son la mano de obra barata prescindible. Para ellos la Institución es el teléfono de donde reciben las órdenes concretas del Sr. Galíndez.

Sin órdenes del Sr. Galíndez pierden existencia. Eduardo, en cambio, es el nuevo torturador: "el ideologizado" (el Astiz del 76 en la dictadura militar). Los libros del Sr. Galíndez son conceptos nuevos para "*pensar*" institucionalmente para Eduardo y sólo *órdenes* concretas para Beto y Pepe.

Pepe: ¿Y qué te dijo? (se refiere a una llamada telefónica de Galíndez).

Beto: Dijo que todavía no hay novedades que espera poder felicitarnos como siempre y que está orgulloso de nosotros.

Pepe: ¿En serio te dijo que estaba orgulloso de nosotros?

Beto: Dos veces me lo dijo. Al principio, al final. ¡Dos veces!

Pepe: A ver, repetime las mismas palabras.

Beto: ¡No me acuerdo! Dijo que esperaba que realizáramos la tarea como siempre y que nos mandaba un abrazo.

Pepe: ¿Un abrazo?

Beto: ¡Te lo juro Pepe!

Pepe: ¡Qué gran tipo este Galíndez, mirá que siempre fue muy cariñoso con nosotros!

Beto: ¡Es un señor! ¡Digan lo que digan pero es un señor! Cada vez que hablo con él me dan ganas de laburar ("de torturar")

(Dependencia absoluta de los estímulos institucionales del Sr. Galíndez; en otro párrafo hablan del flaco Ahumada, otro torturador profesional amigo de ambos).

Beto: A las dos de la mañana sonó el teléfono... le decían al flaco que se fuera del país... que ya no *servía* más y que si no se iba lo iban a liquidar... para mí la voz era de Galíndez... al día siguiente lo encontraron ahorcado. Yo no quise verlo... Por eso me inscribí en el liceo Profesional Cima... por ahí la mano viene mal y quieren *prescindir* de mí y bueno... yo ya tengo otro laburo...

Son absolutamente prescindibles de la Institución

Eduardo: (Sobre el final de la obra Beto y Pepe escuchan el monólogo de Eduardo desde la puerta). No podemos dejar de señalar... la nación toda ya sabe de nuestra profesión. También la saben nuestros enemigos. Saben que nuestra labor creadora y científica es una trinchera y así cada cual desde la suya debe luchar en esta guerra definitiva, contra los que intentan bajo ideologías ex-

trañas destruir nuestro estilo de vida nuestro ser nacional" (suena el teléfono. Eduardo con gesto marcial lo atiende. Beto y Pepe miran asustados desde la puerta, a punto de dejar el lugar). ¡Sí Señor Galíndez! (Apagón)[10].
Formación ideológica del nuevo torturador: Eduardo

En *El Sr. Laforgue*, un aviador, que trabajaba para la marina de Haití y que arrojaba prisioneros políticos desde su avión, es llamado desde la Institución cuando los cadáveres comienzan a aparecer en playas de países vecinos y son reconocidos. Todo se hace público y se convierte en un verdadero escándalo político.

El aviador es convocado por el Ministerio de Marina (un lugar semejante a nuestra Escuela de Mecánica de la Armada) donde se le sugiere modificar su identidad y vivir en el exterior. Sin otra alternativa posible, el aviador acepta.

Todo el tratamiento de su "metamorfosis" es realizado dentro de la Institución que lo formó.

La Institución lo formó como represor sofisticado y se desprende de él cuando la situación se torna internacionalmente complicada al aparecer los cadáveres en playas vecinas.

En *Potestad*, un médico de la policía y de los servicios de inteligencia es convocado a una operación para certificar el fallecimiento de una pareja militante asesinada y en esas circunstancias especiales encuentra a una niña de la pareja a quien secuestra y la toma como "hija" modificándole su identidad.

"Los muchachos me llamaron para ver si estaban vivos. Todavía hoy no sé para qué me llamaron los muchachos..." (dice el médico secuestrador). Los muchachos que convocan al médico y que asesinaron a la pareja pertenecen a la misma Institución que el médico. Todos son cómplices como dice Rosencrof.

En *Paso de dos*, un torturador y su víctima mantienen una extraña relación amorosa "nacida" en la intensidad de los momentos de tortura. Toda la obra transcurre durante la agonía final de la mujer.

El: "Había pedido verte cuando supe que iba a conocerte... me habían dicho que lo más importante era no mirarte a los ojos..."

Había *pedido verla* en la Institución policial cuando supo que la traían detenida...

Le "habían dicho" (en la Institución) que no la mirara a los ojos cuando la interrogara...

El torturador y la víctima mediatizan a través del drama personal el discurso institucional.

La Institución está presente en la obra y en el desenlace final - cuando la víctima no lo quiere denunciar para no hacerlo héroe "como todos los demás que *andan suel-*

---

10 Para Beto y Pepe el teléfono es la Institución (Ecuación simbólica). Para Eduardo la Institución está representada por las *ideas* y *conceptos* que leyó en los libros del Sr. Galíndez (Representación simbólica).

tos por la calle y acechando siempre" - refiriéndose al indulto que dejó en libertad a los genocidas. No es sólo un problema personal. Es un conflicto con todos los demás genocidas que "quedaron libres". Conflicto Institucional.

También toda la conducta de ella está atravesada por la Institución a la que supuestamente pertenece la víctima.

El: "No me regalaste ni el nombre inventado. Tu *Ética* no lo permitió...

(Ética que pertenecía al grupo político de la víctima).

En *El Cardenal*, es el protagonista, que encarna una nueva ideología, quien produce "la filosofía del pensamiento lineal" en oposición al "pensamiento poético", al que debe combatir hasta su extinción, a través de un meticuloso, científico y dosificado "régimen alimentario".

El Cardenal: El fundamento teórico del pensamiento lineal es que la alimentación diaria científicamente orientada llega a la cabeza de la gente...
Esa es la clave de *nuestro* tercer enunciado... Lo importante es la cabeza de la gente, lo que la gente piensa de las cosas cotidianas... de eso *nos* ocupamos nosotros y eso se logra con una alimentación orientada... La alimentación en ese sentido es un recurso, *nosotros* sabemos política no *luchamos* por la alimentación luchamos por ideas. *Nuestro* cuarto enunciado: el efecto de la alimentación diaria en la cabeza de la gente produce pensamientos, *nosotros* producimos pensamientos, somos una máquina de producir pensamientos".

El Cardenal es el ideólogo institucional de una filosofía que él encarna y que ha sido meticulosamente estudiada para *producir* en la cabeza de la gente un tipo de pensamiento que intente construir el pensamiento lineal y abolir el pensamiento poético. *Nuestro, nos, luchamos, nuestros, nosotros, somos* indican que El Cardenal se siente parte, cuerpo identificatorio de la Institución que él encarna y que además lo expresa.

El Cardenal es "hablado" por la Institución y la expresa a través de su forma singular y específica de su personalidad.

Una Institución produce un tipo de subjetividad: la tortura como normal procedimiento en el interrogatorio.

Individuos la encarnan y la llevan a la práctica concreta y real.

Pero esta dependencia del individuo con la subjetividad que produce la Institución es también tormentosa, no es pasiva, es también un saqueo de su ética, un robo de su dignidad humana. De ahí que la estética resultante de estos personajes adquiere un alto nivel de complejidad - producto de una lucha de antagonismos que debe ser incorporada en el desarrollo dramático del personaje. No es una lucha de conciencia, es una lucha de poder de convencimiento.

El individuo tiene que ser transformado en, *convencido*, y una vez *convencido* ya es voz institucional y produce subjetividad institucional a los demás.

Basta un convencido para que todos crean en la eficacia de la verdad institucional.

No puede ser también sino una estética de la violencia. En algún momento el represor es violentado para que se logre su sintonía institucional. Puede incluso luchar y desconfiar, hasta ceder. Pero de esto nada se habla.

Es lucha de subjetividades. Lucha de poderes. El cuerpo del actor atravesado por esta lucha y su rendición posterior. Definitiva. Ya está "formado".

Allí encontramos al *represor* en su singular lugar de *víctima*. El de su ética violada por la Institución. El verdadero objetivo es analizar la *lógica institucional* y no la patología individual del represor. Estética de la multiplicidad.

3. APUNTES SOBRE *PASO DE DOS*

Cómo llevamos la intimidad de la tortura, cómo llevar la intensidad... sería deseable que el público participase no pasivamente de dos cuerpos máquina de amor y violencia simultánea.

La proximidad del público a los actores se captura en la intensidad de las escenas de los cuerpos.

En la representación, los dos actores "simulan" a escasos metros de distancia escenas de pasión y violencia. La pasión, la violencia se fugan a los cuerpos de los espectadores. No hay violencia entre actores. Nadie lastima a nadie. Pero es cierto que el espectador, aunque lo sabe, *aún así* no es un mero agente pasivo de un simulacro. Padece la intensidad que se produce "entre ambos cuerpos". Está "afectado" por el simulacro de violencia. O lo que es la clave: la amenaza permanente de algo peor.

El auditorio entra dentro del "régimen de afección" de los personajes. Se siente "torturado" por su inmovilidad en la gradería.

Le guste o no le guste, participa voyerísticamente de las escenas.

El simulacro no le tranquiliza. Sabe que no existe violación y que no se ejerce la tortura real pero aún así tiene la sensación de estar afectado por lo real. Pierde el distanciamiento intelectual, coparticipa de la multiplicidad del acontecimiento.

Su cuerpo, y esto es lo importante, está incluido en la experiencia. Aún inmóvil como el sedentario, es recorrido por intensidades nómadas. Todo está en movimiento en su absoluta quietud sin recorrido.

Esa era de alguna manera la intención de la directora, del autor, de los actores, del escenógrafo, del iluminador.

Involucrar al espectador en una experiencia límite como la tortura o el amor de la tortura o como dijo alguien alguna vez, la poética de la tortura.

Hasta dónde llegan nuestros cuerpos, dice un personaje a otro cuando percibe la intensidad fugada de ambos cuerpos a otros territorios.

Hasta dónde llegaron nuestros cuerpos actorales para involucrar el cuerpo del espectador en la ceremonia[11].

Textos de goce diría R. Barthes. Texto dramático.

Que no piense la experiencia en el momento de su afectación que la pueda contraefectuar sin quedar *atrapado* en el accidente, evento tortura.

Que se sienta afectado y que después del "estallido" y de su "esplendor" descubra los múltiples sentidos. Entonces recién allí la tortura se convierte en "acontecimiento".

Ahí construye el acontecimiento. El acontecimiento no es el mero accidente de escena de tortura, lo que sucede en el escenario "entre" los dos cuerpos o con el otro cuerpo femenino en las graderías, distanciado y desdoblado. Hablar desde el mismo lugar del espectador es una doble implicación.

El verdadero acontecimiento es la recreación de sentidos que puedan surgir "desde" y "entre" los tres personajes y que se multiplica entre los espectadores.

Que esa tortura se convierta en todas las torturas cotidianas, en las parejas, en las familias, en los torturados y maldecidos, que estalle a través de la escena, multiplicidad de la tortura en imágenes intensas fugándose por todos los intersticios posibles. Que estalle la tortura en todos los vínculos pacíficos, que el espectador construya su propio devenir, acontecimiento. Que se "torturice".

3.1 *Paso de dos*: creación de subjetividades en la puesta en escena

Según Laura Yusen, la lectura que le hice de *Paso de Dos* en 1988 la conmovió profundamente. Laura se conecta casi de manera primaria con la mayoría de mis textos, se deja "afectar" por ellos.

"Necesito recibir un impacto emocional e intelectual, motor para poner en marcha mi creatividad". El impacto que recibe y sus múltiples resonancias no coinciden a veces con mis propias imágenes autorales. Y es precisamente en la brecha que se produce entre ambas concepciones donde comenzamos a trabajar en los ensayos, creando la malla intersticia por donde transitarán las primeras improvisaciones.

El texto escrito de *Paso de Dos* se transforma en texto dramático cuando el cuerpo de los actores penetra el entrelineado autoral. Si el texto escrito es la expresión molar, el texto dramático se constituye en el entretejido molecular: "entre" las pausas; "entre" las palabras; en los cambios de ritmo y velocidad; en la penetración de los cuerpos bordeando o atravesando el texto, en imágenes y afectos que van surgiendo en todo ese proceso molecular del trabajo artesanal del ensayo.

---

11   Los comentarios en relación al "efecto" de la representación en los espectadores son resultado de diálogos posteriores con ellos después de la representación de la obra (170 funciones en Buenos Aires, España, Alemania y Uruguay).

¿Cómo poner acaso en imágenes, acción en el espacio, y en intensidades diferentes el texto aparentemente literario que presentaba *Paso de Dos*? El juego de la puesta consiste también en descubrir que no hay una sola historia que se quiera narrar sino parciales historias múltiples que se descubren en la puesta.

Si la puesta en escena es la búsqueda de una historia a narrar, también es la exploración rizomática de historias parciales múltiples que no todas se pueden capturar. Porque hay una historia que siempre se intenta narrar en la puesta, pero hay también múltiples historias que atraviesan y bordean la historia original, a través de las ceremonias de los cuerpos, afectos e intensidades insospechadas, que se desplegaban desde el cuerpo a los actores en nuestra primera aproximación.

Descubrimos que *Paso de Dos* era un cuerpo a cuerpo y esta revelación no fue sencilla, abrazo de dos cuerpos, con matices desde el amor hasta la muerte, que sugerirán la clave de la intensidad de la obra". La obra surgía como pura intensidad. Desde su inicio, la letra transcurría a través de líneas de grandes intensidades. Según Laura, surgieron en sus primeras imágenes la problemática de la relación sexual, "la cama como universo, donde pasamos gran parte de nuestra vida. Cuando hablo de impacto me refiero a esto, un tema a desarrollar que me conmovía investigar, por las diversas implicaciones insospechadas, desde teórico-dramáticas hasta personales. La cama, además, como lugar metafísico, motivada tal vez por un viejo proyecto de "La Madre" de George Bataille, donde existen intensas pasiones sexuales que permitían abrir una indagación del complejo fenómeno del erotismo. En la danza existe, en el *pas de deux*, una metáfora de la relación sexual donde la mujer adquiere un rol pasivo ante la fuerza física del hombre (aunque el espectador pueda ver otra cosa) y yo, tal vez influida por este modelo, comencé a visualizar en los ensayos tu cuerpo manipulando el cuerpo de una mujer moribunda". Sobre el texto se abrían otras historias, el cuerpo de la mujer moribunda y el hombre desesperado ante ella, funcionó como una primera imagen fundante para la puesta final, pero esta imagen fue encontrada luego de un proceso prolongado de ensayos.

Texto dramático, texto de ensayo, texto desde el personaje, texto que atraviesa las velocidades del texto escrito, texto que incorporamos a la obra. Ese texto femenino fue la culminación de un proceso que nos hizo suponer que ambos protagonistas habían mantenido en la "escenografía" de la tortura los máximos momentos de exaltación; y en cambio, por contraste, vivieron otros momentos cotidianos donde todo fue vacío, con pérdida de sentido. Sólo la "escenografía" del acontecimiento producía las *exaltaciones*.

EL, entonces, no soporta la ambigüedad de la cotidianeidad sin intensidades, el fracaso amoroso, y la golpea hasta dejarla moribunda. Allí comenzará la obra en esta puesta en escena. EL desesperado con el cuerpo de ELLA moribunda, intentando recapturar aquellos momentos pasados de grandes intensidades, reinvención de nuevas historias. ¿Qué podía pasar entre los cuerpos de ambos?, vivencias e imágenes incapturables, sólo cuerpo y afecto entre ellos, nuevas microhistorias que atraviesan la molaridad de la historia original de víctima/victimario, de un reconocible social-histórico. La puesta estaba inscrita como posibilidad en el texto escrito. Cada grupo encontrará su propia puesta, sus propias historias inventadas y recreadas. El texto no se re-escribe. Se re-inscribe de múltiples sentidos. "Convertirla después a ELLA en un paquete-bolsa es un fenómeno mágico. La imagen de ELLA, envuelta después de su muerte, provoca nueva apertura de sentidos. El sentido estaba, pero no teníamos la imagen porque allí en la envoltura de su cuerpo, la "victimarización" se convirtió en el emblema social de la desaparición; como antecedente tenía el haberlo visto a Kantor empaquetando objetos en el escenario y cuando sigo la imagen kantoriana, se resignifica la escena como desaparición, pero yo lo descubro en la acción dramática". En el texto escrito no hay envoltura del cuerpo, la envoltura es la imagen dramática que surge a través de la imaginería desplegada por el grupo en la singularidad de su puesta. La directora nombra (pone en escena) lo innombrable. "El desdoblamiento del papel femenino en dos actrices surge cuando descubrimos que la agonía termina. No se le permitía expresión verbal alguna a la protagonista. Sólo es cuerpo moribundo. Pero ¿desde qué otro lugar? Y qué otro lugar tendríamos que inventar para que la palabra femenina surgiera fuera de su cuerpo moribundo. La primera idea de la grabación en off es tradicionalmente un procedimiento débil. Se ensayó con un grabador durante un tiempo y luego se descartó. Luego se incluyó a la otra actriz, en ejercicios de improvisación como posible doble, pero la estructura de la triangulación, dos mujeres y un hombre, cobraba un protagonismo que desvirtuaba el doblaje. En otro momento surgió la idea de colocar a Stella en un andamio y "crucificarla" como un posible lugar de emisión del texto de la protagonista, pero apareció entonces una dimensión mística que desbordaba o descentraba el foco de la intensidad de los dos cuerpos de la acción central (EL y ELLA en el barro). Hasta llegar a colocar finalmente a Stella en el lugar del público, donde entonces, la voz femenina adquiere la verdadera resignificación de conciencia ética del público.

Otro de los problemas de la dirección de esta obra, fue el factor riesgo. Sabíamos que jugábamos en el límite en este tipo de puesta, como por ejemplo el cuestionar cómo podían hablar estos cuerpos en el límite de la pasión, donde normalmente hay silencio. La conjunción de tanto compromiso corporal, verbal e ideológico en sus diferentes niveles, nos colocaba en una situación límite. Hay una ley que sugiere que cuando el cuerpo se pone en riesgo al extremo, la palabra se silencia y cuando la voz está comprometida en la ópera, se aquieta el cuerpo. Nosotros intentamos romper en esta puesta, estos principios. El ritual de los cuerpos en la ceremonia del amor es además un ritual secreto o íntimo, y aquí nosotros realizamos una exposición pública de ese ritual, exponemos una zona donde normalmente reina el pudor o la vergüenza. El riesgo de los cuerpos está siempre oculto, alojado en la intimidad y aquí se hace público, y además, hace cómplice al público de mirar algo prohibido, *siendo* a su vez "éste", visto, por otros, mirando algo prohibido.

Allí aparecen la vergüenza y el pudor. Por eso la voz femenina desde el público permite un distanciamiento liberador.

3.2 Sobre la escenografía

La única condición e indicación que le dije a Graciela Galán fue que el espacio tenía que estar muy comprimido, un espacio no mayor que el de los dos cuerpos y los espectadores en posición vertical. Primero Graciela observó dibujos de cámara de tortura y de disección de anatomía, donde los espectadores están colocados en situación vertical y allí surge la idea de situar a los espectadores, en una tribuna y el cuerpo de los actores en una pileta. Posteriormente, la idea del afrecho en la pileta potencia equilibradamente nuestra acción. La iluminación central, donde el espectador es atravesado por la luz, sugiere la idea de la inclusión del espectador en el drama. La luz que lo incluye forma parte de la concepción de que el público está incluido, por la proximidad, con la escena central y con una de las actrices que habla desde la misma tribuna. Además, la luz que viene desde atrás del espectador favorece la proyección de sombras y esto potencia el ritual ceremonial de los cuerpos. Otra idea que sugiere Graciela, es la dialéctica del estar vestida, estar desnuda de Susy; cuanto más vestida está ella, aún con zapatos, más potente se hace su desnudez final.

3.3 Las actrices hablan

Susy Evans: "En el trabajo de la obra está plasmada mi experiencia de veinte manos de trabajo corporal, nunca sentí dificultad porque Laura me propuso de entrada no moverme sino en aquellos momentos en que mi cuerpo tuviera necesidad de hacerlo. Eso le dio a mi trabajo una gran libertad desde el comienzo, sin ideas preconcebidas, y sin ninguna influencia intelectual. Intenté ser todo cuerpo y afecto desde el inicio de los ensayos, tal vez sabiendo que otra parte mía iba a ser encarada por otra actriz. Sólo tuve sensaciones, imágenes que sólo surgían del contacto corporal, de las vivencias más primitivas, sin intentar pensar ni en la vida ni en las circunstancias del personaje, mientras lo estaba construyendo. A medida que se procesaban los ensayos fui integrando otros aspectos del personaje. Al comienzo sólo cuerpo sensible, dejándome atravesar por los estímulos que me provocaba el cuerpo de EL sobre mí, y por la voz de Stella que en esos momentos imaginaba proviniendo de afuera, y luego de adentro de mi cuerpo. Las relaciones sexuales en el comienzo de la obra me hicieron vislumbrar que ese acontecimiento era el final de una gran pasión".

Stella Gallazi: "Para mí, ser un doble de otro se constituyó en un gran desafío porque necesitaba transitar el correlato ideológico y la exposición del tiempo, el factor fundamental de la obra. Existe un cambio en el tiempo dramático, porque la obra habla sobre un tiempo pasado, transcurre en un tiempo presente (los cuerpos en la pileta) y para mí existe un tiempo futuro que es el lugar desde donde yo hablo en la tribuna, como espectadora de ese pasado. Yo revivo mi pasado a través de la visión del cuerpo de los protagonistas. Reflexiono sobre mi pasión, sobre lo que me pasó, hablando desde el público".

Susy: "Es curioso, desde la acción yo no siento sólo odio, sino la constante vivencia de la gran tragedia que nos envuelve a los dos. Sería difícil para mí encarar sólo el odio frente al represor y no la gran ambivalencia que soporta la intensidad de la pasión. Si sintiera de entrada la crítica ideológica desde la actuación, no crecería el drama de la dialéctica entre la complicidad amorosa y la condena al anonimato como enemigo represor. Estamos frente a la ambigüedad de lo humano que se traduce en lo estético".

Stella: "Es recién después de la muerte desde donde crece mi personaje crítico, porque si bien amé y me entregué, siempre fui víctima, y recién al final, cuando veo mi muerte, es que asumo el rol de víctima con más claridad y es entonces cuando lo condeno con todas mis fuerzas al silencio innombrable como castigo frente a un sistema que premia la represión".

Lo molecular es lo que pasa entre los cuerpos, sólo intensidades, afectos, velocidades y simbiosis. Lo molar es lo que abarca la argumentación de un pensamiento crítico, más abstracto, ideológico, social-histórico. La condena del autor al indulto a través de una historia singular y compleja.

Stella: "Cuando empieza la obra yo veo la representación de mi vida, ritual, ceremonial, donde se va a representar el momento previo inmediato a mi muerte. Soy cuerpo de Susy y al mismo tiempo voz crítica. Primero fui solo voz de grabador; después, cuerpo recorriendo vicisitudes diferentes en el proceso de mi inclusión. Primero próxima al cuerpo de ustedes, después, colgada hasta encontrar el único lugar donde mi discurso adquirió legitimidad verosímil" (en la tribuna con el público).

Pero para que Stella haya logrado el mayor punto de lucidez de su conciencia crítica se necesitó que Susy se hundiera en pura intensidad de cuerpos. Solo al final de los ensayos pudimos comprender la interioridad de reciprocidades de los personajes.

En cuanto a mí como autor, actor, me apasiona el teatro que pueda incursionar en la complejidad humana del represor, en el abanico de toda su multiplicidad, estableciendo, al mismo tiempo, su condena en el plano ético-ideológico. Su micropolítica es lo que hice en el *Sr. Galíndez*; *El Sr. Laforgue*; *Potestad*; *Pablo*; y *Paso de Dos*.

Me interesan las semejanzas y diferencias que tenemos en el plano diario con el represor, el microgesto fascista con que nos podemos identificar horrorosamente. La micropolítica de los gestos. Condenándolo en el nivel estético ideológico, pero para resonar también con él en nuestros microfascismos diarios. Me interesa además la formación de subjetividad del fascismo social, su molecularidad cotidiana, su estética. Pero cuando como actor penetro mis obras, *olvido* transitoriamente todas estas ideas, para sumergirme en los personajes, y construirlos desde la imaginería.

Eso es lo que más me apasiona del teatro, no saber nunca a dónde voy con el personaje, por qué vericuetos tendrá que llevarme. Lo que me apasiona es el misterio del Teatro, de la Vida, de la Estética.

3.4 Un múltiple "Paso de Dos"

Hernán Kesselman

Si en *Potestad*, Pavlovsky se atrevió a invitarnos a reflexionar sobre la irritante semejanza que puede darse en la apariencia de los represores y la de aquellos que no lo son, en *Paso de Dos* nos hace dar a quienes contemplamos un paso más allá. Un paso múltiple. Nos invita a descubrir (entre otras cosas) el misterio vincular que puede darse entre dos seres humanos, que aun apareados en condiciones tan extremas como las del torturador y la torturada pueden llegar a denunciar los caminos laberínticos, torturantes y tortuosos que se pueden recorrer en una relación de pareja. Y es desde este lugar que, en mi opinión, *Paso de Dos* nos hunde por momentos en el barro que inunda la pileta de la escena para quienes se atrevan a arrojarse en ella, como lo hicieron los protagonistas. Ya no importa si hay que sentarse lejos para no ser salpicados. Porque de todas maneras, una parte de ellos representada por otra artista fue ubicada sabiamente (por la dirección) entre los espectadores, borrando los límites precisos entre quienes miramos y quienes son mirados.

Así contextuado el drama, se nos hizo difícil pensar.

Todo pasó a ser lo que veíamos, oíamos y sentíamos sin solución de continuidad.

En la oscuridad de las gracias en que nos sentamos, pudimos detectar distintos ritmos viscerales en nuestro propio cuerpo que más tarde pude recién pensar para escribir estas líneas.

¿Eran tres protagonistas o tres cuerpos de un solo ser? A veces eran tres, a veces uno y a veces ninguno. Sólo trozos cuyo significado puede variar con la extrasístole que interrumpe la repetición (como lo induce el ritmo minimalista, incluso el del fondo musical elegido). Tal como la ola más grande nos llega cuando hemos jugado a contemplar el mar, expectantes en silencio, como un "pescador de olas" que vigila la repetición de olas hasta que su ojo y su oído pescan la variación. En nuestro idioma registramos esta extrasístole con la respuesta personal que (a través de imágenes y sensaciones propias) nos provoca el clima o cualquier aspecto que más "nos conmueva" de la escena dramática.

Esa conmoción es la que provoca la "resonancia" personal con que cada uno de nosotros responde - no como espejos, sino como diapasones de distinta longitud - desde el lugar de la observación a las vibraciones que nos llegan desde el "LA" suministrado por el diapasón del texto dramático.

Mi primera resonancia, al mirarlo como un vínculo de pareja, se disparó al percibir esa relación como un juego. En el sentido más serio que los niños y los psicólogos dan a esa palabra. Un juego terrible de preguntas buscando una respuesta que encendiera la lamparita, como cuando jugábamos al "cerebro mágico" (a veces una picana infantil de la ignorancia).

Un juego donde la risa convirtió en maravilloso lo patético del encuentro de raíces siniestras. Siniestras por lo mortalmente inmóvil que tienen los roles fijos en una sala de tortura. Patético cuando a ambos se les presenta la oportunidad de jugar como niños. Maravilloso cuando se sonríen como dos enamorados, jugando como adultos con la agonía de los cuerpos.

Siniestro nuevamente cuando él repite su poder de destrozarla o amarla por la fuerza. Patético cuando ella descubre que el talón de él es el orgullo. Maravilloso cuando ambos circunvalan la pileta para compartir el goce. Cuando lo siniestro se transforma al convertirse en hecho estético.

Terrible cuando, como si fueran cualquiera de las parejas que miramos con asco y con indignación, se proponen el juego de las "Intensidades". Ese juego de la guerra por el poder entre los sexos, que suele darse en las parejas en el momento en que se desarrolla la relación más allá del enamoramiento, y cuando el agobio o el aburrimiento de la repetición cotidiana ha colmado su cuota de risas y reproches.

Cuando ambos deben buscar un juego de amor que dé vida a la relación moribunda. Como cuando ella busca restaurar su ser partido permitiéndose gozar con quien le ha destrozado las entrañas, como si nada de lo anterior hubiera sucedido.

Reconciliación genital que es más una pausa de la guerra que armisticio. Como cuando él busca su afirmación desesperada en la penetración, el cachetazo, o en su ternura de redención esquizofrénica.

Y es por hacer como si nada hubiera sucedido que ambos deben jugar sin parar (como tantas parejas) a reconstruir lo sucedido y al mismo tiempo a construir diabólicamente la leyenda de que nada ocurrió. Hasta que ella, al morir sin denunciarlo, descubre, como amante que se multiplica, otra versión posible para torturar el narcisismo del amado: condenarlo dantescamente a un resto de vida insignificante, a ser un NN. A ser un desaparecido de la memoria y del reconocimiento de los otros. A un no ser.

3.5 Vieja escuela: una nueva escena

Eduardo Pavlovsky

Un niño es raptado en un hospital. Una madre es despojada. Un padre es despojado. Despojo criminal. Una banda de asesinos se dedica a raptar niños. Para entregarlos a los "padres falsos". Al niño se le "truca" su identidad. Se le convierte en otro. Será desde siempre "hijo" de los impostores que pagaron el despojo. El país se conmueve. La población se indigna. Quiere justicia, quiere encontrar a los raptores y a los falsos padres. Los medios no dejan de informar. El país se plaga de imágenes de la madre víctima y de sus supuestos raptores, la noticia se convierte en el acontecimiento más importante de la semana. Estamos todos involucrados. Nada más criminoso que raptar niños. Perversión de la ética. Para esta conducta aberrante ya contábamos con especialistas de alta escuela. Las fuerzas de los organismos de seguridad durante la dictadura militar se dedicaron al mismo rapto. Pero era peor. Porque primero asesinaban a los padres para después llevarse al niño y entregarlo a la familia infame. Ya somos duchos en raptos de niños. Todavía hay centenares de niños buscados. No olvidemos nunca que el silencio cómplice fabrica asesinos. Hace perder la dignidad. Eso lo sabían Hitler, Mussolini, Pinochet y Videla. Por eso hoy más que nunca hay que condenar a todos los raptores asesinos, y transformar el desgraciado evento de la madre despojada en el hospital en el acontecimiento que nos permita recuperar la memoria por todos los niños raptados. Que el rapto de hoy nos permita recordar los del pasado, con el odio que impide perdonar. Porque es odio que clama justicia. Que hace historia. Que las imágenes de la televisión, las voces de la radio y las páginas de los diarios recuerden también que antes hubo otros raptores. No hace tanto. Que hicieron escuela. Homenaje a los que todavía hoy siguen buscando a los niños raptados y a las familias impostoras. Tal vez entonces la madre víctima del despojo de hoy pueda reconocerse en las madres asesinadas de ayer. Fenómeno de resonancia. De multiplicidad. De memoria ética.

BIBLIOGRAFÍA

OBRAS

Pavlovsky, Eduardo: *El señor Galíndez* (1973) impreso junto con *Pablo*. Buenos Aires (Ediciones Búsqueda) 1986. También en Caracas (Editorial Fundamentos. Colección Espiral 1980
----: *El señor Laforgue*. Buenos Aires (Ediciones Búsqueda) 1982
----: *Potestad* (1986). Buenos Aires (Ediciones Búsqueda)1987
----: *Paso de Dos* (1989). Buenos Aires (Ediciones Búsqueda) ²1990
----: *El Cardenal*. Buenos Aires (Ediciones Búsqueda) 1992

CRÍTICA

Deleuze, G.: *Lógica del Sentido*. Buenos Aires (E. Paidós) 1989
Mil Mesetas-Deleuze-Guattari: *Pre-Textos*. Valencia 1988
Rosencrof, Mauricio/Fernández, Huidobro: *Memorias del Calabozo*. Uruguay (Editorial TAE) 1990
Toro, Alfonso de: *Entre el teatro kinésico y el teatro deconstruccionista: E. Pavlovsky*, en: *La Escena Latinoamericana* 7 (diciembre 1991) 1-3

ALFONSO DE TORO

Centro de Investigación Iberoamericana

Instituto de Romanística

Universidad de Leipzig

EL TEATRO POSTMODERNO DE EDUARDO PAVLOVSKY*

0. INTRODUCCIÓN

Actor, director, autor, y psiquiatra, todo esto abarca la persona de Eduardo Pavlovsky, el dramaturgo a tratar. No solamente ha hecho historia dentro del teatro argentino, sino que es uno de los pocos teatristas latinoamericanos que gozan de renombre internacional fuera del continente, hecho que no siempre ha recibido el debido reconocimiento en el medio argentino, pareciéndose cumplir aquel topos de que "nadie es profeta en su tierra". Pero teniendo Pavlovsky ya una larga trayectoria teatral (sus actividades en el teatro se remontan a 1957 y como autor a más tardar a partir de 1961 con *Somos* y *La espera trágica*), siendo sus éxitos bien conocidos[1], en particular fuera de Argentina aunque también en el país, resulta al menos extraño que su obra aún no ocupe, tanto en el medio teatral (con algunas excepciones en un pasado reciente) como en el mundo de la crítica, el lugar que desde ya hace mucho le corresponde.

En una de las últimas entrevistas, Pavlovsky confirma su situación de hacer teatro "en la marginación" del medio oficial[2], refiriéndose a la vez a un último libro con el sugerente título de *Cien años de teatro argentino* donde se menciona de paso sólo *La espera trágica*[3]. De allí que Pavlovsky tenga razón al aseverar que "un crítico de-

---

* Este trabajo fue aceptado en *Maske & Kothurn* (1992: 67-92) en alemán. Sin embargo esta revista aparece por primera vez en 1996, es decir, paralelamente a nuestra miscelánea.

1 Recientemente L. Trintignant, el famoso actor francés realiza su estreno como actor de teatro en EE.UU. con *Potestad*.

2 Vid. E. Pavlovsky/A. de Toro (entrevista) (1991: 42-45).

3 El libro de Osvaldo Pellettieri peca de pretencioso ya que no se trata en ningún caso de una visión panorámica (ni mucho menos sistemática) de la historia del teatro argentino, sino de una mera recolección de artículos sobre diversos autores ya publicados. Por esto, es la recopilación gratuita y fortuita y de allí que Pavlovsky -como otros importantes autores- no se consideren o sean tratados al margen.

be ir más allá de los gustos personales, ya que lo que sucede es que uno desaparece intelectual y artísticamente. Los desaparecidos en Latinoamérica no son sólo aquéllos que desaparecen físicamente, sino intelectualmente y lo que es más serio, en el ejemplo mencionado, es que esta eliminación venga de un crítico [...] que se dedica al teatro en teoría y práctica"[4]. El problema fundamental que ve Pavlovsky en la crítica actual es doble: "por una parte existe una cierta cantidad de críticos que no están al tanto de lo que sucede hoy en el mundo y no poseen los instrumentos analíticos para tratar el teatro y por otra los críticos informados han sido avasallados por la rapidez y variedad del teatro actual: necesitamos nuevos críticos jóvenes que acompañen estas vanguardias"[5].

El único libro dedicado a la obra de Pavlovsky, que me sea conocido, es aquél de *Teatro argentino hoy*, punto de referencia para cualquier introducción al teatro del autor argentino[6].

Partiendo de este trabajo y de la lectura de un buen número de obras de Pavlovsky[7], de dos puestas en escena, *Potestad* y *Paso de Dos*[8], así como de material de entrevistas y de planteamientos teórico-escénicos del mismo Pavlovsky y de los directores de sus obras[9] quisiéramos trazar, dentro del limitado marco de un artículo, un panorama de su trayectoria teatral, describiendo aquellas características que nos parecen principales y recalcando en particular, en algunos casos, el momento de la puesta en escena.

---

4   Citado en: Eduardo Pavlovsky/Alfonso de Toro (1991: 42).

5   Carta de E. Pavlovsky al autor del artículo.

6   Vid. bibliografía. Este libro contiene trabajos de G.O. Schanzer, Ch.B. Driskell, D.W. Foster y W.I. Oliver que ofrecen una detallada información de la obra de Pavlovsky.

7   Con respecto a las obras véase la bibliografía.

8   Con lo que respecta a *Potestad*, publicada en 1987, me baso en un vídeo del festival de México; en la puesta en escena de Ottawa (agosto de 1991), de Santiago de Chile (agosto 1992) y de Augsburgo (marzo 1993). Para *Paso de Dos* me baso en un vídeo del festival de Essen (julio de 1991).

9   Vid. E. Pavlovsky/J.C. Hermes (1970: 3-4); E. Pavlovsky: *Algunos conceptos...* (1974: 181-188) e ídem (1980: 189-196); E. Pavlovsky: *Prólogo* (1980a: 125-126); E. Pavlovsky/J. Kogan (1986a: 9-11); E. Pavlovsky (1986b: 54-55); E. Pavlovsky: *Prólogo* (1987: 13-17); *Balbuceo* (1987a: 15-17); E. Pavlovsky (1989: 31-39); A. de Toro: *Entre teatro kinésico...* (1991: 1-3).

1. TRAYECTORIA Y CARACTERÍSTICAS DEL TEATRO PAVLOVSKYANO

El teatro de Pavlovsky está por una parte enraizado desde su comienzo y a través de los años 70 con las utopías político-sociales que marcan este período, mas también, desde su primer momento comienza a cristalizarse una tendencia a neutralizar una mímesis abiertamente referencial, reemplazándola por aquello que podríamos llamar un estado "espacio-temporal cero" o "débil" que abarca tanto la acción como los personajes. Dentro de esta evidente abstracción, no se convierte lo representado en algo semánticamente neutral, sino que se universaliza, dando espacio a la reflexión teórica y a la experimentación teatral. Esta nueva fórmula de hacer teatro en Latinoamérica lleva a evitar el uso directo de lo que Pavlovsky llama "la línea dura político-mensajista" y "ese imperialismo de la identidad *acá nació, de allá viene*, están tomando mate, como es por lo general el teatro ríoplatense", entendiendo el teatro como "un viaje de nuevos planteamientos" que lleva a la creación de "nuevos territorios existenciales, nuevas identidades, nuevas formas corporales estéticas"[10].

Esta orientación de su teatro llega luego, en el correr de los años 80, a plantearse como una recodificación de ciertos aspectos del teatro de Beckett y de Pinter, lo que Pavlovsky llama "el teatro del goce". Este término se puede entender como una combinación de signos puramente teatrales que ponen su artefacto como tema, pero empleando a la vez una serie de elementos del teatro popular, político, del teatro grotesco, del guiñol (claramente relacionado con Dario Fo); de alta ambigüedad semántica, donde se trata de transmitir la emoción de la angustia, de la soledad, la violencia, todos temas paradigmáticos en el teatro de Pavlovsky, particularmente expresados en *La Mueca, Cerca, El señor Galíndez, El señor Laforgue, Pablo, Potestad* y *Paso de Dos*. Lo dicho anteriormente abarca una reformulación de aquellos elementos que han definido al teatro, incluso el de la modernidad tardía, aquél de Ionesco y Beckett, hasta el punto mismo de desaparecer todo aquello que marcaba lo que era texto, diálogo, personaje, tiempo y espacio. El teatro de Pavlovsky se plantea como una radical subversión de la representación encausada en una "perlaboración" (*Verwindung*)[11] de las tradiciones teatrales, tratando lo político, sin *ser* político; lo social sin *ser* social o lo ético sin *ser* moralizante; la historia sin *ser* teatro histórico, etc. La perlaboración radica en que no se trabaja en "blanco y negro", sino que se muestra la gran complejidad de un personaje, lo que tradicionalmente se acusaba y combatía, y esto desde *Último Match*, por ejemplo, en el personaje del boxeador o del torturador, poniendo al descubierto aquellos mecanismos que radican en la profundidad de lo inconsciente o en zonas tabúes. En este aspecto radica una sustancial diferencia entre el teatro postmoderno de Pavlovsky y ciertas formas del teatro postmoderno norteamericano o europeo con una fuerte carga esteticista y de juego, de la cual el teatro de

---

10 Vid. E. Pavlovsky/A. de Toro (1991: 43).

11 Con respecto al uso de estos términos vid. A. de Toro "Cambio de..." (1991a: 70-92) e ídem "Entre el teatro..." (1991: 1-3).

Pavlovsky no está desprovisto. Pavlovsky opone por esto una estética *pura* del placer, de la alta cultura, de la belleza a su estética del *goce* como conmoción del espectador, radicada en una absoluta ambigüedad, en una constante lucha contra la toma de partido ético. Sus obras son 'a-éticas', en el sentido de que no pre-juician una perspectiva determinante; por esto son irritantes. Su intención estética se podría incluso definir con aquellos términos clásicos de *'admiratio'*, *'terror'* y *'perturbatio'*, pero ya no partiendo de la base de códigos éticos o estéticos pre-establecidos, sino de la negación del centro en el que reposan semejantes postulados. El vacío, que tiene que ser "rellenado" por el lector/espectador implícito, es la fuente de la conmoción[12].

Un teatro así concebido abre un nuevo paradigma en el contexto del teatro latinoamericano junto a teatristas como Ramón Griffero, Antunes Filho, Gerald Thomas, Luis de Tavira y otros, donde se reemplaza ese teatro latinoamericano recargado de mensaje, de línea dura, de mentalidad dura, de obviedad y poca conciencia de su artefacto. Pavlovsky dice con determinación: "no se puede decir lo mismo en el setenta que en el noventa"[13].

Aplicando la teoría del rizoma de Deleuze y Guattari podemos decir que Pavlovsky desterritorializa el teatro en su forma tradicional para reterritorializarlo dentro de un contexto postmoderno, esto es, partiendo de un estado 'x', desde adentro, al revés de lo acostumbrado, sin aparente posición ética, pero provocando un efecto que va más allá del puro mensaje.

Hay un desdoblamiento en todos los niveles, donde el gesto corporal pasa a ser signo y el signo algo puramente corporal; donde la voz es un sonido productor de un estado que se puede recibir solamente en el momento absoluto de la actuación[14]. La estructura del quehacer teatral de Pavlovsky tiene un estado oximorónico, en particular en los años 80. El texto es, por una parte, una mera base de inspiración escénica, es decir, un punto de arranque para producir teatro y por otra tiene una fuerte implicación semántica abierta, despragmatizada, que queda a disposición del director y del público, y de ahí deriva su calidad postmoderna, desterritorializada, no predeterminada, ni autoritaria , sino punto de debate, de reflexión y de re-escritura. Así, por ejemplo, obras como *La mueca*, *Postestad*, *Pablo* y en particular *Paso de Dos* existen antes del texto o se originan en una interacción entre texto y actuación, son productos

---

12 Vid. al respecto en la relación con la *Mueca*, W.-I. Oliver (1988: 48-51).

13 Vid. E. Pavlovsky/A. de Toro (1991: 43).

14 En este aspecto se encuentra Pavlovsky más allá de cualquier vanguardia de ese período cuando constata que todos aquellos elementos tales como el movimiento, el sonido, el ritmo, la iluminación, etc., son los "verdaderos protagonistas en una obra" (cfr. E. Pavlovsky/J.C. Hermes 1970: 3), mientras que el director de *Último Match* los considera como "problemas de oficio, técnicos, es decir, secundarios" (ibíd., p. 9).

de toda una labor actoral, no se trata de puestas en escena, sino de improvisaciones teatrales llegando a un punto de aceptación que les permite luego cristalizarse como texto y espectáculo[15].

Los textos dramáticos de Pavlovsky se caracterizan desde *Último Match* por la economía de su lenguaje, por su carácter de *collage* (y con esto prescindiendo de la causalidad espacio-temporal), por lo grotesco, por el *guiñol*; el texto se considera como "material" al servicio de los actores y del director, es decir, para la puesta en escena; éste es abierto y un mero pre-texto que tendrá su legitimación solamente en el momento en que es teatro[16]. Esta característica se desprende de que Pavlovsky no reclama una autoría autoritaria, sino que ve su teatro como *un proceso colectivo*, entre autor, actor, director y público[17]. En forma ejemplar sabemos cómo este proceso del texto dramático, como texto espectacular, se realiza en *Último Match*: gracias a las valiosas anotaciones de su director C. Ramonet que emplea un método muy similar a Bob Wilson, comenzando a trabajar con los actores partiendo de una idea general del texto que a través de improvisación y actuación va tomando su forma espectacular, incluyendo luego, poco a poco, el texto dramático. Ramonet, preguntándose al final de su ensayo la pertenencia de la autoría, indica que es de los 47 actores y de su director.

Desde *Último Match* el teatro de Pavlovsky se plantea como corporalidad, entendido en el sentido de signo total, lo cual está magistralmente logrado en *Potestad* y especialmente *Paso de Dos*. El cuerpo pasa a ser la misma fuente de significación y no un mero puente para la palabra; de significación tan múltiple que se cuestiona el problema de la significación misma. La escritura o el signo gráfico teatral se convierte en elemento subversivo, deconstruye la inocencia inscrita en su pretendida proveniencia de la *parole* para decirlo con palabras de Derrida, y de esta forma elimina ese realismo altamente cuestionable que marca gran parte del teatro latinoamericano.

Cabe finalmente indicar una última característica que es la constante despragmatización del discurso, es decir, su asituacionalidad, su falta de origen, del por qué y del para qué. Este está allí inmanentemente rizomático, altamente autor-referencializado y suficiente a través de lo cual le permite recodificar la lengua teatral, su aspecto semántico, su sintáctica y así su artefacto.

Que esta es la fórmula capaz de asegurarse, de apoderarse y de reclamar un espacio universal, y que demuestra el hecho que este es el paradigma predominante haciendo al teatro latinoamericano no accesible, sino digno de ser recibido, lo vemos en las 123 obras representadas en Hamburgo en algo más de 5 semanas durante el

---

15 Vid. O. Ferrigno (1980: 25-26) y E. Pavlovsky (1987a: 15-17).

16 Vid. E. Pavlovsky/J.C. Hermes (1970: 3) y C. Ramonet, ibíd., pp. 5-9.

17 Por el contrario de otro teatrista postmoderno, Jean-Marie Koltès, quien produjo un gran debate en Hamburgo (documentado en *Der Spiegel* y en *Theater Heute*), ya que, en desacuerdo con la puesta en escena de su obra *La solitude dans le champs de coton*, prohibe toda representación en Alemania aseverando que solamente Pierre Cherau es el único director autorizado para poner en escena sus obras.

Festival de Verano de Teatro en la Kampnagel Fabrik del año 1992 que incluía también teatro-danza.

2. LAS OBRAS

2.1 *Último Match* un collage escénico de la concienca individual y colectiva y *Cámara lenta un diagrama psico-fisiológico de un ex-boxeador*

Último Match[18], que se considera como 'expresionista', es más bien una profunda incursión en la psicología y emocionalidad del individuo frente al placer sensual e intelectual de la violencia, donde zonas tabuizadas se ponen al descubierto, pero no de manera denunciatoria, moralizante, sino meramente de constatación con una fuerte provocación ética concretizada en la auto-inmolación del Campeón luego de haber matado a su rival durante el combate y como resultado de su interno rechazo a la profesión o deporte que ejerce. Su suicidio es equivalente a la liberación de la violencia, su triunfo frente a la masa del público que indolente frente al destino que reclama, demanda otro Campeón.

La pieza está dividida en 19 escenas que se alternan entre el 'estadio', 'escenas en la calle', 'habitación del campeón', 'gimnasio', 'plaza de ciudad', 'antesala de un alto funcionario' y 'noche cerrada/árbol', sin relación causal espacio-temporal. La obra representa la conciencia reducida del Campeón hasta el punto de haber perdido el lenguaje que parece recuperar puntualmente frente a la chica de blanco de la que está enamorado y de quien no es capaz ni de mencionar su nombre, reflejando así su falta de identidad total. Es un ente manipulado y determinado por los intereses de sus managers y del público. Nos muestra no al héroe del boxeo, sino a una víctima de la violencia.

Este entrelazamiento de escenas, pleno de rupturas, de fragmentación y bruscos cambios que obedece a una conducción psíquica, impide, al menos en el nivel textual, una identificación del público con lo expuesto, es decir, produce un distanciamiento que conduce la atención de lo puramente anecdótico hacia la perspectiva interna del Campeón, que nos muestra esa máquina de violencia como un personaje débil, sensible, lleno de contradicciones. Este tipo de organización sintáctica del espectáculo tiene bastante correspondencia con la organización espacial del estrado, donde alrededor del ring y los lados de la tribuna se prolongan escenas en diferentes espacios y tiempos, rompiendo así una mimesis espacial. Otro elemento de distanciación empleado implacablemente es el procedimiento de la repetición, por parte del público la necesidad adicta de un Campeón y por otra la del deseo del Campeón de no luchar más.

De esta forma Pavlovsky/Hermes no producen una obra 'realista', 'expresionista' o anecdótica, mensajista, sino que tratan al menos de tematizar los abismos de la violencia inherentes al ser humano que finalmente lo conducen a desarrollar una ener-

---

18   Empleamos el texto de 1970. Al respecto véase la bibliografía.

gía criminal (los managers que esclavizan al Campeón, el público que es capaz del linchamiento si no se siente satisfecho en la realización de su agresión).

Cámara lenta. Historia de una cara[19] es una continuación de la temática de *Último Match* en cuanto trata de la vida de un ex-boxeador, su manager y una prostituta amiga de ambos. También aquí tenemos un conjunto de escenas dispuestas en forma caleidoscópica (20 en total) sin ninguna unión causal . El único punto de relación lineal es el constante deterioro mental y físico del ex-boxeador. Son retratos o diagramas del estado psicológico y físico en que queda el ex-boxeador Dagomar (de 45 años) tras una feroz derrota, un estado que lo lleva a la dependencia absoluta de su envejecido manager (Amílcar) quien hace las veces de enfermero. La conciencia del ex-boxeador es una constante repetición fragmentada, casi en alucinación, de su pasado, trozos de recuerdos, esqueletos de memoria. Su relación con el mundo externo se rige por sus debates con Amílcar y la satisfacción sexual que le produce observar los pies de la prostituta (Rosa). Característico es también en esta obra, y en forma más acentuada que en *Último Match*, el aspecto de la crueldad, en particular en aquella escena ("Los pies", p. 40), donde Dagomar y Amílcar recuerdan cómo el boxeador le revienta los ojos a Williams, su contrario y casi lo mata, o en la escena "El Sueño", en la cual Dagomar le cuenta a Amílcar cómo este último lo asesinaba para luego suicidarse, muriendo uno en los brazos del otro, mientras Amílcar come. Este sueño es proléptico ya que la escena final se cierra con el lamentable estado de deterioro de Dagomar y con la desesperación de Amílcar quien toma un cuchillo y baja las luces. Así se insinúa la muerte anunciada en el sueño.

La crueldad y lo grotesco son elementos que predominan en esta obra, como así también el discurso reiterativo, en muchos casos descentrado pragmáticamente, como se da en la escena "Secando el sudor" (pp. 48-51).

2.2 *La Mueca*: la estética de la tortura como medio revelador y *Cerca. Melodía inconclusa de una pareja*: la soledad y la tortura del amor

La Mueca, constituida por la banda del Sueco y por un matrimonio, aborda el problema de la hipocresía y la corrupción de las clases burguesas acomodadas, del fanatismo estético-revolucionario izquierdista o fascista, del problema del amor, de la sexualidad, de la crueldad y de la tortura. Un "team" fílmico irrumpe en casa de una pareja acomodada, los drogan y los hacen actuar "en vivo", los denigran (agreden a la esposa, obligan al marido a besarle los pies al Sueco), les permiten recuperar su dignidad dándole espacio a la protesta y a la violencia (la esposa-víctima escupe y agrede a sus opresores, el marido golpea dura y largamente al Sueco), pero al final vuelven a su papel de víctimas. Bajo tortura y extorsión revelan los esposos sus perversiones y bajezas (él se masturba en la oficina cuando está nervioso, ella tiene un amante, etc.). Al fin, cuando el grupo fílmico ha cumplido con sus tomas, grabaciones y notas van despidiéndose cortésmente y disculpándose por "el mal trato". La

---

19   Empleamos el texto de [2]1987 citado en la bibliografía.

pareja, que ha quedado al desnudo y habiendo establecido una relación emocional frente a sus torturadores, queda desolada y sin saber cómo relacionarse nuevamente.

Pavlovsky, para evitar una identificación directa con uno u otro grupo, fuera de relativizar la moral o el discuro de los esposos, hace que la pareja ruegue a sus torturadores que se queden y que éstos se encuentren nuevamente escuchando con placer la voz del Sueco, el torturador. Semejante final obliga al espectador a abandonar su pasividad estética (constantemente tematizada en la obra).

Cerca es la otra cara de *La Mueca*, es la parte suave de ésta, es un breve y económico diálogo, casi en monólogos dialoguizados de dos personajes El y Ella; trata de la pérdida del amor, del desgaste de las palabras, de los gestos y, finalmente, de la propia identidad y aquella del otro a través del correr del tiempo. Como último esfuerzo de encontrar un sentido a la relación, tratan de jugar a producir una relación incorporando los recuerdos del pasado, pero semejante empresa fracasa. Al fin queda la angustia y el vacio. *Cerca* es el anuncio de *Paso de Dos*.

2.3 *Telarañas* o la violencia en las relaciones familiares

Mientras *Último Match* y *Cámara lenta* tratan la violencia colectiva e individual, la *Mueca* trata de descubrir la hipocresía de la burguesía y la violencia de grupos militantes; *Telaraña* "explora la violencia en las relaciones familiares" y hace "visible la estructura ideológica invisible que subyace en toda relación familiar"[20]. A pesar de este propósito, que Pavlovsky considera como una mera opción desde su punto de vista de autor, acentúa el teatrista argentino lo puramente teatral de la obra, donde los personajes no deben "decir ideas", es decir, ser transportadores de mensajes, sino transformarlas en vivencias en el " hic et nunc" de la representación.

Telaraña gira en torno a tres personajes: el Padre, la Madre y el Pibe en cuya relación irrumpen por algún momento dos miembros del servicio secreto: Beto y Pepe.

La relación del trio familiar la podemos considerar como perversa: el hijo, el Pibe, al parecer un retardado mental o al menos con una gran deficiencia en su personalidad, tiene relaciones sexuales con la Madre; la Madre lo tiene mimado y lo llena de comida (puré) hasta el vómito con un placer sadista; por su parte ella es masoquista y hace que el Pibe le castigue a latigazos la espalda; el Padre es un obsesivo de la ruleta y un sádico, maltrata al hijo hasta casi darle muerte (le corta a tajo limpio la cara hasta deformársela). El Padre y la Madre sólo son capaces de tener relaciones sexuales mientras torturan al Pibe.

Los padres no tienen ninguna conciencia de su comportamiento sado-masoquista, sino que muy por el contrario, creen ser padres perfectos. Al final de la pieza le regalan al Pibe una soga para luego ahorcarlo con ella. El Pibe muere después de fuertes convulsiones que lo llevan a destruir el espejo, en el cual se contemplaba narcisistamente, dejando una trizadura en forma de telaraña.

---

20   Vid. E. Pavlovsky: *Prólogo* (1980: 125). Usamos esta edición.

El lenguaje es reducido en su temática, pero agudamente intenso. Los discursos giran en torno a la ruleta, al tipo de alimento que recibe el Pibe (solamente puré), o a su condición de marica y su deber de hacerse hombre en el campo de deportes.

2.4 *El señor Galíndez* y *Pablo* o las dos caras de una misma moneda

El señor Galíndez y *Pablo* representan dos caras de una misma moneda. Una es un presente y la otra es un pasado.

El señor Galíndez es quizás una de las más conocidas, exitosas (junto con *Potestad*) y quizas la más osada de las obras expuestas de Pavlovsky[21]. Luego de haber sido estrenada en 1973 en una buena parte del país y de haber sufrido un atentado terrorista, es seleccionada en 1975 en representación del teatro argentino para el X Festival de Teatro de Nancy siendo invitada por varias capitales europeas como París y Roma. Gana en 1976 el premio a la mejor puesta en escena en el Festival Internacional de Teatro de Caracas y en 1984 se lleva al cine en España y se estrena en 1986 en Nueva York.

Una vez más se confronta Pavlovsky con el problema de la angustia, la opresión, la tortura y el poder anónimo y despiadado de la dictadura. *El señor Galíndez* nos trae a la memoria el *1984* de Orwell ya que Galíndez es sólo una voz que se revela en el teléfono y de la cual sus cómplices o torturadores, Pepe y Beto, no están seguros de si siempre es la misma. Sus secuaces viven en la incertidumbre, parte del sistema de la opresión y de la angustia, esperando su llamada para recibir un nuevo "trabajo" o un nuevo "paquete", personas que se han rebelado contra el sistema y que deben ser puestas "en orden" nuevamente. El señor Galíndez ha escrito incluso un "tratado" sobre la tortura que sirve de base para la preparación de los neófitos. La estructura de *El señor Galíndez*, una perlaboración de *En attendant Godot* de Beckett, donde la anonimidad, la despersonalización, la angustia se concretizan en el poder totalitario y en la tortura, poder que recae también sobre los torturadores que son a su vez víctimas del sistema que ellos representan. Uno de sus adictos, Ahumada, al no cumplir bien sus tareas, se suicida o es asesinado por los hombres del señor Galíndez.

Desafiante es la forma cruda, indolente, indiferente y neutral en que se tratan los campos tabúes masoquismo, sadomasoquismo y sadismo en la descripción de la relación entre Pepe y su mujer quienes sólo a través de la violencia pueden alcanzar el placer sexual. Así también el regalo que les envía el señor Galíndez a sus secuaces, dos prostitutas (Negra y Coca), se transforma de una bacanal, en una orgía de tortura. La impasibilidad de la representación se cristaliza en Sara, la mujer que limpia, que recorre el cuarto impávida frente a ambas situaciones. El paso de lo erótico a la tortura parte de un tatuaje que sobre Perón exhibe Coca. De esta forma inscribe Pavlovsky el elemento político, indicando, sin decirlo, que el grupo del señor Galíndez es de corte totalitario. La mujer se libra de la tortura porque a los torturadores

---

21   Empleamos la edición citada en la bibliografía.

se les comunica que deben prepararse para "trabajar". En ese momento el cuarto normalmente amueblado se transforma en una sala de torturas, los utensilios y muebles se transforman en instrumentos y los torturadores en cirujanos de la tortura. Allí debe recibir Eduardo, un nuevo cómplice, su primera instrucción práctica. La escena de tortura no se materializa, sólamente se evoca con la transformación del cuarto, ya que una nueva llamada del señor Galíndez cancela la proyectada tortura porque la situación general es muy peligrosa.

Provocante es que los torturadores ven su trabajo como "una profesión". Beto está casado y con hijos y manifiesta una preocupación exagerada por la salud de éstos (la voz agripada de su chica lo alarma, pero no las torturas que lleva a cabo); Eduardo, el nuevo, siente una gran vocación y un gran honor en realizar una tarea inscrita en el tratado del señor Galíndez donde se expone la "ética" de la tortura:

> No podemos dejar de señalar el enorme esfuerzo de vocación que nuestra profesión implica. Sólo con esa fe y con esa voluntad es que se logra una educación mental necesaria para el éxito de nuestras tareas. Fe y técnica son, pues la clave para un grupo de hombres privilegiados ... con misión excepcional ...
> [...]
> La nación toda ya sabe de nuestra profesión. También lo saben nuestros enemigos. Saben que nuestra labor creadora y científica es una trinchera. Y así, cada cual desde la suya, debe luchar en esta guerra definitiva contra los que intenten, bajo ideologías exóticas, destruir nuestro estilo de vida, nuestro ser nacional[22].

Pablo es considerada por Pavlovsky como una "letra final [...] no escrita", donde la letra final es "letra de puesta", la letra es "imagen que recrea otro discurso al ser mirada" que "dará lugar a otras escenas, inscritas sólo como posibilidad de texto" y agrega su concepción del texto dramático como "búsqueda" que se desprende del rigorismo tradicional dando la impresión de anarquía de la estructura. Pero para Pavlovsky la estructura "es una malla del lenguaje del texto escrito", es decir, inscrita a una estructura que se concretiza en el texto espectacular. Es un texto con "vacíos" un texto que debe ser transgredido. No se trata de una re-escritura del texto, sino de una perlaboración, en el lenguaje de Pavlovsky, de "[reinscribirlo] de múltiples sentidos, *aprisionados en el* texto original"[23].

El personaje Pablo es una mera mención, un grafema, sin rostro, sin pasado explicado, sin identidad y sin función, como así también aquella de los otros dos personajes, L. y V., pero Pablo parece unir a tres personajes, a los dos mencionados y a Irina que tiene, por lo visto, una vaga relación con V. Si se preguntase cuál es el tema de esta obra, debemos contestar, no lo sabemos. Hay una falta total de organización pragmática de los discursos, es decir, una carencia deíctica, una radical desubicación contextual que se puede ejemplarizar con el siguiente pasaje:

---

22 *El señor Galíndez*, pp. 50-51.

23 Vid. E. Pavlovsky (1986: 54-55).

L. - ¿Usted?
V. - No yo ...
L. - Le digo que ...
V. - Tal vez sí, pero ...
L. - Sólo si ...
V. - Bueno, pero ...[24]

Sabemos que V. un buen día visita a L. diciéndole que viene de parte de Pablo, le extiende una carta que lleva junto con una valija y una fumigadora. El lugar donde se encuentra L. es anónimo, de dónde viene V. también, y tampoco se llega a saber si L. era realmente amigo de Pablo como sostiene V. Lo único que sacamos en claro son los siguientes puntos:

- la predominancia del tema de que "las cosas allá se amontonan por todas partes; problemas de abundancia" vs. "acá nada sobra, falta";
- todo lo que recuerda V. de "acá" no es confirmado por L.:

  "V. - Creo que estaba cerca de ... una glorieta."
  "L. - ¿Una glorieta?"
  "V. - ¿O un almacén?"
  "L. - ¿Almacén?[25];

- la mención de la abundancia y que "allá devoran todo cuando tiene hambre" produce horror en L., le aterroriza la mención del pasado. L. sólo quiere sobrevivir sin recuerdo;
- L. observa una escena tensa, de celos entre un hombre viejo y una mujer joven, pero sin una palabra, con meros gestos, como en el cine mudo y en cámara lenta. Luego V. ve que pronto irrumpen dos hombres en el cuarto de la pareja y que golpean al viejo hasta que le sale sangre por los ojos, los cuales se los arrancan y a la mujer la violan (L. le ruega a V. no hacerse "testigo". V. indica que "allá esas cosas son normales ... depuraciones necesarias. Un poco de sangre no le viene mal a nadie [...][26]", frente a los vecinos agrupados que creen que se trata de un crimen pasional y en la muralla está escrito con sangre, "no me olvides", mueren el viejo y la mujer tomados de la mano. Lo que impresiona a V. es el "fin poético" y los vecinos aplauden. V. agrega que "allá" así se trata a la gente que se sale de la línea para volverlos a la normalidad. Esta observación se relaciona en este punto con una frase dicha de paso, que los hombres que irrumpen en el cuarto "quieren buscar algo", y con los comentarios de V. con respecto al respeto frente al poder y al orden y a su necesidad, es decir, se alude a un crimen político;

24   *Pablo*, p. 66

25   Ibíd., p. 58.

26   Ibíd., pp. 74-76, la cita se encuentra en la p. 76.

- Irina irrumpe sorpresivamente, es al parecer amante de Pablo y mujer de V. y luego hace el amor con L. cuyo ritmo es acompañado por recuerdos de V. sobre Pablo;
- Los tres personajes parecen haber estado involucrados en un pasado tortuoso que Irina caracteriza como "un mundo difícil" y que por eso "no eran culpables". Se alude vagamente al problema posterior del grado de involucración o militancia en un sistema totalitario, al problema de haber perdido la fe, de allí la necesidad de L. de sólo sobrevivir, pero sin mencionar nada de esto en forma explícita, sino como mera evocación (tenemos en este caso una reminiscencia con respecto a *Paso de Dos*);
- Al final se cristaliza una relación entre Pablo y L.: L. mató a Pablo por una orden y Pablo se dejó matar por esa orden, y V. viene a matar a L. por su propia orden: lo fumiga.

De central importancia son aquellos pasajes con una función metatextual, donde se reflexiona, por ejemplo, cuando a la pregunta de L. "¿Y ahora qué pasa? (observando la escena entre el viejo a la mujer joven) V. le responde: "Nada, qué quiere que pase. Se están estudiando. Usted quiere cosas concretas. Acontecimientos visibles. Trazo grueso. Son la generación del trazo grueso. Nosotros vemos lo invisible. Nos hemos acostumbrado a lo imperceptible. Lo grueso es lo que sobra. Tenemos que reinventar todo"[27] lo que se refiere a la forma de hacer teatro no mensajista o de línea dura, transformar el discurso teatral en una textura motivante, evocante, llena de vacíos, donde el gesto pasa a ser el personaje principal, como en el siguiente pasaje:

> El *simula* que se quiere levantar y ella *simula* que lo va ayudar. Se suspende la imagen.
> [...]
> L. - Son los pequeños gestos los que interesan. Lo imperceptible. En esos *pequeños gestos* donde el viejo encuentra sus actos de libertad [...].
> [...]
> Pero también de los disfraces, juegos de palabras, máscaras infinitas, retórica, vacío, de un vacío que vuelve a ser máscara ... de tantas trampas ... sólo se construye una mueca, que dice:
> [...]
> (Irina hace gestos en silencio con la boca [...])[28].

2.5 *El señor Laforgue* o el "hiperrealismo" de la tortura

El señor Galíndez podría interpretarse quizás como la obra más "política" de Pavlovsky en el sentido que menciona directamente la dictadura de "Papa Doc" en

---

27 Ibíd., p. 73.

28 Ibíd., pp. 73, 74, 87.

Haití, pero el autor procede en la forma conocida, no produce un texto "político", "acusatorio", sino que por el contrario, desdobla a la víctima y al opresor-torturador en ambos papeles usando el "hiperrealismo" (que Pavlovsky llama "realismo exasperante") y elementos del teatro grotesco, entrelazados con "clisés" populares que latinoamericanos o tercermundistas poseen sobre los EE.UU. o "clisés" sobre determinados personajes sociales. Nuevamente son las fuerzas de la opresión, frías, omnipotentes y anónimas las que dominan el mundo de la acción y rigen la emocionalidad de los personajes.

Juan Carlos Open vive una vida normal la cual de pronto es interrumpida por la policía secreta que le investiga su pasado como miembro preferido del régimen. Su labor consistía en volar una avioneta en la cual se transportaban a opositores del régimen a quienes, luego de dormirlos, con una droga los echaban al mar.

En la prisión encuentra a Calvet, una de las víctimas que logró salvarse, quien promueve un escándalo al revelar la forma de eliminar a los opositores y quien es recluído de por vida en prisión. Calvet, quien ha olvidado su pasado y sólo recuerda su vuelo con el avión, su huída y el rostro del médico y del piloto Juan Carlos Open, es ahora parte del régimen, hace labores de alcahuete y de soplón. Su estado es lamentable, es un cuerpo infestado por la tortura y la infección, pero con una mente lúcida y sádica.

A Juan Carlos Open lo someten a un tratamiento de drogas psíquico y físico que lo transforma en Laforgue, un culturalista de la época de Charles Atlas, le dan una nueva esposa e hijos comprados en los cinturones de miseria de Haití. A su verdadera esposa (Pichona) la conforman con una pensión de por vida. Luego lo deciden enviar a EE.UU. como profesor de cultura física. El personaje tiene sus momentos lúcidos y es acosado constantemente por pesadillas que le recuerdan sus viajes en avioneta echando dormidos al mar. Su terror al avión es suspendido por una especie de maremoto que devuelve todos los cadáveres a la ciudad. El fenómeno es contemplado como un "bello espectáculo de hermoso colorido" con los cadáveres cubriendo las crestas de las olas. Laforgue, entretanto en medio de la muchedumbre que reconoce con felicidad a sus desaparecidos, reclama justicia y se transforma en una especie de profeta. La obra termina con un mar de cadáveres que invaden el escenario y con una voz en *off* alabando al "Papa Doc".

2.6 *Potestad* o el vacío débil: entre el teatro kinésico y teatro deconstruccionista

Potestad, como así también *Paso de Dos*, representan un teatro de lo más actual dentro de aquella corriente que llamamos postmodernidad deconstruccionista historizante. *Potestad* nos parece al comienzo ininteligible como *Pablo*: unos dirán que es altamente político, otros refutarán esta posibilidad, considerando la obra como encubridora, ya que falta la ideología obvia o lo panfletario; otros calificarán su obra como "psicodrama" o "drama de terapia de grupo", etc. Mas esta obra llega al límite del lenguaje, de la representacionalidad: crea una pragmática, semántica y sintáctica que produce un vacío, el de lo no dicho, o no enteramente dicho, un 'para-lenguaje' que desterritorializa su referente histórico, esto es, el teatro comprometido y de acusación política, recodificándolo en forma postmoderna, alusiva, intertextual, ambigua, fragmentaria y universal. *Potestad* y *Paso de Dos* son también un caso de tipo mixto dentro del modelo que hemos desarrollado para el teatro postmoderno[29]. Ambas obras por analizar encajan por lo menos en tres de los modelos: es altamente kinésica, deconstruccionista y también se les podría calificar de restaurativa-historizantes, pero más bien se produce una desterritorialización de este último modelo.

Lo expuesto comenzamos por analizarlo a partir de *Potestad*, obra estrenada en la Sala del Teatro del Viejo Palermo[30], que consta tan sólo de dos personajes, o más bien de uno: el personaje masculino llamado 'El hombre'. El segundo personaje, una mujer, cuyo nombre es Tita, es una especie de fantasma que se encuentra petrificada en el estrado pero que tiene una función dramatúrgica vital: encarna la soledad más despiadada, la incomunicación más cruel, la frialdad, el estar, pero el no ser; ella marca el abismo; es un icono de la "muerte en vivo".

2.6.1 El texto dramático

El texto dramático está constituido por El hombre que representa el mundo escénico física y lingüísticamente, los objetos en el espacio (observemos que en el estrado se encuentran solamente dos sillas y al fondo un gran telón), como así también a los otros personajes, su hija Adriana y su mujer, Ana María[31], y sus diversos movimientos y posturas al sentarse, etc.

El monólogo, las alucinaciones de El hombre se pueden sintetizar tanto semántica, sintáctica como temporalmente. El hombre, luego de haber evocado en *presente* la presencia de su mujer e hija, habla de su juventud como deportista (haciendo burla de sí mismo), de su relación actual rutinaria con su mujer y de los estudios de su hija. De pronto cambia al pasado y describe cómo un sábado un hombre viene a buscar a su hija, quien nunca más regresará. En una segunda parte entra Tita, a la cual El hombre le hace partícipe de dolor y de la enajenación de su mujer, quien ha caído en un estado de demencia. Finalmente tenemos una tercera transición en la cual El hombre, que hasta ese momento representa aparentemente una víctima de la represión, se descubre en su doble identidad de víctima y de malhechor: es un médico del

---

29 Cfr. A. de Toro (1990: 23-52).

30 E. Pavlovsky: *Potestad*, 1987. Esta obra, junto con *Paso de Dos*, fue presentada en el Theater der Welt/Essen (del 27 de junio al 14 de julio de 1991) y la versión espectacular que presenciamos es aquella realizada en el Alumni Theatre/Carleton University Ottawa (el 2 de agosto del 91) durante el II Coloquio Internacional del IICTL. También consideramos un vídeo del festival de México de 1987.

31 Ellas existen, como nos damos cuenta en el transcurso de la obra, tan sólo en su delirio retrospectivo monologizante.

servicio secreto que confirma la muerte de los asesinados padres de Adriana. Esta, aún pequeñita, se encontraba en la sala contigua y es "adoptada" por el médico, que tenía un matrimonio infértil.

El intertexto histórico es el hecho conocido del rapto por parte de la dictadura de los chicos que quedaban huérfanos a causa de los asesinatos de sus padres militantes. Aquí el nuevo sistema le quita la chica, ya bastante mayor, al usurpador.

2.6.2 La dimensión sintáctico-espacio-temporal-espectacular

El aspecto temporal (fuera del pragmático y kinésico, al cual volveremos más adelante) es fundamental ya que desencaja el discurso/actuación de su determinación espacio-temporal. Todo está dicho retrospectivamente, pero actuado como aquí y ahora, lo cual se manifiesta en una deixis-verbo-temporal ambivalente que oscila entre el presente inmediato y el pasado, marcando así la transición del monólogo y los cambios anímicos de El hombre:

> La posición física de mi mujer en este sábado es la siguiente: ella coloca la pierna [...].
> La posición física de Adriana viene a ser la siguiente. A ver ... Sí. Ella estudia historia [...]
>
> Sábado tres y media de la tarde... a eso más o menos de las cuatro y cuarto sonó el timbre de mi casa [...]
>
> [...] y Ana María está aquí sentada a un metro veinte [...][32].

Con este procedimiento, Pavlovsky saca la temática expuesta de su determinación puramente local e histórica, haciéndola trascender a la ambigüedad del individuo en general, mostrando su capacidad de destruir, de amar, de torturar y de sufrir. Así, las palabras siguientes de El hombre son fundamentales: "Como yo soy disléxico y pierdo el sentido del tiempo y del espacio creo que [...]"[33]; ya que despacializan y destemporalizan lo expuesto y dicho, dejándolo en una situación 'débil', relativizada, a disposición, plenamente abierta.

2.6.3 La dimensión pragmática

El espectador/lector se encuentra casi en la totalidad del espectáculo/de la lectura en una pragmática 'vacía' y 'débil' ya que el monólogo o diálogo fingido no es ni introductivo ni mimético, sino que se refiere a sí mismo o al sistema 'teatro'. Este no está nunca al servicio de transportar una acción o un mensaje, es pura materia lin-

---

32   E. Pavlovsky: *Potestad*, (1987: 28-29; 32).

33   Ibíd., p. 31.

güística y así, hermético. En el mejor de los casos es descriptivo, pero sin finalidad situativa:

Posición mía de este sábado [...]
La pierna derecha en ángulo agudo, la pierna izquierda en ángulo recto, hay una distancia del talón [...][34].

o:

Yo he sido deportista, jugador de rugby [...]
Eso cuando tenía 25 años. Ahora tengo 53 [...] y esa mirada ha dejado de funcionar con la intensidad y la sensualidad [...][35].

Todo el diálogo entre el hombre que llega a buscar a la chica y El hombre (su padre) queda sin explicación, ya que la chica sale con el primero como si fuese un compañero que la viene a buscar para ir a pasear. No se entiende por qué los padres no se oponen a que la chica salga. Lo que sí queda claro es que El hombre después de que el anónimo personaje le dice "¡ [...] no estamos en la época de Antesss!"[36] se siente impotente para evitar que la chica se vaya. La situación solamente comienza a aclararse algo durante el monólogo con Tita, cuando El hombre le revela que le han "robado" a Adriana[37]. La explicación de estos vacíos sale en cierto modo a la luz solamente cuando El hombre revela su verdadera identidad. Su discurso es ahora una mezcla entre agresor, vejador y despreciador de la vida humana que describe técnica y fríamente los cuerpos masacrados de los padres de Adriana ("Tenía además un agujero en el molar, fosa orbicular derecha, comisura labial [...]. Ella [...] no tenía jeta [...]"[38]).

Por otra parte, se destila la otra cara del malhechor, la de sentir dolor, de llorar. Aquí toma Pavlovsky la perspectiva del torturador, que al fin es el que nos representa toda la historia. No toma partido, sino que acusa desde la perspectiva doliente del médico del servicio secreto, mostrando los abismos de la naturaleza humana.

2.6.4 La dimensión kinésica

De principal importancia es el trabajo físico-gestual en esta obra. Pavlovsky hace accesible su gesto lingüístico a través de un lenguaje mímico, transforma el signo

---

34   Ibíd., p. 25.

35   Ibíd., p. 26.

36   Ibíd., p. 31.

37   Ibíd., p. 36.

38   Ibíd., p. 42.

verbal en signo gestual-corporal. De especial interés son aquellas escenas en que habla con Tita, donde El hombre arrasado por el dolor, por la angustia, por la soledad, no llega, a pesar de su retórica, ni a conmover a la imperturbable Tita, que al parecer queda aterrada de la realidad de su amigo, ni a acercarse a ella. Las manos, el cuerpo de El hombre giran en torno a la mujer, la acaricia a unos milímetros de la piel, se presume casi el roce entre las manos, el rostro, pero éste no llega a concretarse. Existe una especie de barrera de energía que impide el acercamiento. Así, Pavlovsky expresa el aislamiento y la soledad más infinita, no con las palabras, sino con este juego corporal. Además son sus diversas posiciones mímicas reproductoras de diversos personajes y de diversas épocas y en diversas situaciones.

2.6.5 La meta-teatralidad

Finalmente dos aspectos más: la comicidad y la meta-teatralidad. Pavlovsky incluye la comicidad, tanto gestual-física como semántica, con una doble función: ésta se descubre como un medio de cautivar a un público, de seducirlo a través de una especie de obra de estas costumbristas baratas, campechanas, por otra se revela la comicidad dentro del contexto de la vida de los personajes y de sus acciones como un arma del cinismo, en contraste con la situación contada y lamentada por El hombre. La pieza de boulevard se va transformando de este modo en un tema sangriento, de lo no dicho, de lo reprimido verbal y escénicamente hasta el final, hasta el momento en que se descubre la verdadera identidad de El hombre como raptor, que se le baña el rostro y el pecho de sangre al contar cómo había conseguido a la chica. La sangre es la alegoría de una adopción criminal. La meta-teatralidad se refleja en que El hombre siempre está reflexionando sobre sus palabras, gestos y acciones como así frente a las de los otros personajes. De esta forma produce Pavlovsky a la vez un teatro antimimético, una especie de "distanciamiento" incrustado sutilmente en el discurso mismo, sin llegar a ser una estética "brechtiana", sin transformarse en un discurso psicoanalítico distanciador en la tradición de Ionesco. Más bien es una reelaboración del discurso de Beckett, esto es, una deconstrucción de la escena, una derepresentación, desrealización de lo tradicionalmente teatral, sin llegar al límite de la destrucción del signo teatral como se da en el caso de Beckett: tenemos una recodificación pavlovskyana del teatro de Beckett para un asunto meramente argentino, pero que dentro de esta reactualización se transforma en universal, pasando a ser parte de todos. Y aquí radica la grandeza del teatro de Pavlovsky.

Potestad de Pavlovsky se revela como una de las grandes formas del teatro postmoderno kinésico/deconstruccionista que deja el mensaje político en lo no dicho, en el subtexto ambiguo en cuanto representa la tragedia del malhechor desde el punto de vista del malhechor, así como Koltès lo trabaja en *La solitude dans le champs de cotons* o en *Roberto Zucco*, haciendo uso de una vasta gama del trabajo corporal y mímico. Pavlovsky desterritorializa el teatro comprometido y el teatro del absurdo ofreciendo una nueva fórmula. *Potestad* es una renovación del teatro hablado, esto es, de lo que era el teatro tradicional. El texto no cae ni en la mímica y retórica de circo, que podría haberse fácilmente dado en esta obra, ni en el debate ideológico, ni en el análisis de la patología social, ni en la acusación política, ni en la indiferencia: emplea los diversos códigos e intertextos dentro de una tensión ajerárquica y siempre con una tendencia a la despragmatización, lo cual le da al comienzo a la textura del significante una aparente indiferencia que oculta su compromiso invitando a su descubrimiento. Claro está que dependerá fundamentalmente de la puesta en escena si lo aquí descrito se cumple.

2.7 *Paso de Dos* o la generación rizomática del texto espectacular

En cuanto a texto espectacular y en cuanto a teatro representa *Paso de Dos* quizás la obra más osada de Pavlovsky. Esta se representa en 1990 en el Festival de Teatro Iberoamericano de Cádiz, se estrena en el mismo año en Buenos Aires y también se representa en el Theater der Welt de Essen en 1991[39].

A pesar de que ni el texto dramático, ni el texto espectacular nos dejan quizás entrever el problema de la opresión militar, la crítica de Klaus Albrecht en *NRZ* (del 6 de junio de 1991) apunta a algo fundamental en toda la obra de Pavlovsky: la tortura, la opresión militar se alegoriza en dos individuos anónimos. Con esto traspasa Pavlovsky de lo general a lo particular y de lo particular a lo universal: de la violencia en la relación hombre mujer, a la relación dominador y víctima. Pero esta obra va mucho más allá, como nos lo demuestan las explicaciones de Laura Yusem, Eduardo Pavlovsky, Susana Evans y Stella Galazzi sobre la génesis del texto espectacular y el vídeo. Precisamente en el primer momento, la aparente total discrepancia entre el texto dramático y el espectacular es lo que nos da la medida de lo que Pavlovsky no dice de la mera virtualidad del texto dramático y de los secretos que este contiene y que son sacados a luz durante la puesta: eso que él llama "multiplicar la propuesta del autor, el re-inventar, el re-crear". Se pone de manifiesto la oposición palabra vs. actuación en el sentido de corporalidad. El texto espectacular nace de lo que se le extrae al texto dramático como sustancia corporal, como vivencia física y anímica. El texto dramático no se representa, sino que es mera virtualidad sugestiva, la obra teatral es pura espectacularidad en el momento en que los actores se mueven (y no digo 'representan'). Es decir, en esta obra no solamente se llega al límite de la mimesis, sino que es reemplazada por la vivencia. Tenemos un "happening" postmoderno. No quisiera dejar de mencionar mi asombro al haber leído el texto y luego visto el espectáculo; creí que se trataba de obras diferentes. No es el análisis del texto quien nos conduce a un acercamiento de la obra, sino la misma puesta en escena nos lleva a comprender lo que en el texto estaba oculto, debajo, en silencio, pero latente.

---

39 Usamos el texto de la edición de 1989 (vid. bibliografía) y empleamos el vídeo del Festival de Essen.

2.7.1 El texto dramático

Unas palabras sobre el texto dramático: tenemos sólo dos personajes, un El y una Ella. Se trata de reconstruir el pasado, de revivir ciertas experiencias fundamentales entre una pareja que ha llegado al agotamiento de su relación, recuerdos de escenas de celos, amor, angustia pueblan el diálogo. Este está sembrado de puntuales parlamentos sobre cádaveres en el barro, de violencia. Nos pone en evidencia la violencia sexual del hombre y su dependencia física e intelectual frente a la mujer y, a la vez, la fuerza psíquica de la mujer como único refugio en su situación de víctima. Mientras el hombre lo ocupa todo, se apodera de ella, ésta se venga al rechazarlo internamente, al no "nombrarlo", es decir, al no reconocerlo. La víctima es destruida físicamente, pero el torturador no alcanza a apoderarse de su palabra. El silencio (el no-reconocimiento) es la forma en que la víctima tortura al torturador.

2.7.2 La generación rizomática del texto espectacular

Durante los ensayos Pavlovsky descubre con sus colaboradores que *Paso de Dos* es la relación de dos cuerpos desde el amor hasta la muerte, relación que se impone como "la clave de la obra"[40].

A Laura se le revela el discurso como "la imagen de la problemática de la relación sexual", donde la cama se da como un "universo", como lugar "metafísico", donde los personajes comienzan a visualizar lo exprimido del texto dramático como en la danza donde la relación corporal determina su lenguaje. Partiendo luego del contacto corporal se cristaliza la relación física como médula central de todo el texto espectacular, exactamente la manipulación del cuerpo de una moribunda, una manipulación donde la víctima queda muda, muda ya que su lenguaje es plenamente corporal. El poner el texto dramático en sus labios hubiese destruido esa concretización corporal. Por esto se trata de que el personaje El tome también el discurso de Ella, interiorizando a la víctima después de su pérdida. La puesta que resulta como imagen muestra una "escenografía de la tortura" con momentos máximos de exaltación y con grandes abismos en el vacío de lo cotidiano. Frente a esta situación El, no soportando el vacío y la ambigüedad de lo cotidiano que se le presenta como el fracaso amoroso, golpea a Ella hasta dejarla agonizante. Según Pavlovsky, es este el momento preciso donde comienza y se materializa el texto espectacular. El, frente al cuerpo inánime de su víctima trata desesperado de "recuperar momentos de grandes intensidades". Allí es donde el texto espectacular abre la posibilidad de contar diversas historias, pero partiendo de la relación física y a partir de ella conectando el texto dramático que no se adapta o traspasa al espectacular, sino que se deriva de éste. Aquí podríamos hablar de una espectacularidad "rizomática del azar dirigido", en cuanto el lenguaje y la conexión de sensaciones físicas con determinados sintagmas exige al fin

---

40   Ibíd., p. 32.

una decisión; por otra parte la elección del discurso se va dando como resultado de la manipulación corporal.

Una próxima etapa se da después de la muerte de la víctima. La imposibilidad de la expresión verbal de Ella conduce a desdoblar el personaje. Entonces aparece en el texto espectacular la segunda mujer sentada en el público que es la conciencia de la voz femenina, y allí se incrusta el discurso de Ella en texto espectacular. La Otra Ella revive el pasado de Ella muerta a través de la observación de los cuerpos de El y Ella, pero desde un futuro. Tenemos una totalidad espacio-temporal de discurso del pasado, relación corporal en el presente y discurso de la Otra Ella desde el futuro.

2.7.3 La escena como "personaje subversivo"

La escena es simple pero cargada de significación, es un personaje más del texto espectacular. Se trata de un círculo circundado y lleno de arena en donde se encuentran El y Ella. Los espectadores se encuentran en una tribuna, viendo el espectáculo en forma vertical. Tenemos una reminiscencia del anfiteatro griego como lugar cultista-ceremonial-ritual en los orígenes de la tragedia con Esquilo, es decir, es una especie de retorno a la vivencia teatral donde frente a la palabra existía un gran escepticismo y ésta sólo era aceptada a través de la vivencia o a través de su expresión verbal directa. La marca diferencial de esta regresión que se da como perlaboración deconstruccionista radica en que Pavolovsky ha trabajado la *parole* como *langue* haciéndole perder su aparente inocencia, es decir, su *Ursprünglichkeit* y aparente pureza original.

Se expone aquello que por lo general queda en silencio: dos cuerpos en una exposición pública del ritual de la intimidad sexual, donde a través de la vergüenza y el pudor se hace al público cómplice al mirar algo *prohibido*. El círculo o pileta alegoriza "la cámara de tortura y de disección de anatomía el fanal de las relaciones humanas", el "microfascimo cotidiano, social" del que habla Pavlovsky transportado a un plano estético.

2.8 *El Cardenal*

2.8.1 El texto dramático y sus relaciones intertextuales rizomáticas

El Cardenal se publica en el 92[41] y consta de 16 escenas constituidas por el personaje del Cardenal y por dos Enanos (I y II), escenas que se van alternando por un diálogo entre los Enanos y el Cardenal y entre los Enanos mismos.

Según el prólogo de Pavlovsky, este texto se origina en un trabajo en común con Miguel Dao en relación con la pintura de Francis Bacon. Mas también existe una relación explícita (p. 14) con *Coriolano* de Shakespeare y yo diría que su relación intertextual con *Fin de partie* de Beckett y con ciertas escenas de *La cantatrice chauve* de Ionesco son más que evidentes, claro está que no se trata de una imitación de estos textos de referencia, sino de una perlaboración de ellos. ¿En qué radican sus relaciones? Tenemos un texto explícito del teatro elisabetiano del siglo XVII, uno pictórico explícito del siglo XX y dos dramáticos implícitos de la segunda mitad del siglo XX. *Coriolano* trata un conflicto político-social entre pueblo (en *El Cardenal* la inteligencia) y la aristocracia (en *El Cardenal* la ideología imperante). Además ocupa en la obra de Shakespeare la descripción del radical carácter de Coriolano, tan rico en contrastes, sintetizado en la oposición 'virtus/pietas vs. colérico/desmesuración'. La problematización de 'individuo vs. masa', 'adaptación vs. intransigencia' tiene un lugar central. Las pinturas de Bacon muestran al ser humano en forma brutal y desgarrada desde sus entrañas, al descubierto, desfigurado, aislado, por lo general en la representación de la crucificción y del Papa Inocencio II que lo pinta (lo perlabora) según Velázquez. Con *Fin de partie* comparte *El Cardenal* la absoluta descontextualización o desitualización del discurso, su absoluta anonimidad, su falta de eje espacio-temporal-pragmático. Constatamos también similitudes entre Hamm y el Cardenal o entre los Enanos I y II y Nagg y Nell. En ambas piezas de teatro se encuentran los personajes, o mejor dicho los fantasmas de éstos, en una situación cero, límite, circundada de inercia, de muerte, donde sólo existen algunos recuerdos fragmentarios. Con *La cantatrice chauve* comparte *El Cardenal* la falta de identidad de los personajes, su enajenación, su alienación, la *banalidad metafísica* de sus diálogos.

Mientras que los Enanos tienen la función de servidores y de devotos intelectuales, de eco del pensamiento de el Cardenal y no saben a ciencia cierta por qué, para qué y desde cuándo se encuentran allí, es la función del Cardenal aquella de la inteligencia progresista, utopista, mas ya caduca, y por esto nostálgica de lo que era y fue y de lo que ya no puede ser.

---

41 Vid. bibliografía. Junto a este texto aparecen allí impresos *La ley de la vida, Alguna vez, Trabajo rítmico.* Esta obra no fue representada, Pavlovsky reescribió el texto y lo publicó bajo el título *Rojos globos rojos.* La obra se estrenó en agosto de 1994 en el Teatro Babilonia de Buenos Aires. Así también ha sido publicado su libro *La ética del cuerpo* que es el resultado de las conversaciones con Jorge Dubatti. No pudimos considerar ambos textos en este lugar por haberse encontrado el libro en su proceso de impresión.

La pieza es una alegoría de la oposición 'Modernidad vs. Postmodernidad', en cuanto los Enanos representan el pensamiento rizomático, que ellos mismos llaman sugestivamente "los senderos que se bifurcan"(p. 10)[42] y que para el Cardenal es el pensamiento de "la ambigüedad, de la confusión, de los matices, de las tonalidades infinitas" (p. 17), donde nada se define, donde no hay solidaridad ni posibilidad de fundaciones, es decir, de utopías (p. 18). A este pensamiento se opone aquel del Cardenal que se caracteriza por la "concepción de la linealidad" (p. 20) donde las cosas están claramente definidas. Partiendo de este pensamiento, mejor dicho, de su reducción y tergiversación brutal, se trata de transformar a los poetas, a los rebeldes, que según el Cardenal son los mejores filósofos porque tienen la pasión de transmitir ideas. El Cardenal describe la idea de la "alimentación" como método científico transformador (p. 20ss.). Este método, otra alegoría, consiste en poner en línea, en idiotizar a la inteligencia (como también constatan los Enanos, p. 14) procediendo de dos formas: la inteligencia, los poetas-filósofos, para hacerse entender deben simplificar, empobrecer sus ideas, lo cual van aceptando con alegría por el resultado de la positiva comprensión de los idiotas, y con ello comienzan a idiotizarse a sí mismos. Por otra parte, las ideas de los poetas-filósofos dan lugar a "residuos", es decir, la sociedad se apodera de éstas y las transforma de tal forma que como resultado se produce lo opuesto de lo inicialmente pretendido. Las transformadas (idiotizadas) ideas de los poetas-filósofos se transforman en sus propios enemigos. Se representa la desvirtuación de la Modernidad y de la Postmodernidad, sus errores, sus falacias.

La obra es además una alegoría del conflicto entre el sistema ideológico (político-social) imperante y el individuo, entre la colectividad y el yo. Existe el esfuerzo de la recuperación del yo a través de las relaciones humanas, de la expresión de sentimiento, de la añoranza de un hogar. Mas este esfuerzo es vano: la relación entre los Enanos y el Cardenal se funda en un erotismo homosexual reprimido, con una fuerte carga patológica, y en un erotismo perverso, sado-masoquista. De pronto se da la relación entre el Cardenal y los Enanos como algo de ya hace mucho tiempo y familiar, así también entre los Enanos mismos y, por otra parte, se confrontan en otros momentos como completos desconocidos (pp. 32-37).

Otra relación es la que se da entre el Enano I y su madre, representada en un discurso onírico retrospectivo. La madre y el hijo tienen una relación semi-incestuosa de la cual el hijo se libera asesinándola brutalmente. La madre desaparece como corporalidad pero queda como voz perenne en la memoria del Enano I.

En esta obra se tematiza además el agotamiento de los individuos, y con esto, de las ideas. El Cardenal quiere combatir el aburrimiento, la cotidianeidad, el cansancio, el deterioro y la vejez, añora la renovación, aún cuando ésta se manifieste en detalles mínimos, casi imperceptibles (p. 12). El Cardenal tiene la función de un Mesías incomprendido e invadido por la soledad en un nuevo mundo donde nada tiene que decir, estilizándose paródicamente como Jesús Cristo en la cruz:

---

42   Este pasaje es una referencia a un texto de J.L. Borges con el mismo nombre y que he definido como un texto rizomático por excelencia; vid. A. de Toro (1992: 145-184).

¡Qué solo me siento, Padre mío! ¡A qué dura prueba me has sometido! ¡Perdónalos, no saben lo que hacen!¡Sólo tú me acompañas en este largo trayecto de sacrificios![43]

También el final de la pieza es una reminiscencia a la crucifixión: el Cardenal y los dos Enanos se ahorcan.

2.8.2 El texto espectacular

Sobre el texto espectacular propiamente dicho no podemos explayarnos como sería debido por no haber visto la puesta en escena que se debería haber llevado a cabo en Buenos Aires durante el año 93. Mas existen una serie de referencias en el texto mismo. La escenografía está compuesta por el trono del Cardenal, ubicado en el centro, rodeado por vidrios desde atrás hasta los costados. Sobre el trono se balancea la horca. A lado derecho e izquierdo del trono se encuentran las horcas de los Enanos. El Cardenal se encuentra en bata, tiene movimientos femeninos y se pinta las uñas de los pies.

La obra está marcada por la simulación, por "el teatro en el teatro", tenemos una "espectacularidad especular", donde se pone de manifiesto el acto de performancia teatral. Esto se hace evidente en la escena IV. Mientras el Cardenal tiene la función constante de emisor, los Enanos ocupan el papel de receptores. Tenemos una duplicación de las funciones performativas de:

$$\text{Emisor :: Actor/ Cardenal} \approx \text{Receptor :: Actores/Enanos/Público.}$$

El Cardenal es por el momento la última obra que conocemos de Pavlovsky. Seguiremos con atención las próximas producciones del actor, dramaturgo y psiquiatra Pavlovsky, que representa una mezcla de Beckett, Dario Fo y Hamlet del teatro latinoamericano actual. ¿Permanecerá éste en el ámbito de su *ars combinatoria* o experimentaremos tanto en la forma como en el contenido un fuerte cambio? Si la amargura y desilusión del Cardenal se interpretase como una manifestación del "autor implícito", y con esto, como una hipótesis de lo real, luego se encontraría el teatro de Pavlovsky en una profunda crisis, frente a un gran desafío.

---

43   *El Cardenal*, p. 40.

BIBLIOGRAFÍA

OBRAS

Pavlosky, Eduardo: *Último Match* (1967). Buenos Aires (Ediciones Búsqueda) 1970 (en trabajo conjunto con Juan Carlos Hermes)
----: *La mueca* (1971). Caracas (Editorial Fundamentos. Colección Espiral) 1980. También en Buenos Aires (Ediciones Búsqueda) 1988
----: *El señor Galíndez* (1973), impreso junto con *Pablo* (Ediciones Búsqueda) Buenos Aires 1986. También en Caracas (Editorial Fundamentos. Colección Espiral) 1980
----: *Cámara lenta. Historia de una cara* (1978). Buenos Aires (Ediciones Búsqueda) [2]1987
----: *Telarañas* (1976). Caracas (Editorial Fundamentos. Colección Espiral) 1980
----: *Pablo* (1984), impreso junto con *El señor Galíndez*. Buenos Aires (Ediciones Búsqueda) 1986. También en Caracas (Editorial Fundamentos. Colección Espiral) 1980
----: *El señor Laforgue*. Buenos Aires (Ediciones Búsqueda) 1982
----: *Potestad* (1986). Buenos Aires (Ediciones Búsqueda) 1987
----: *Cerca*. Buenos Aires (Ediciones Búsqueda) 1988
----: *Paso de Dos*. Buenos Aires (Ediciones Búsqueda/Ayllu) 1989. Buenos Aires (Ediciones Búsqueda) [2]1990
----: *El Cardenal*. Buenos Aires (Ediciones Búsqueda) 1992
----: *Rojos globos rojos*. Buenos Aires (Ediciones Babilonia) 1994
----: *La ética del cuerpo*. Buenos Aires (Ediciones Babilonia) 1994

CRÍTICA

Ferrigno, O.: *Prólogo*, en: *La mueca*. Caracas (Ediciones Fundamentos. Colección Espiral) 1980 pp. 25-26
Oliver, W.-I.: *La Mueca*, en: *La Mueca* y *Cerca*. Buenos Aires (Ediciones Búsqueda)1988 pp. 48-51
Pavlovsky, E./ J.C. Hermes: *Notas*, en: *Último Match*. Buenos Aires (Talía) 1970 pp. 3-4
E. Pavlovsky: *Algunos conceptos sobre el teatro de vanguardia* (1966), en: *La muñeca/El señor Galíndez/Telarañas*. Caracas (Editorial Fundamentos. Colección Espiral) 1980 pp. 189-196
----: *Reflexiones sobre el proceso creador* (1974), en: *La muñeca/El señor Galínez/Telarañas*. Caracas (Editorial Fundamentos. Colección Espiral) 1980a pp. 181-188
----: *Prólogo*, en: *Telarañas*. Caracas (Editorial Fundamentos. Colección Espiral) 1980b pp. 125-126

----: *Apuntes para una obra de teatro*, en: *Pablo*. Buenos Aires (Ediciones Búsqueda) 1986 pp. 54-55

Pavlovsky, E/ J. Kogan: *Introducción*, en: *El señor Galíndez*. Buenos Aires (Ediciones Búsqueda) 1986a pp. 9-11

Pavlovsky, E: *Prólogo*, en: *Potestad*. Buenos Aires (Ediciones Búsqueda) 1987 pp. 13-17

----: *Balbuceo del proceso creativo*, en: *Potestad*. Buenos Aires (Ediciones Búsqueda) 1987a pp. 15-17

----: *Paso de Dos. Aventura de una puesta*, en: *Paso de Dos*. Buenos Aires (Ediciones Búsqueda/Ayllu) 1989 pp. 31-39

Pavlovsky, E./Toro Alfonso de: (Entrevista) *Eduardo Pavlovsky: El teatro del goce y los nuevos territorios existenciales*, en: *La Escena Latinoamericana* 7 (1991) 42-45

Pellettieri, Osvaldo: *Cien años de teatro argentino (1886-1990). Del Moreira a Teatro abierto*. Buenos Aires (Ed. Galerna/ IITCTL)1990

Teatro argentino hoy, El. Buenos Aires (Ediciones Búsqueda) 1981

Toro, Alfonso de: *Semiosis teatral postmoderna: intento de un modelo*, en: *Gestos*, año 5,9 (1990) 23-52

----: *Entre el teatro kinésico y el teatro deconstruccionista: Eduardo Pavlovsky*, en: *La Escena Latinoamericana* 7 (1991) 1-3

----: *Cambio de paradigma: el 'nuevo' teatro latinoamericano o la constitución de la postmodernidad espectacular*, en: *Iberoamericana* 43/44, año 15, 2-3 (1991a) 70-92; reimpreso en: *Espacio*, año 5, N° 9 (1991b) 111-133

----: *El productor 'rizomórfico' y el lector como 'detective literario': la aventura de los signos o la postmodernidad del discurso borgesiano (intertextualidad-palimpsesto-rizoma-deconstrucción)*, en: K.A. Blüher/A. de Toro (Eds.): *Jorge Luis Borges: Procedimientos literarios y bases epistemológicas* (TKKL/TCCL, Vol. 2), Frankfurt am Main (Verlag Klaus Dieter Vervuert) 1992, pp. 145-184; reimpreso en: *Studi di Litteratura Ispano-Americana* 23 (1992) 63-102

----: *Borges y la 'simulación rizomática dirigida': percepción y objetivización de los signos*, en: *Iberoamericana* 18. Jahrgang, Nr. 1,53 (1994) 5-32

----: *Das postmoderne Theater von Eduardo Pavlovsky*, en: *Maske & Kothurn* 1 (1992/1996) 67-92

Eduardo Guerrero del Río

Universidad Finis Terrae

LA CREATIVIDAD A ESCENA
(TEATRO CHILENO DE LOS OCHENTA)

En el último tiempo -desde mediados de los años ochenta en adelante- surgen en el teatro chileno una serie de grupos independientes o creadores que han dado prioridad al espectáculo sobre la obra dramática (el texto). Así, nombres como los de Alfredo Castro y el Teatro La Memoria, Mauricio Celedón y el Teatro del Silencio, Ramón Griffero y el Teatro Fin de Siglo, Andrés Pérez y el Gran Circo Teatro, Horacio Videla y el Teatro Provisorio, el grupo La Troppa, Alejandro Goic y el grupo El bufón negro, Willy Semler, Vicente Ruiz, José Andrés Peña, Juan Edmundo González, Alejandro Castillo, Rodrigo Pérez, por citar los más importantes, son representativos del "renacer" del teatro chileno. Para nuestro medio quizás es suficiente (con todas las implícitas carencias culturales), aunque quisiéramos que este desborde imaginativo fuera siempre ilimitado. En todo caso, más valen tres o cuatro espectáculos de categoría, por temporada, que cincuenta producciones mediocres, aquéllas que generalmente satisfacen los gustos de un público extremadamente condescendiente, como es el nuestro. (Sin duda, éste es un tema de necesaria reflexión, en su oportunidad, es decir, lo que atañe a la función del público dentro del fenómeno teatral y, a su vez, el estado actual del problema).

En definitiva, estos nombres han ayudado a revitalizar nuestra escena, en un concepto olvidado por muchos años: experimentación, riesgo, búsqueda de nuevos lenguajes. En otras palabras, es lo que el dramaturgo Marco Antonio de la Parra llama el "teatro post *Negra Ester*"; éste agrega: "El nombre de Alfredo Castro, junto al de Griffero, Castillo, Peña, Pérez, Semler, Parodi, Videla, las chicas de *Cariño Malo*, Ruiz, Meneses, dan testimonio de que el cambio existe más allá de todo hito histórico, que Chile se piensa, se escribe y se pone en escena de otras formas y que no nos podemos quedar afuera"[1].

---

1   Cfr. Marco Antonio de la Parra: *La manzana de Adán*, en: *Revista Caras*, Stgo. de Chile.

1. INSTANCIAS RELEVANTES

Antes de abordar con mayor amplitud las directrices fundamentales de esta nueva generación de teatristas chilenos, mencionaremos, aunque sea en forma sucinta, cómo se ha ido configurando nuestro teatro desde la década de los años cuarenta en adelante, ya que es factible considerar algunas instancias prioritarias.

En primer lugar, la creación de los teatros universitarios -el 41 el Teatro Experimental de la Universidad de Chile y el 43 el Teatro de Ensayo de la Universidad Católica- dio lugar en los años cincuenta y sesenta, fundamentalmente, a espectáculos que "revolucionaron" el ambiente cultural santiaguino (entre los postulados programáticos, conocimiento de la dramaturgia universal contemporánea, creación de escuelas de teatro, educación del público y preocupación por los lenguajes de la puesta en escena); al respecto, con los años, hubo un mejoramiento gradual de las técnicas de actuación, un manejo más adecuado de los instrumentos físicos (luz, sonido...), además de la congregación de importantes dramaturgos chilenos que conforman lo que se ha llamado la "generación de los años cincuenta o de los teatros universitarios", sin duda -a nivel dramatúrgico- la más decisiva generación en el teatro chileno de todos los tiempos.

A su vez, este despertar en la dramaturgia se vio avalado por una recepción entusiasta por parte del público, quien apoyó desde un principio estas obras que denunciaban un acontecer tan inmediato, y que en muchos casos representaban una toma de conciencia ante una realidad desproporcionada y absurda. En un contexto más amplio, ciertos factores externos posibilitaron la creación de los teatros universitarios, entre los cuales no podemos dejar de señalar las giras artísticas de la actriz catalana Margarita Xirgu, con repertorio de Federico García Lorca; el inicio del período presidencial de Pedro Aguirre Cerda, con toda la importancia brindada a las universidades y a la clase media.

Además, el paso que dieron los teatros universitarios sirvió de ejemplo para que otros grupos nacieran -incluyendo algunos teatros universitarios en provincias- y fomentaran una actividad escénica con similares exigencias. Así podemos reconocer la existencia del teatro independiente, fenómeno útil de constatar, pues también dramaturgos de esta generación del cincuenta se formaron a su vera. Entre ellos, tenemos: Jorge Díaz (Premio Nacional de Arte de la Representación y Audiovisual 1993), Luis Alberto Heiremans, Alejandro Sieveking, Sergio Vodanovic, Egon Wolff, Isidora Aguirre, Fernando Debesa, Fernando Cuadra.

En segundo lugar, el golpe militar de 1973 no sólo produjo un quiebre en nuestra institucionalidad y sistema democráticos. También en el desarrollo artístico, fundamentalmente a causa de la dispersión provocada por el forzoso exilio, por la represión y por las restricciones a las libertades expresivas. De esta manera, por la década de los años setenta, no se manifiesta una generación dramatúrgica de relevo a la anteriormente citada. Lo que sí se constituye en una expresión válida es el trabajo de la creación colectiva, con sus múltiples facetas, debido a su carácter contestatario al régimen militar. Así, el teatro independiente -subvencionado y no subvencionado- cumplió una importante labor artística y cultural en nuestro país en reemplazo del predominio de los teatros universitarios en las décadas anteriores (la decadencia de la institucionalidad se manifiesta en los repertorios de estos grupos teatrales, con puestas en escena de dudoso gusto). Grupos como el Ictus, Imagen, Taller de Investigación Teatral (TIT), La Feria -por mencionar los de mayor importancia-, privilegiaron la creación colectiva -en sus diversas modalidades-, con el objeto de concretar de esta forma su trabajo escénico. A manera de ejemplo, uno de los motivos recurrentes de algunas de estas creaciones, es el del trabajo, en obras como *Pedro, Juan y Diego* (Ictus y David Benavente), *¿Cuántos años tiene un día?* (Ictus y Sergio Vodanovic), *Tres Marías y una Rosa* (TIT), *Los payasos de la esperanza* (TIT), *El último tren* (Imagen y Gustavo Meza), todas ellas en un contexto de neta oposición a la dictadura (en todo caso, a veces una oposición muy velada por los problemas existentes en cuanto a la censura). Un tema pendiente aún de analizar por los investigadores chilenos se refiere a la producción teatral chilena en el exilio, pues de alguna forma completaría la visión de este período.

En tercer lugar...

2. UNA NUEVA HISTORIA

En términos generales, sin tener aún una mayor distancia histórica de lo que fue el teatro chileno en la década recién pasada y en lo que va de esta década de los años noventa, se pueden vislumbrar algunas características predominantes:

1. Surgimiento de autores dramáticos (sin conformar una generación de dramaturgos) que evidencian, a través del lenguaje, nuevas propuestas escénicas, siempre teniendo como referente inevitable la situación política imperante en Chile (época de dictadura). Así, dentro de su diversidad dramatúrgica, principalmente los nombres de Juan Radrigán, Marco Antonio de la Parra y Ramón Griffero pasan a constituirse en una trilogía de relevo y de relieve.

2. Preponderancia de la imagen sobre la palabra con la incorporación de elementos cinematográficos, de coreografías y, más que nada, de todos los lenguajes involucrados en la puesta en escena, lo que Roland Barthes llamó "polifonía informacional" (música, iluminación, escenografía, gesto, vestuario, sonido, maquillaje...). Esto se complementa con la aparición de directores de gran creatividad y estilos propios, como es el caso de Griffero, Castro, Semler, Pérez, González, Lorca, Goic, entre otros. Al respecto, el crítico de teatro e investigador Juan Andrés Piña asevera que en este teatro "se bucean las distintas posibilidades del teatro como escenario, como lugar de acción: la iluminación, los espacios físicos, la imaginería visual, la música, la yuxtaposición de elementos escenográficos, los diversos estilos de actuación y el maquillaje, se convierten en recursos tan válidos como el diálogo hablado"[2].

3. Preocupación tanto por el teatro latinoamericano como por el teatro europeo a causa de los paralelismos temáticos y las comunes búsquedas formales (en el primer

---

2   Juan Andrés Piña: *Modos y temas del teatro chileno: la voz de los 80.* Mimeografiado.

caso) y las posibilidades de los textos de permitir la elaboración de un discurso teatral donde éste adquiere una nueva dimensión creativa (en el segundo caso).

4. Redescubrimiento de los autores clásicos, desde una doble perspectiva: con-
temporaneidad del discurso textual y, en cuanto a las puestas en escena, agilizar el
discurso con el entrecruzamiento de los diversos lenguajes de la teatralidad. Esto ha
posibilitado que el espectador vaya conociendo a dramaturgos que, en muchas ocasiones, son casi desconocidos para la gran mayoría, con el consecuente "deslumbramien-
to" ante textos que dicen mucho más que la actual escritura dramática.

5. En muchas ocasiones, ante la escasez de textos nacionales o por la particular
disposición de la compañía, se han adaptado poemas, cuentos e incluso novelas, con
el implícito riesgo que ello lleva consigo, sobre todo si el trabajo de adaptación es
insuficiente para estructurar un discurso teatral en que se privilegien los lenguajes de
la nueva obra resultante del trabajo de la adaptación.

3. CINCO GRUPOS EN EL SITIAL DE HONOR

No es casualidad que, tanto a nivel nacional como internacional, comiencen a
reiterarse algunos de estos grupos que han propuesto una nueva estética de la teatralidad. Es lo que el investigador chileno Alfonso de Toro llama una "estética postmoderna":

> "Lo 'nuevo' se basa en la toma de conciencia del teatrista como elaborador de signos
> espectaculares, como visualizador de gestos y no como productor de textos literarios
> para ser representados, o más bien para ser exclamados.
> Lo 'nuevo' se origina en la radical concepción del teatro como gestualidad, en la ruptu-
> ra, no frente a la modernidad teatral latinoamericana que existió por lo menos como ex-
> perimento, ni frente a esa modernidad europea que en Latinoamérica estaba acompleja-
> da, encarcelada frente al todo poderoso compromiso, sino frente al teatro de exclama-
> ción, de puro mensaje ideológico o de varieté comercial.
> Lo 'nuevo' se cristaliza en la fórmula ya encontrada por la poesía y la nueva novela,
> esto es, en la combinación feliz entre arte y compromiso, en nuestro caso, entre teatrali-
> dad y mensaje, el perder finalmente la vergüenza de hacer arte teatral, sin temer al ata-
> que de ser reaccionario. Lo 'nuevo' se encuentra en la revolución y subversión del len-
> guaje, de la escenografía, del papel del actor, es decir, del concepto de teatro"[3].

---

3   Alfonso de Toro (1991: 70-71).

Los cinco grupos que mencionaremos a continuación[4] -prioritariamente sus últimos montajes[5]- sintetizan en su trabajo el sistema teatral imperante en este momento en nuestro país. En todo caso, es importante señalar que en la década del noventa se han ido perfilando otros colectivos (con una o dos obras estrenadas), que constituirán en unos años más la "generación del año 2000". En todo caso, a grandes rasgos, su preocupación básica se entronca con lo cinematográfico, la activa presencia de lo musical en escena, la desmitificación temática y el despliegue visual de los montajes.

4. TEATRO FIN DE SIGLO

Dirigido por Ramón Griffero funcionó entre 1983 y 1989, fundamentalmente en un espacio marginal, como lo fue la sala El Trolley, en la calle San Martín (barrio de hoteles clandestinos y prostitutas). De su producción resalta la trilogía dramática de Griffero: *Historias de un galpón abandonado* (1984), *Cinema Utoppia* (1985) y *99 La morgue* (1986), formando un todo representativo en la reestructuración constante del lenguaje teatral, en la necesidad de crear nuevas formas de representación que permitan darle una fuerza y magia a la escena. En relación con estas tres obras, Piña enfatiza: "Uno de los directores dramaturgos más significativos en este período (década de los ochenta) es Ramón Griffero, quien a través de montajes como *Historias de un galpón abandonado*, *Cinema Utoppia* y *La morgue*, potencia los espacios visuales, sugiere atmósferas de pesadilla y terror, y apela en el espectador a otras cuerdas de su sensibilidad liberándose de la razón como único factor para comprender un espectáculo. La ambigüedad, los ambientes indefinidos, las referencias simbólicas o poéticas y en general el enriquecimiento del mundo escénico, sirvieron para abrir un universo de significados que despertaron en un público, sobre todo juvenil, otras resonancias"[6].

Después de haber estudiado sociología en la Universidad de Chile, en octubre de 1973 Ramón Griffero parte rumbo a Inglaterra, donde continúa sus estudios. Años después entra en la Escuela de Cine de Bruselas y, posteriormente, en el Centro de Estudios Teatrales de Lovaina. De aquí que en 1981 surgiera su primera obra dramática, escrita en francés: *Ópera para un naufragio*. En ella se visualizan posteriores preocupaciones de Griffero, muy presentes, por ejemplo, en *Cinema Utoppia*. Su segundo trabajo fue *Altazor Equinoccio*, en 1982. Reitera su interés por la transformación del espacio y por el manejo de una poética afín a su ideario estético. Además,

---

4 De estos cinco grupos, he escrito artículos sobre tres de ellos: *El trabajo direccional y dramatúrgico de Alfredo Castro: una propuesta postmoderna*; *Espacio y poética en Ramón Griffero*; *Una troppa creativa*.

5 En la recorrección de la ponencia de marzo de 1993 se consideran otros espectáculos estrenados con posterioridad a esa fecha.

6 Vid. Juan Andrés Piña: *Modos y temas del teatro chileno: la voz de los 80*. Mimeografiado. Véase también A. de Toro (1992: 34-36) e ídem en el presente volumen, pp. 113-138.

en un nivel metafórico, existen referencias al sistema represivo que imperaba en Chile en esos momentos.

Ese mismo año regresa a Chile. Trae consigo una valiosa experiencia europea en beneficio no sólo de su propio desarrollo dramatúrgico sino que, fundamentalmente, del teatro chileno, ya que en estricto rigor su modalidad escénica ("postmoderna") abrirá nuevas perspectivas de acercamiento en la búsqueda de lenguajes escénicos aún no explorados rigurosamente. A partir de ese momento y, hasta la fecha, ha estrenado las siguientes obras: *Recuerdos del hombre con su tortuga* (1983), *Historias de un galpón abandonado* (1984), *Cinema Utoppia* (1985), *99 La morgue* (1986), *Fotosíntesis porno* (1987), *Viva la República* (1989), *Extasis o las sendas de la santidad* (1994).

Desde una perspectiva direccional, aparte de las mencionadas producciones, Griffero ha dirigido obras de otros autores, dándole siempre un cariz muy particular, acorde con su visión estética del espectáculo. Podemos distinguir: *El rostro perdido* (Gunther Weisenborn, 1983), *Un viaje al mundo de Kafka* (creación a partir de la vida y relatos de Kafka, 1984), *Ugghtt...Fassbinder* (creación a partir del tema del amor en la cinematografía de Fassbinder, 1985), *El deseo de toda ciudadana* (adaptación de una novela homónima de Marco Antonio de la Parra, 1986), *El avaro* (Molière, 1987), *Santiago Bauhaus* (creación a partir de los principios teóricos de Oskar Schlemmer, 1987), *El servidor de dos patrones* (Carlos Goldoni, 1988), *Cuento de invierno* (William Shakespeare, 1991).

El teatro de Ramón Griffero es un teatro de imágenes, aunque éstas finalmente se apoyan en la palabra; a su vez, un teatro que está en continua preocupación por transgredir sistemas lingüísticos que van perdiendo fuerza expresiva a causa, muchas veces, de un uso plano y reiterativo; un teatro de luz y sombra, de sensaciones, de conscientes alteraciones espaciales y temporales; un teatro que desea experimentar y encontrar un nuevo lenguaje escénico que dé cuenta, en su plenitud, de las peculiares indagaciones del dramaturgo ante el fenómeno teatral, teniendo presente la globalidad de la representación y la multiplicidad de signos que entran a participar en el juego del escenario. En síntesis, en esta oposición entre estética del texto/ estética de la forma, el texto es más bien un "pre-texto" para sostener una o varias ideas plasmadas en una sucesión de imágenes y símbolos con diversas posibilidades de lectura; en este sentido, el espectador tiene una importante función que cumplir, a nivel imaginativo, en el desvelamiento textual.

Por esto mismo, a la hora de buscar referentes concretos en los trabajos teatrales de Ramón Griffero, es inevitable dejar de mencionar a tres grandes renovadores teatrales de este siglo, como lo son el francés Antonin Artaud, el polaco Tadeusz Kantor y el norteamericano Robert Wilson. Son los más genuinos representantes de un teatro cuyo lema podría formularse en los términos de "todo para mirar". Más allá de esto, hay de por medio un lenguaje plástico, sombras recobradas, fantasmas de la memoria. Por ejemplo, en una obra como *Que revienten los artistas*, de Kantor, encontramos elementos fácilmente identificables en el teatro de Ramón Griffero: movimientos entrecortados, sistema repetitivo que duplica o triplica los efectos, elegancia plástica y belleza teatral.

A pesar de que el grupo se disolvió en 1989, tomando cada uno de sus integrantes rumbos diversos, Ramón Griffero sigue estando en el primer plano del teatro chileno. Esto se fundamenta tanto por sus múltiples intervenciones y ponencias en seminarios sobre la disciplina como por sus ininterrumpidos trabajos como director. Al respecto, es necesaria una breve referencia a su última dirección, *Extasis o las sendas de la santidad* (1994), espectáculo escénico basado en uno de los siete cuentos de su obra narrativa *Soy de la Plaza Italia* (1992). Específicamente, nos referimos al relato "La santidad", donde el personaje protagónico leía la revista "Vidas Ejemplares" y "recorría los templos anhelando poseer aquel aura dorada que iluminaba las sienes de santos y mártires".

La mencionada puesta en escena, con estreno mundial en el Festival de Dramaturgia Contemporánea (Veroli, Italia), se puede considerar como un montaje "atípico" en el contexto de la cartelera teatral santiaguina de 1994. Nuestra afirmación anterior se sustenta, fundamentalmente, en dos elementos esenciales: en primer lugar, estamos en presencia de un director con una idea clara y una estética definida a lo largo de su desarrollo teatral y, en segundo lugar, somos testigos en la actualidad de una abundancia de representaciones marcadas por el signo del facilismo y del acomodo comercial.

En todo caso, la historia de Andrés (Claudio Rodríguez) y su insistente búsqueda por el encuentro de la santidad, con reiteradas flagelaciones, nos parece -a nivel de la dramaturgia misma- de una marcada obsesión, atentando visualmente con la teatralidad propuesta. Se acentúa, en definitiva, lo que el personaje del cuento narraba: "Durante meses proliferaban mis contactos nocturnos tratando de llegar frente a los ojos del mismo demonio"[7]; de esta manera, se visualiza una especie de viaje fáustico, que conlleva la dialéctica culpa/expiación y que se conecta directamente con el tema de la santidad, ya que -en palabras de Andrés- "el fin de mi existencia era ser un mártir"[8].

Como se señaló anteriormente, en el manejo de la teatralidad, estamos en presencia de una estética cuidadosa, de entrecruzamiento de diversos signos teatrales, todo los cuales apoyan con eficacia la temática central. En este sentido, la escenografía funcional, el buen aporte de la iluminación, los diferentes planos escénicos (celestiales y terrenales), la implícita concepción cinematográfica, el trabajo de un espacio en movimiento (poética del espacio), dan cuenta de una creativa dirección y de un intento -independiente de las objeciones temáticas- de seguir explorando en torno a los lenguajes de la puesta en escena.

Finalmente, cabe agregar que, como en muchos de los trabajos de Griffero, el plano actoral es uno más de los lenguajes involucrados y, por tanto, las diversas interpretaciones están en función de la totalidad. Muchas veces existe más bien un desplazamiento coral, polifónico, característica presente en varias de sus producciones. En términos generales, los actores cumplen acertadamente sus papeles asignados (en

---

7   Vid. Ramón Griffero (1992: 23).

8   Cita tomada literalmente de la representación de la obra "Extasis" de Ramón Griffero.

algunos casos, con bastante naturalidad), resaltando con mayor fuerza la labor de Verónica García-Huidobro por su propio oficio en obras de esta naturaleza (integró, en sus comienzos, el "Teatro Fin de Siglo").

En definitiva, el teatro de Ramón Griffero se inserta -en un plano continental- dentro de los espectáculos basados en el predominio de la imagen sobre la palabra (el texto como pre-texto). De esta manera, apela a un espectador creativo que, a través de sus posibles lecturas, le estará dando las reales significaciones a una representación donde lo coreográfico, lo plástico, lo gestual, lo mágico, lo cotidiano, forman un todo único e irreemplazable.

Durante la temporada de 1995, el Teatro Nacional Chileno estrena su obra *Río abajo* (*Thunder river*), con la dirección del propio Griffero y cuya acción gira en torno a un grupo de jóvenes marginales que habitan un edificio a orillas del río Mapocho.

5. TEATRO DEL SILENCIO

La compañía "Teatro del Silencio" fue creada en Santiago en diciembre de 1989, por Mauricio Celedón. Previamente, Celedón estudió en la Academia de Mimos del "Teatro Petropol" (1975), incorporándose a la "Compañía de Mimos" en 1978 y participando en todos los montajes hasta 1980; luego, se fue a Madrid e ingresó al "Teatro Lejanía", grupo con el cual recorre los pueblos españoles con una especie de teatro callejero (de este período es su obra *Perseo*, basada en el mito griego de Perseo); al poco tiempo, viaja a París y se relaciona directamente con Etien Decroux (padre de la pantomima contemporánea) y Marcel Marceau. De esta manera, con estos antecedentes y la dirección de sus mimodramas *Barrer, barrer hasta barrerlos* (1986) y *Gargantúa* (1987), se inicia una nueva etapa en su desarrollo artístico con el "Teatro del Silencio".

Bajo la dirección de Mauricio Celedón, la compañía estrena el mimodrama callejero barroco *Transfusión* en enero de 1990 en diversos lugares públicos de la ciudad; dividido en cinco actos -cada uno representa una etapa de la historia de las grandes migraciones que poblaron América Latina-, la fábula se centra en las aventuras de un hospital ambulante que recorre plazas y parques, y en donde se atienden pacientes que cuentan sus sueños, mientras esperan sanar. Por su misma modalidad y planteamiento escénico, se nos entregan personajes arquetípicos, situaciones simbólicas, un lenguaje coreográfico-dramático apoyado más bien en lo musical, con una escenografía móvil sintetizada en la presencia de carretones de mano (multifuncional).

Posteriormente, con tres obras -*Ocho horas* (1991), *Malasangre* (1991) y *Tacataca mon amour* (1993)- adquiere el grupo una trascendencia tanto nacional como internacional, que reafirman la importancia del trabajo de Mauricio Celedón, discípulo de Marcel Marceau y proveniente del Theatre du Soleil. Si en esa heroica gesta de los anónimos llamada *Ocho horas* (inspirada en el día internacional del trabajo) despliegan una energía pocas veces vislumbrada en nuestros escenarios, es en *Malasan-*

gre[9]-un homenaje a la vida del poeta francés Arthur Rimbaud- donde logran elaborar un espectáculo de una desbordante creatividad, en lo que Griffero ha llamado "la dramaturgia de la gestualidad"[10]; agrega: "está en la dramaturgia del gesto lo que imprime el sello personal del trabajo del 'Teatro del Silencio', la búsqueda de la gestualidad específica de este montaje, concebida dentro del envoltorio de formas pre-burguesas. Es en este punto de búsqueda de jeroglíficos gestuales donde el camino de quiebre con lo eminentemente literal de lo narrativo muestra su mayor personalidad y riqueza, y entrega una subtextualidad requerida, sobrepasando el principio de las técnicas originarias, haciendo de *Malasangre* un montaje sobresaliente"[11]. A través de cuatro etapas bien delimitadas de la vida de Rimbaud (Primera etapa: 1861, Charleville: "Los poetas de siete años"; Segunda etapa: 1871, París: La Comuna: "El herrero"; Tercera etapa: 1872-1873, París y Bruselas: Verlaine: "El barco ebrio"; Cuarta etapa: 1880-1891, Abisinia-Harar: "Malasangre"), asistimos a una aventura donde el colorido, el movimiento, la música, la coreografía, el vestuario, el trabajo del actor, conforman sistemas sígnicos de una riqueza inigualable. Es un teatro de indagación en lo gestual, intuitivo, de un cierto carácter antropológico, dentro de una atmósfera expresionista. Según su director, "es la poesía de Rimbaud realizada con el silencio".

Quienes han seguido la trayectoria del Teatro del Silencio, encontrarán en su último montaje -el mimodrama musical *Taca-taca mon amour*- muchos elementos de sus anteriores producciones, lo cual se concreta en la búsqueda de ese teatro gestual, expresionista, adquiriendo los diversos lenguajes de la puesta en escena una dinámica propia para enfatizar con mayor fuerza las temáticas de la historia; para el investigador Sergio Pereira,

"desde el punto de vista de los códigos que sostienen la propuesta de Celedón, la naturaleza gestual del espectáculo activa de preferencia aquellos códigos mixtos como la proxémica (relaciones espaciales de los personajes), la kinésica (postura corporal, gestos, expresiones faciales) y algunos componentes paralingüísticos (ruidos, expresiones guturales, gritos, lamentos)"[12].

De esta manera, gestos, movimientos, maquillajes, iluminación, diseño escenográfico, vestuario, música, coreografía, crean una llamativa teatralidad, una poética en el espacio, con un incesante despliegue escénico, reforzando la presencia de personajes íntimamente vinculados a una historia donde la violencia, los signos del poder, del autoritarismo, se transforman en verdaderos síntomas de degradación de la especie humana. De fondo, un esbozo de poesía, de humanidad, de pensar científico, de

9   Premio al mejor montaje de 1993, otorgado por el Círculo de Críticos de Arte.

10   Vid. Ramón Griffero: *Radiografía de una dramaturgia* (1991/1992: 96).

11   (Ibíd.: 97).

12   Sergio Pereira Poza: *El "Taca taca" de Celedón*, en: *La Época*, Santiago de Chile (5 de octubre de 1993).

racionalidad. En este contexto, son plenamente reconocibles personajes como la reina Victoria, Einstein, Stalin, Lenin, Hitler, Freud, Churchill y otros.

Taca-taca mon amour es un espectáculo lleno de vitalidad, sobrecogedor por momentos, sin respiro, pero que está necesitado de una mayor síntesis en la concreción de la dramaturgia (proyecto demasiado ambicioso). Por lo mismo, es difícil que vuelvan a revitalizar el éxito de *Malasangre*, unánimemente considerado un montaje de una creatividad y de una magia insuperables.

6. GRAN CIRCO TEATRO

A cargo de Andrés Pérez, tiene cinco espectáculos a su haber: *La negra Ester* (1988), *El gran circo de Chile* (1990), *Ricardo II* (1992), *Noche de Reyes* (1992) y una particular versión del *Popol-Vuh* (1992). No cabe duda de que *La negra Ester* (décimas de Roberto Parra) debe considerarse como uno de los espectáculos más significativos del teatro chileno de los últimos tiempos, pues le inyectó vitalidad a nuestra escena. Fue una obra más que "taquillera"; por eso, cuando en diciembre de 1988 se estrenó en Puente Alto (plazuela O'Higgins), nadie sospechó las resonancias -no sólo teatrales o artísticas, sino que fundamentalmente sociales- que iba a tener la mencionada representación. Después, al poco tiempo, en específico durante los meses de enero y febrero de 1989, el cerro Santa Lucía de Santiago fue escenario de una efervescencia pocas veces vista en torno a eventos culturales. Las giras a provincias, las invitaciones a certámenes teatrales de carácter internacional, van configurando una situación que rebasa la típica relación espectador/obra, pues, incluso, desde mucho antes de la representación (compra de entradas con antelación, largas filas, recomendaciones de que vale la pena verla), se crea una atmósfera que tiene mucho de magia, de poesía, de encuentro popular.

La historia de los amores de Roberto Parra con la negra Ester, aquella prostituta del puerto de San Antonio, es en realidad un mero pretexto para que los actores den rienda suelta, con gran rigor, a una creatividad desbordante, apoyada por los múltiples lenguajes escénicos. En esencia, *La negra Ester* es un homenaje: a la poesía, al teatro, a la vida. Es la metáfora que hace soñar y suspirar; es la metáfora de la palabra y el silencio: "hasta cuando padecer/ nunca más la volví a ver/ se ha ido con el incienso/ un minuto de silencio/ pido por la negra Ester".

En relación con los "Dos Shakespeare imaginados por el Gran Circo Teatro: Ricardo II y Noche de Reyes", existe un seguimiento del grupo de los postulados del Théâtre du Soleil, ya que Andrés Pérez participó del Ciclo Shakespeare dirigido por Arianne Mnouchkine.

El último montaje -la adaptación del *Popol-Vuh*- ha tenido encontradas críticas y apreciaciones. Independiente de ellas, por un doble motivo, uno no puede dejar de valorar el trabajo de Andrés Pérez con el Gran Circo Teatro: en primer lugar, por esta osada aventura de indagación precolombina (el trabajo de adaptar un texto con las características de éste -en el cual se nos remite a los orígenes míticos, aspectos religiosos y mitológicos quichés, al igual que a la historia y emigraciones de este pueblo- es una empresa de gran envergadura), y, en segundo lugar, por el hecho de que Andrés Pérez proyecta en escena un verdadero taller de teatralidad.

En todo caso, sobre el texto prima el espectáculo, sumergiendo al espectador -a través de un constante tono festivo- en una especie de carnaval, de fiesta, de rito. Es a partir de esta propuesta lúdica en donde el texto adquiere significación por su comprensión más emotiva que intelectual, más del sentimiento que de la razón. Entrar en el juego es, en definitiva, entrar en una historia conscientemente distorsionada.

La efectividad de la puesta en escena pasa por un trabajo de más de cuatro años de la compañía, incluso, cuando muchos de sus miembros incursionaron en el teatro callejero. Así, la calidad en la representación, el dominio del cuerpo, la innata creatividad, se acondicionaron a una disciplina, a un dominio del oficio, que el director Andrés Pérez impuso desde un primer momento.

De esta manera, en este taller de la teatralidad, los actores actúan, gesticulan, brincan, andan en zancos, pero también destacan por sus coreografías, por sus vestuarios, por sus máscaras, por sus maquillajes, por el desenfrenado ritmo, por la música, por el colorido. Todo conforma un espectáculo de inigualable belleza, que alumbró mágicamente la noche santiaguina.

Desde una perspectiva crítica, todo montaje debe ser valorado en función de una totalidad. Por ello, independiente de lo críptica que puede ser la historia misma, el *Popol Vuh* del Gran Circo Teatro es una muestra de vitalidad escénica y de conjunción de los múltiples lenguajes de la teatralidad.

7. LA TROPPA

Está conformado por Jaime Lorca, Juan Carlos Zagal y Laura Pizarro, los tres actores egresados de la Escuela de Teatro de la Universidad Católica. En sus ocho años de existencia como grupo, en un trabajo de carácter colectivo, ha estrenado *El santo patrono* (Centro Cultural Mapocho, 1987), *Salmón vudú* (Instituto Chileno Norteamericano de Cultura, 1988), *Rap del Quijote* (Teatro de la Universidad Católica, 1989), *Pinocchio* (Instituto Cultural de Las Condes, 1990), *Lobo* (Sala Nuval, 1992) y *Viaje al centro de la tierra* (Teatro de la Universidad Católica, 1995).

En *El santo patrono* se utilizan diversos elementos escenográficos que se van transformando en el transcurso de la obra; además, cuerdas, zancos, máscaras y cubos ayudan a crear la atmósfera de la historia milagrosa de la imagen de un santo. En *Salmón vudú* ("Salmón, agonías y sueños"), nos encontramos con la búsqueda de "imposibles posibles"; así, elementos rítmicos, humorísticos, los diversos roles asumidos, la capacidad de establecer el juego escénico, posibilitan la necesaria interacción con un público llamado a develar intencionalidades que van más allá del mero pretexto de contar una historia. El *Rap del Quijote* es una personalísima versión de *Don Quijote de la Mancha*, destinada a un público juvenil; como indica en su crítica Juan Andrés Piña, "el grupo echa mano a formas expresivas de diverso origen: lenguaje del comic, ritmos musicales, estilo cinematográfico, tics contemporáneos (un ganador de fórmula uno riega con una especie de champagne la pista) y gestualidad desbordada, como un collage delirante"[13].

Pinocchio es una incursión hacia la realidad de un muñeco ficticio, un "poquitín travieso", que cautiva desde un comienzo por su ternura, su gran dosis de humanidad y su ingenuidad. El personaje protagónico (Laura Pizarro) provoca en el espectador encontradas reacciones, transformando su espacio en un ámbito sugerente, lúdico, mágico. A la vez, va generando en su relación con los otros personajes (interpretados por Zagal y Lorca), básicamente con Gepetto y el grillo, situaciones de un gran dinamismo, que hacen que la hora de duración del espectáculo sea un bello sueño.

En su máxima globalidad, el montaje de *Pinocchio* es de excepcional valor, emparentándolo con las producciones más destacadas del teatro infantil en Chile. A las creativas interpretaciones de los tres integrantes de la compañía, hay que agregar la interesante propuesta escénica, donde el trabajo de la imagen se prioriza sobre el propio texto, en un juego constante de planos, de enfoques, de acercamientos. Este ritmo impuesto y la interrelación con el lenguaje cinematográfico, crean las condiciones adecuadas para que la historia se valorice desde diferentes perspectivas y pueda tener lecturas del mundo infantil y adulto. Además, el elemento musical le agrega a la representación un carácter muy especial, eficaz complemento de los otros lenguajes y, a su vez, con una manifiesta vitalidad expresiva. Finalmente, tanto el vestuario como la escenografía, también apoyan con acierto este creativo espectáculo.

Desde un punto de vista textual, la creación colectiva *Lobo* está inspirada en el cuento "El hombre-lobo" (Le loup garou) del escritor francés Boris Vian (1920-1959). Estructurada por diversas secuencias, en lo que concierne a su fábula o argumento, esta creación nos remite a una historia de amor, de solidaridad, de una ciudad que puede ser Santiago o cualquier otra. En este espacio transcurre una "insólita" relación entre el taxista Quico (Jaime Lorca), su esposa Fanny (Laura Pizarro) y el hombre-lobo (Juan Carlos Zagal), en una especie de viaje al interior de la noche y al interior de ellos mismos; por eso, la presencia del hombre-lobo ("siendo lobo se perdía en los bosques junto a manadas de lobos, y siendo hombre se perdía en las ciudades junto a manadas de hombres") va a tener en esta fábula una connotación positiva, pues es capaz de "humanizar" a unos seres que son tocados a fondo por este lobo de la leyenda. De esta forma, la historia no es más que el punto de partida para elaborar un discurso teatral imaginativo, compuesto -a su vez- de discursos alternantes.

En relación al montaje, como en anteriores oportunidades, uno queda vislumbrado por el manejo de la teatralidad del grupo "La Troppa", con todo lo que ello implica: apoyo visual de las acciones dramáticas (en distintos planos), gran colorido escenográfico, acertado trabajo del comic, superposición de lenguajes escénicos,

---

13   Juan Andrés Piña: Ilustre caballero del gokart, en: *Revista Apsi*, Santiago de Chile (12 de junio de 1989).

tomas aéreas, privilegio de la imagen sobre lo discursivo, despliegue acrobático de los actores, trucos de utilería, independencia de las diversas instancias musicales, los efectos y contraefectos visuales, panorámicas en close-up, carácter lúdico de la propuesta. Por lo tanto, dentro de este despliegue escénico, no es casual que nos encontremos con un semáforo que se emborracha y bambolea igual que Quico; con una ventana que se irá transformando en un mueble maquillador, en una micro Santiago-Puente Alto y en una caja registradora del "Ekono"; con una caja de fósforos de dimensiones desproporcionadas (en el texto, los autores mencionan: "Quico agarra el fósforo desproporcionado, producto de aquella agobiante estética de la materialidad que profesan los autores de esta pieza teatral"); con tres marionetas que representan a los personajes.

En definitiva, una gran creatividad que, a fin de cuentas, es el resultado de una búsqueda del grupo -en sus ocho años de existencia- por establecer una estética de la teatralidad diferente y que priorice los impulsos creativos de sus integrantes.

La adaptación teatral de la novela *Viaje al centro de la tierra* -una de las geniales obras de fantasía de Julio Verne-, no sólo pasa a ser un válido homenaje al cumplirse los noventa años del fallecimiento del visionario escritor francés, sino más que nada viene a reafirmar la solidez del grupo y esa capacidad para transformar el escenario en un espacio escénico lleno de imaginación y ensueño. Además, al igual que en sus realizaciones anteriores, desde una perspectiva temática, volvemos a encontrarnos con el motivo del viaje como eje estructurante. En efecto, durante casi una hora y media de espectáculo, seguimos la "desquiciada y enfermiza aventura" del profesor Lidenbrock (Juan Carlos Zagal) y de su sobrino Axel (Jaime Lorca), quienes descubren en un antiguo manuscrito una revelación trascendental: por una de las chimeneas del volcán Sneffels, se penetra al centro de la tierra.

Sin lugar a dudas, en el contexto de la literatura universal, este motivo del viaje se ha manifestado desde múltiples variables (uno de los ejemplos prototípicos es la historia del Quijote y Sancho Panza); por ello, detrás de la simple aventura de estos dos singulares personajes, se vislumbra una búsqueda más profunda conectada con la esencia misma del ser humano, con esa natural capacidad de ahondar en los recovecos interiores y que se traduce en la eterna dialéctica entre el sueño y la realidad.

De principio a fin, el montaje de La Troppa se caracteriza por su ingenio, creatividad, humor, empatía con el espectador, soltura, apelando constantemente a los lenguajes de la teatralidad en apoyo del texto adaptado. De esta manera, esta proposición lúdica va acompañada de un constante apoyo musical, de diversos efectos y sonidos, de una utilería ad hoc, de una antigua locomotora con un sentido funcional, transformándose -en último término- en una especie de laberinto donde ocurren las situaciones dramáticas. Todo esto se ve reforzado por el desempeño actoral de Jaime Lorca y Juan Carlos Zagal, con una innata gracia y recursos expresivos para comprometer al espectador en la historia narrada.

El éxito internacional de La Troppa no es fruto de la casualidad ni mucho menos. Al contrario, es el resultado de un trabajo serio, profesional, con una estética definida y con una especial desenvoltura para enfrentarse al objeto artístico. En este contexto, la puesta en escena de *Viaje al centro de la tierra* no es más que la reafirmación de ocho años de significativo aporte al medio teatral nacional.

8. TEATRO LA MEMORIA

En diciembre de 1987, con el estreno de su primera obra, *Estación Pajaritos*, Alfredo Castro comienza su labor con el Teatro La Memoria, en torno a la idea de buscar una expresión estética que les fuera más propia y atractiva. Al respecto, señala: "La compañía se llama Teatro La Memoria, porque estamos trabajando con el inconsciente colectivo. Chile es un pueblo que no tiene memoria; cada uno se remite a sus propias acciones, cuando hay múltiples posibilidades en su entorno"[14].

En seis años de funcionamiento, aparte de la mencionada obra, han estrenado los siguientes espectáculos: *El paseo de Buster Keaton* (1988), *La tierra no es redonda* (1989), *La manzana de Adán* (1990), *Historia de la sangre* (1992) y *Los días tuertos* (1993). En ellos, tanto como actor, pero prioritariamente como dramaturgo y como director, Alfredo Castro ha violentado los usuales cánones teatrales, proponiendo la aludida estética postmoderna de la teatralidad.

Estrenado en junio de 1990 en una casa abandonada del Barrio Bellavista (una forma de acentuar aún más la marginalidad), el montaje de *La manzana de Adán* se basa en el libro homónimo de la periodista Claudia Donoso y la fotógrafa Paz Errázuriz, con adaptación teatral de Alfredo Castro. Tiene como telón de fondo la historia de dos hermanos travestis, Keko/Pilar (Rodrigo Pérez) y Leo/Evelyn (Alfredo Castro), "observados" por el ojo acusador de la Madre (Paulina Urrutia) y, más aún, por el de la sociedad.

De esta manera, a partir del discurso de los personajes, se configuran relaciones llenas de intenso patetismo, de soledad, de dolor ("en el fondo, somos todas unas desgraciadas", "yo me miro al espejo y sé que no paso por mujer"), que dan cuenta - a través de un lenguaje descarnado y despojado- de la intensidad de las pasiones. Además, se enfatiza lo estrictamente testimonial, para así provocar en el espectador una sensación de desamparo aún mayor (una minoría de las minorías, de los excluidos más excluidos).

Un montaje como el de *La manzana de Adán* pudo caer en la peligrosa tentación de verbalizarse y, fundamentalmente, de sobreactuarse; incluso, hacer de travesti es más que tentador en algunos casos (metáfora de la carnavalización). Pero ninguno de esos peligros se visualizaron en la puesta en escena; por el contrario, se concretó un inteligente trabajo de Alfredo Castro de distanciar la emoción de cada uno de los personajes, para hacer así más profunda la vivencia que se desea proyectar, en un consciente control del gesto y del movimiento (concepto del no personaje). Por otra parte, la premisa básica del montaje pareciera estar en el aspecto poético - una poesía

---

14   Alfredo Castro (1987).

en movimiento, una poesía del espacio, una poesía del gesto, que posibilitan el juego escénico y le dan sentido al carácter ritual, ceremonial, de esta marginalidad.

Por su parte, el punto de partida de *Historia de la sangre* es una investigación sobre el testimonio como fuente de creación artística (investigación testimonial sobre criminales recluidos por homicidio pasional). Esto da lugar a la estructuración de un texto (dramaturgia de Alfredo Castro) que, a su vez, es otro punto de arranque para reelaborar metafóricamente el material investigado. Además, a esta sumatoria de mediatizaciones, hay que agregar el acercamiento del receptor/espectador ante una obra de esta naturaleza, con todo el matiz de provocación que indirectamente subyace tras cada "historia de la sangre".

El testimonio-base que orienta la dirección de la propuesta, es el de Rosa Faúndez (Amparo Noguera), la vendedora de diarios que en 1923 descuartizó a "su hombre": "Yo amaba al Aguila…Esa noche fue una podredumbre viviente…un flujo de sangre…de esperma mezclados a escupitajos. Maté al Aguila porque tenía a otra. Mis celos separaron el cuerpo del Aguila, lo cortaron en todas las partes donde había doblez. No lo hice tiras, lo separé. Lo separé para que pudiera viajar. En cada miembro cortado yo también me fui…lo acompañé…y ahora él y yo estamos en paz. Repartí el cuerpo del Aguila por la ciudad como por un campo cerrado. La sangre transformó los adoquines en islas y tiñó el río de rojo. Yo quería al Aguila"[15]. A este testimonio, se agregan otros cinco discursos, cada uno de los cuales perfila su individualidad pero en función de lo colectivo (monólogos que son diálogos, al igual que en *La manzana de Adán*); de esta forma, asistimos a la historia de muchas sangres, concretada en seis desgarros de inconmensurable dolor.

"El Testimonio es utilizado como fuente de creación que al ser re-interpretado artísticamente trasciende a nivel poético y simbólico acercando el teatro a la vida."[16]

La dirección de Alfredo Castro tiene como premisa llenar el espacio escénico de múltiples significados ("espacio de ausencias"), para lo cual se vale de todo lenguaje capaz de involucrarse en la puesta, sea éste el propio trabajo actoral, el gesto, el movimiento, la música, la iluminación, la escenografía, el vestuario, entre otros.

En general, la función del resto de los sistemas sígnicos, es la de apoyar los motivos subyacentes del texto, a través de la sugerencia y la evocación, motivos que tienen relación con la presencia de lo marginal (temática de *La manzana de Adán*), la subversión, la huella de cada sangre historiada, todo lo cual está sutilmente cubierto de nostalgia y ternura.

En el Palacio de los Matarifes, se reúnen cinco personajes relacionados, de una u otra manera, con el mundo del espectáculo. A partir de esta idea inicial, se estructura la última obra del Teatro La Memoria, *Los días tuertos*, con la cual concluyen la "trilogía testimonial de Chile".

---

15   Alfredo Castro: *Historia de la sangre*. Manuscrito, p. 1.

16   Vid. Verónica García-Huidobro (1991/1992: 100).

Teatro dentro del teatro. Verdad y mentira. Cada uno de los personajes nos muestra su historia ("todos queremos ser la estrella de este divertimento"), su dolor arriba del escenario, su presentimiento de que se está llegando al fin. Historias individuales, pero a su vez historias colectivas: como marco de fondo, una mirada escrutadora, reflexiva, en torno a la propia indagación del proceso creativo. La dirección de Alfredo Castro, como siempre, centra su atención en la "estética del espectáculo", en la complementación de los diversos lenguajes involucrados en la puesta en escena, fundamentalmente la actuación, la música, el vestuario, la iluminación, el diseño escenográfico. Existe una búsqueda de nuevas formas expresivas y, por lo tanto, necesariamente, un riesgo. En este sentido, desde la perspectiva de los actores, cada uno de ellos se apropia del espacio escénico y, a través de sus gestos, movimientos, manejo de la voz, le va dando un significado a esa especie de ritual.

Los días tuertos, sin tener el intimismo de las dos obras anteriores, es un montaje que reafirma la importancia del Teatro La Memoria, precisamente por mostrarnos un teatro diferente, creativo, indagatorio y experimental.

La posterior disolución del grupo significó, supuestamente, una necesidad de replantearse el trabajo escénico, tanto desde la perspectiva actoral como de la propia dirección. Esta reflexión se genera a partir del último estreno de Alfredo Castro, ahora sin la compañía con la que adquirió notoriedad incluso en el ámbito internacional. De esta manera, con un grupo de actores distintos y con trayectorias heterogéneas, tiene la posibilidad de indagar en forma mucho más extrema sobre los planteamientos teatrales de su propuesta posmoderna. Al respecto, a nivel comparativo, el montaje de *Hombres oscuros, pies de mármol* (1995) es atípico en el contexto de la actual cartelera teatral santiaguina, como lo fue el año pasado la última producción de Ramón Griffero.

En el caso específico de *Hombres oscuros, pies de mármol*, nos encontramos con dos textos disímiles, que actúan fundamentalmente por oposición y que tienden a generar -en función del trabajo dramatúrgico- un tercer texto, con sus propios referentes y leyes escénicas: en el primer caso, se trata de la historia de *Edipo Rey*, de Sófocles; en el segundo, de *Memorias de un enfermo nervioso*, escritas por el destacado juez alemán Daniel Paul Schreber (1842-1911), quien enloqueció a los 42 años; en el tercero, de la visión de Alfredo Castro y Francesca Lombardo ante los dos textos anteriores.

En términos generales, independiente de las consideraciones teóricas que lleva consigo el entrecruzamiento textual, creemos que en esta oportunidad Alfredo Castro extremó en demasía el privilegio de la idea, de lo racional, lo que le confiere al espectáculo un carácter experimental no exento de hermetismo (arte por el arte). Puede que esta situación no sea problemática, sobre todo para el propio creador, pero sí lo es para un público incapacitado para decodificar los diferentes mensajes implícitos en la puesta en escena.

Sin duda, estamos frente a dos textos trágicos, elaborados desde una concepción más contemporánea del término; incluso, en relación a *Edipo rey*, se desmitifica de alguna forma la visión del personaje de Edipo. Esto da lugar a un predominio de la textualidad, con un juego de opuestos enmarcado en los componentes luz/oscuridad, vida/muerte. En lo que atañe a *Memorias de un enfermo nervioso*, la locura es el eje central del discurso del personaje, muy vinculada ésta con la imagen del padre, donde "el deber de un hijo es pedir perdón".

Los lenguajes de la teatralidad apuntan a crear un clima tormentoso, con una culpabilidad dañina. Así, el verbo se escenifica apoyando la aludida estética posmoderna, la ahistoricidad del discurso, la intertextualidad. A nuestro entender, el problema mayor estriba en la lentitud rítmica, en la necesidad de una mayor acción dramática para equilibrar la retórica del texto; en definitiva, crear situaciones de angustia desde los propios lenguajes del espectáculo. Una mirada desde afuera para escenificar con mayor claridad lo de adentro. Por otra parte, no todos los actores participan del juego escénico con la misma eficacia, esencialmente por formaciones muy diversas con la estética que, en sus trabajos, impone Alfredo Castro.

Hombres oscuros, pies de mármol es un montaje que, en cierto sentido, es fiel a los postulados de uno de los directores más creativos de nuestro medio. Por ello, teniendo en cuenta su valioso aporte a la escena nacional, sostenemos que ahora se ha extralimitado en su afán de experimentar a partir de dos textos tan diferentes en su interés teatral, lo que redunda en una representación que no tiene la solvencia de sus anteriores espectáculos.

CONCLUSIÓN

El teatro chileno contemporáneo ha tratado de configurar su propia identidad. Problemas económicos, escasez de salas, nulo apoyo institucional y de la empresa privada, un público renuente a estar al día en las actuales búsquedas experimentales, actores que se encasillan en modelos telenovelescos, son algunos de los impedimentos que obstaculizan un real despliegue del arte escénico en Chile. Pero, entre subdesarrollo y subdesarrollo (o en vías de desarrollo, si se quiere), siguen existiendo válidos intentos por configurar un teatro de relevancia internacional. De alguna u otra forma, la existencia de estos cinco grupos mencionados en este artículo, permiten avalar esta significativa proyección artística.

BIBLIOGRAFÍA

Castro, Alfredo: *Historia de la sangre*. Manuscrito.

----: *Historia del grupo*, en: Programa a *Estación Pajaritos*. 1987

García-Huidobro, Verónica: *La sangre no hace trampas jamás*, en: Revista *Apuntes*. Santiago de Chile, 103 (Primavera 1991/Otoño 1992) 100

Griffero, Ramón: *Radiografía de una dramaturgia*, en: Revista *Apuntes*. Santiago de Chile, 103 (Primavera 1991-Otoño 1992) 96

Parra, Marco Antonio de la: *La manzana de Adán*, en: Revista *Caras*. Santiago de Chile

Pereira Poza, Sergio: *El "Taca taca" de Celedón*, en: *La Epoca*. Santiago de Chile (5 octubre 1993)

Piña, Juan Andrés: *Modos y temas del teatro chileno: la voz de los ochenta*. Mimeografiado

----: *Ilustre caballero del gokart*, en: Revista *Apsi*. Santiago de Chile (12 junio 1989)

Toro, Alfonso de: *Cambio de paradigma: el nuevo teatro latinoamericano o la constitución de la postmodernidad espectacular*, en: *Iberoamericana* 43/44, año 15, 2-3 (1991) 70-92

----: *La poética del teatro de Griffero: lenguaje de imágenes*, en: *Teatro fin de siglo - El Trolley*. 3 Obras de Ramón Griffero. Santiago de Chile (Neptuno Ediciones) 1992, pp. 24-36

Ramón Griffero

Santiago de Chile

LA ESQUIZOFRENIA DE LA VERDAD ESCÉNICA Y LAS NUEVAS TENDENCIAS DEL TEATRO CHILENO

Las nuevas concepciones en el Chile de hoy emergen a partir del quiebre de las verdades escénicas ya preexistentes.

El constatar la aparición de las hoy denominadas nuevas tendencias, puede ser abordado y relacionado desde diferentes marcos teóricos y conceptuales, que remiten a la confirmación de un mismo fenómeno, reconocer qué modelos o técnicas en su formulación originaria han perdido su verdad escénica.

Una de las descripciones más críticas que puede producirse en la representación es la desintegración de su verdad escénica, que va íntimamente relacionada con el quiebre de verdades ideológicas o artísticas, en las cuales el modelo ha basado su sustentación.

La pérdida de la verdad de una metodología y de formas de representar la realidad afecta todos los códigos del lenguaje de la representación, escritura del texto, gestualidad e interpretación de la emoción del actor; estética de vestuarios, utilería, luces, escenografía, etc., por ende la forma de estructurar los signos.

Queda claro, y la experiencia de la desintegración social de las verdades ideológicas del socialismo nos lo demuestran: el fin de una verdad implica el fin de un poder, de un pensamiento y de las formas de un hacer. En este caso el artístico.

Sin por eso dejar de destacar que los modelos desintegrados fueron reconocidos como verdades, actuaron como tales y llegaron a un nivel profesional de perfeccionamiento, transformandose en parte fundamental de la tradición cultural de una nación.

1. PARADIGMAS QUE SUSTENTABAN VERDADES ESCÉNICAS QUE SE DESINTEGRAN. DOS GRANDES VERTIENTES EN EL TEATRO CHILENO

La vertiente de interpretación local del método stanislavskiano (señalo que los principios stanislavskianos emergen frente a la pérdida de la verdad escénica de modelos precedentes i.e. el teatro de divos), desarrollado a partir del año 41 por los teatros universitarios de Santiago, vino a satisfacer la demanda cultural de una clase media en ascenso y entregó un repertorio clásico con obras de autores nacionales de corte "Millerista", generando un período floreciente en los años 50 a 70.

A partir de los sesenta incorporará como variante el absurdo Ionesco-Beckett situándolo como continuidad de un realismo psicológico.

Señalo que las reformulaciones Post-stanislavskianas, Meyerhold, Futurismo, Simbolismo, etc., no tuvieron expresión en la escena nacional, senda desfasada frente a otras áreas artísticas donde sí tuvieron una manifestación.

El segundo gran paradigma corresponde al de la cultura de izquierda que propone su estética a partir de sus interpretaciones de la ideología, decidida a diferenciar lo que es cultura burguesa frente a otra popular.

La obra será antiburguesa al reflejar sus códigos y las confrontaciones sociales e históricas del momento.

El esquema de amplia repercusión en el Chile de los setenta-ochenta, será manifestado significativamente en el denominado teatro pobre, en las obras de creación colectiva, y en el teatro callejero, de zancos, máscaras y espíritu comunitario. El modelo brechtiano, la influencia de Mayo 68, el movimiento hippie, la experiencia de la Unidad Popular y los pensamientos escénicos de A. Mnoushkine y E. Barba alimentarán la estética de esta corriente que tiene exponentes hasta nuestros días.

La adscripción ideológica del modelo anuló la capacidad de trasgredir su lenguaje escénico, ya que esto implicaría de antemano que la iconografía cultural de la ideología se trasgrediera (cuestión filosóficamente compleja). Además, la defensa de su estética teatral se afirmaba en ser los legítimos representantes de la fantasmagoría y los conflictos del pueblo.

Esto no niega que en su instante estas obras fueran dignas pasionarias y de acorde a la urgencia espiritual del entorno en que estaban insertas. La dictadura congeló los modelos en acción. Los teatros universitarios intervenidos sobreviven como meros reproductores de cultura teatral, anulando su capacidad de ser seno de algún espíritu subvertidor.

La disidencia golpeada fuertemente se esfuerza en hacer sobrevivir la expresión teatral de izquierda, tratando de mantener el compromiso social y el teatro como medio de comunicación pero sin sobrepasar el lenguaje escénico heredado.

¿Cuáles serán entonces las múltiples sendas que toma la teatralidad en tanto parte o premonitor de los espíritus de la época en que se instauran?

El primer instante de reestructurar el lenguaje escénico nace en Chile a partir de 1983 de parte de creadores que no se reconocen en los modelos existentes, y que emergen al margen de estas dos vertientes sin pretensiones de representar más que su propia disidencia. Producto de un cambio de perspectiva, de percepción y de reformulación del entorno y de la forma de utilización de los códigos escénicos, decodifica los métodos heredados y desestructura lúdicamente las concepciones dramáticas e ideólogicas preexistentes.

Su creación no se adscribe ya a formas de hacer preestablecidas e incorpora en la escena todos los referentes de la tradición teatral, circo, ópera, danza, así como los de otras expresiones literarias visuales: comics, vídeo, cine radio teatro, sin discriminar su pertenecia al "arte" o al kitsch.

Como paréntesis deseo indicar dos consecuencias fundamentales en los marcos de acción de las nuevas concepciones. Primero, desaparece la adscripción a la etiqueta o categoría de "Teatro Popular", definición que reflejaba más un compromiso que una calidad artística. Y segundo, da fin a la interminable discusión sobre cuál era el modelo capaz de reflejar la identidad nacional al asumir la pluralidad de nuestros referentes culturales y abordarlos como los fragmentos de una identidad.

Esta actitud es coetánea a un cambio global del pensamiento social de Occidente, que va en relación al proceso de transición entre la Modernidad y la Postmodernidad, cuestión que delinda pero que no es fundamento de esta ponencia.

El reconocer, al fin, la ineficacia de una metodología técnica cierta de la verdad, sustentada en modelos paradigmáticos, es un trauma difícil de asumir tanto para teóricos como para los creadores; ya sabemos que los psicoanálisis son largos y las etapas de depresión agudas.

Los mecanismos de defensa surgen, y se proclama la muerte del dramaturgo, el fin del histrión, la destrucción de los clásicos, en fin, la decadencia, etc.

Un remedio fácil es tan sólo proclamar o adscribirse al modelo que posea hoy la verdad escénica. En vano se buscará en las bibliotecas el manual correspondiente o el método a aplicar donde se encuentren los textos para escribir, actuar y diseñar de acuerdo a las nuevas concepciones. Dónde está la nueva filosofía para aprehenderla y reproducirla; esto es como la búsqueda de la nueva utopía social: es inexistente como modelo global. La verdad escénica se ha vuelto esquizofrénica.

La dramaturgia nutrida y portavoz de situaciones sociales, de conflictos psicológicos primarios pierde la fe en su materia prima, deja de creer en su verdad o ésta deja de convencer como tal. La verdad de la escritura y la verdad escénica de su representación han perdido su credibilidad.

El teatro puede ser como su slogan. La vida y el reflejo de nuestros tormentosos sueños y magníficas pesadillas. ¿Pero qué sueño, qué pesadilla, qué vida? En tiempos de polarización social, y me refiero explícitamente a los tiempos de la dictadura, los sueños y pesadillas del colectivo estaban latentes y los radares de los artistas no necesitaban potenciarse para percibirlos. Hoy el inconsciente colectivo sin relación a pasiones universales se ha fragmentado y se ha vuelto esquizofrénico.

El reencuentro con la verdad escénica es un proceso que atañe a todos los estamentos que configuran la teatralidad; implica una reestructuración, decodificación de los códigos que conforman la espectacularidad, fragmenta los modelos de representar ya que no se adscribe a uno global u omnipresente como nos había acostumbrado la Modernidad. La pérdida de credibilidad en las copias de los modelos precedentes se manifiesta en una lectura irónica de lo representado donde los artificios del modelo aparecen sin velo, lugares comunes y no digeridos por el espectador.

En el actor la reestructuración de la dramaturgia del gesto es una urgencia ya que su gestualidad remite a períodos y estilos. Podemos, sobre todo en el teatro contemporáneo, identificar varios arquetipos que nos desmitifican lo interpretado.

Un actor en malla negra moviendo sus brazos para imitar el movimiento de un árbol, si en un momento pareció innovador el espíritu de la época lo transforma en una interpretación ingenua. Tanto las imágenes del teatro clásico como las de la vanguardia de la Modernidad, o como han sido interpretadas, develan una falsedad. Si en pleno montaje se aplica un efecto de distanciamiento brechtiano, especies de sentimientos de vergüenza ajena afloran en las mentes. Es como ver una vieja fotografía y reírse ante las vestiduras de una época sintiéndose ridículo por haber sido tan psicodélico. Pareciera que los referentes de los modelos sean estos, brechtianos, melodramáticos, costumbristas; en su verdad escénica originaria hoy tan sólo tienen efecto en forma de parodia o de pseudo. El juego con ellos reestablece una complicidad con el público y una autodiversión al reconocer su preexistente ingenuidad.

De ahí que un elemento básico formal en la reestructuración sea recuperar el ludismo de lo teatral frente a lo teatral. Un ludismo que se ensaña con los modelos precedentes de la misma manera que podemos gozar con un película de cine mudo o *Ben Hur*. No es su verdad originaria lo que nos cautiva sino su relectura, en la que subyace una especie de autoanálisis sobre nuestras ilusiones anteriores.

Frente a este dilema surgen alternativas o nuevas concepciones de hacer teatro que reestructuran la convención de una verdad escénica que al no responder ya a modelos globales cambia de facetas y se ha vuelto esquizofrénica. Instante predilecto, ya que al derrumbarse las grandes verdades desaparecen los límites que estas mismas crearon. Se deja, pues, abierto el camino para una teatralidad centrada en la expresión artística de su lenguaje basada en todos los referentes culturales que la sociedad ha elaborado. La recodificación de éstos, de acuerdo a cada creador, configura nuevas concepciones de hacer teatro remitidas tan sólo a las reformulaciones creativas del autor.

Sucede que los radares ya no funcionan de la forma pretérita y otras perspectivas, centradas más profundamente con la creación artística, emergen.

La adscripción a un paradigma universal, por ejemplo la interpretación realizada en Chile del método stanislavskiano, permitía a dramaturgos escribir para él, a directores aplicarlo y a los actores profesionalizarse dentro de la misma línea generando un circuito que se autoalimentaba, y que si bien exigía un talento para interpretarlo, no se trasgredía y se reelaboraba a partir de la verdad ya dogmatizada.

Los creadores teatrales al dejar de adscribirse a modelos de representación y desligarse del concepto de la verdad escénica se centran en reconstituir el lenguaje teatral, y para eso deben relacionarse tan sólo con los códigos de la espectacularidad y su manera de recodificarla; sin intención de proponerlo como dogma universal, sino tan sólo como una versión artística de la representación.

El centrarse en una reelaboración autoral del arte escénico condujo a una preponderancia de los directores en tanto generadores de estéticas y estilos "personales", producto de su relación directa con el escenario. Reestructurando los textos, el director se transforma en coautor al intervenir los textos escritos de acuerdo a su codificación del lenguaje teatral. De ahí que pareciera desparecer la importancia del escritor teatral, en contraposición a períodos, como en los años 50 en Chile, en el cual fueron los dramaturgos quienes impulsaron la creación teatral. Se lamenta la casi inexistencia o el no florecimiento de una dramaturgia nacional. Crisis temática al desaparecer las pasiones ideológicas y crisis de estructura al no correponder su narrativa a las necesidades de la escena.

El actual contexto permitirá que el dramaturgo latinoamericano se libere de las exigencias derivadas de los modelos anteriores, a su vez del peso del compromiso social impuesto y preestablecido en su forma, y de la obligación del decir trascendente. Lo trascendente se sumerge en el mundo invisible de los sentidos, el gran inconsciente colectivo se funde ya que el tema trascendente que mueve pasiones colectivas no se percibe.

Necesariamente los dramaturgos generarán textos que conllevan estructuras dramáticas que impliquen propuestas escénicas desligadas de modelos anteriores y que se relacionaron en sus referentes con la evolución del lenguaje teatral.

En mi trabajo escénico el *leitmotiv* inicial era no ver como ellos ven ni representar como ellos representan, generar una resistencia al régimen militar a través de la teatralidad. Este desafío pasional implicaba una confrontación tanto de la estructura temática de la escritura como de las reformulaciones narrativas frente al lenguaje escénico. Mi relación con la escena se ha ido desarrollando en dos instancias históricas diametrales: una entre 1983-89 bajo la dictadura militar y, desde esa fecha hasta hoy día, bajo la restructurada democracia, donde los cambios en las condiciones de producción y difusión teatral han sido radicales, así como las pasiones frente a los contenidos a desarrollar y la función social que el teatro cumple bajo los dos instantes.

Me detendré en las relaciones establecidas entre la escritura del texto y su relación con la representación escénica.

La necesidad de desmembrar el lenguaje y devolverlo a su abecedario teatral conllevó a tomar cada elemento de la representación como un texto y un lenguaje en sí donde coexisten multiples escrituras: la del espacio del gesto, de la voz, del texto, del sonido, del objeto. Coexistió igualmente en considerar estas dramaturgias como pluridimensionales y ligadas a distintos referentes de la tradición teatral para, finalmente, armar este puzzle y conformar el espectáculo final.

La primera instancia ha sido el intimar la escritura con el espacio escénico, lo que he catalogado como dramaturgia del espacio. En tanto que el espacio es el formato de la teatralidad, es a su vez la página en blanco de la escritura. La estructuración de un espacio refleja una manera de ver una estética generando percepciones y lecturas.

2. *CINEMA UTOPPIA* DRAMATURGIA DEL ESPACIO, CINEMATIFICACIÓN DE LA ESCENA: EL DESDOBLAMIENTO DE LOS SIGNOS

Esta obra ilustra tal vez extremadamente los principios de dramaturgia del espacio ya que la fábula está tan íntimamente entrelazada con una concepción espacial, que no puede significar nada sin éste. La acción se desarrolla en una sala de cine donde peculiares personajes vienen a presenciar una película que se entrega por capítulos. La cinta llamada utoppia se desarrolla dentro de una pantalla donde se teatraliza la narrativa cinematográfica.

Con respecto a lo temporal, la acción en la platea se sitúa en los años cincuenta y aquélla de la película sucede en los ochenta. Esta relación espacio-temporal refleja en sí una metáfora de la situación existencial bajo la dictadura, de ser espectadores de una realidad que no lográbamos comprender.

Los personajes de la platea son imágenes de un deterioro y de un abandono. En ese sentido no son personajes psicológicos, sino que representan estados mentales referidos a una angustia social. Por ejemplo: "el acomodador de esta sala próxima a cerrar nació en ella y nunca ha salido de ésta... Un hombre viene con su mascota, un conejo, con el cual dialoga... Una señora espera volver a encontrar al hombre que la besó hace ya veinte años en este lugar acompañada de su sobrina mongólica".

En este sentido el actor interpreta una atmósfera, un estado emocional que lo envuelve: en este caso un ambiente pesado de nostalgia y desesperanza. Su estilo es referente de una teatralidad melodrámatica y de un ambiente de radio-teatro donde los sonidos de las butacas, el timbre de la sala, etc., configuraban un espacio de otra época.

Los textos o diálogos son ya subtextos y en contraposición al drama en el sentido de que su cotidianeidad contradice la situación en que están inmersos y adquieren, en ocasiones, un carácter humorístico. El desarrollo de la la acción no es directamente llevado por los diálogos, sino que éste es consecuencia de la situación en que está envuelto por estos, es decir, por el accionar de la situación en que están inmersos, en este caso, por su reaccionar frente a la película a la cual asisten.

De ahí que sin la espectacularidad generada por todos los códigos es imposible realizar su presentación, lo que sería posible cuando el texto escrito es el que sustenta por sí la obra.

La obra presentada en la pantalla, a partir de una convención cinematográfica, se refiere a jóvenes exiliados en un ambiente marginal europeo donde el protagonista presiente la desgracia de su amiga, una detenida desaparecida. Para lograr esta convención, la estructura de la composición espacial y ritmos se refirió a una película en el estilo de la nueva ola. "Godarad-Resnais-Duras". El texto se orientó en sentido de guión cinematográfico y las escenas se armaron como secuencia de tomas o encuadres.

El espacio interior representaba una habitación cuya ventana daba a una calle en cuyo muro había un afiche publicitario y un teléfono público, permitiendo situaciones paralelas y generando, por medio de la perspectiva, una falsa profundidad de campo. Las actuaciones requerían la naturalidad de lo cinematográfico. Tres espacios teatrales, platea, sala, pantalla, representando una habitación y tras ésta la calle, permitía, en instantes, situaciones temporales y atmosféricas diferentes y paralelas entre lo que sucedía en la platea, en la habitación y en la calle, transformándose así, en ocasiones, el lugar real en espacio onírico.

3. SOBRE LA DRAMATURGIA DEL ESPACIO

La unión orgánica entre el texto escrito y el espectacular es lo que he denominado dramaturgia del espacio.

Reconociendo que en caso extremo la escritura drámatica puede sustentarse por sí misma, lo que corresponde a una literatura representada, puede también el texto espectacular prescindir de la escritura, lo que se denomina un teatro de imágenes.

La dramaturgia del espacio propone una simbiosis semántica de ambos textos. Esto implica una poética del espacio en relación con el texto escrito: el espacio espectacular aparece como personaje sustentador de la tridimensionalidad de los códigos escénicos que generan el acto teatral. El espacio, considerado como ente primero, abstracto, es el formato base que permite el desarrollo de un lenguaje escénico desligado de dogmas o formas preestablecidas de interpretación.

El espacio se lee, se piensa, se reconstituye y se representa. Es a su vez punto de encuentro con las otras artes visuales: plástica, danza, arquitectura y cinematografía.

Necesariamente la estructuración de multiples "textos-códigos" dentro del espacio, conlleva a la creación de imágenes sean estas abstractas, simbólicas, ideólogicas o referenciales, generando un lenguaje de imágenes subtextual, pluridimensional y de autor.

Al entramarse con la escritura dramática, que también es imagen, se potencializa y se desdobla en un infinito de lecturas. En este contexto no podemos hablar del agotamiento del dramaturgo ni del texto escrito sino más bien de un resurgimiento de éste a partir de una visualización escénica centrada en una dramaturgia del espacio.

Se genera un paso de la fotocopia generalizada a la autoría y autonomía creativa. Instante predilecto para una reformulación de la creación escénica latinoamericana. Se posibilitan tal vez otras perspectivas en nuestras maneras de ver, pensar y transgredir.

4. DISRUPCIÓN Y ESQUIZOFRENIA ESCÉNICA

El fin del milenio nos inserta en un período de mutación donde cambian las perspectivas en la percepción de nuestro entorno, se desintegran paradigmas consagrados y se trastocan esquemas de pensamiento social. Se arguye que entramos en una nueva Edad Media donde la unidimensionalidad vuelve a reinar, o bien que estamos en un Renacimiento que recodifica todos los referentes culturales anteriores para reelaborarlos, descubriendo en todas las manifestaciones fragmentos de nuestras expresiones imaginarias. Indiscutiblemente se señala un cambio en el espíritu de la época. Y la escena, reflejo, abstracción, o el gran inconsciente del entorno, acusa el recibo de las oleadas de la historia.

En todos los códigos del lenguaje teatral y en los sentidos de los creadores se manifiestan los ecos del fin de siglo.

Dentro de la pluridimensionalidad de la teatralidad, uno de los efectos que se percibe es el quiebre de la verdad escénica, de las formas de representar heredadas, como dogmas.

La verdad escénica es la esencia de un modelo que nos entrega una metodología para la representación, es la fe en la cual se apoyan sus discípulos y seguidores. Así, una de las descripciones mas críticas que puede producirse en la existencia de una forma de representar es la desintegración de su verdad escénica que va íntimamente relacionada con el quiebre de postulados ideológicos o artísticos en los cuales se sustenta.

La pérdida de la verdad en los modelos de representar la realidad afecta a la integridad del lenguaje teatral, a la estructura narrativa del texto, a la estética, a su manera de ordenar los signos y, lo más fundamental, a la forma en que un actor debe interpretar la emoción y los jeroglíficos gestuales que éste conlleva. Desde otro ángulo, la experiencia de la desintegración de las verdades ideológicas no demuestra que el quiebre de una verdad implica el fin de un poder, de un pensamiento y de formas de hacer, en este caso, el artístico.

La acción teatral de la Modernidad se centró en la reproducción de modelos, y en el caso chileno mayoritariamente centrados en el de Stanislavski, Brecht y del llamado "Teatro Pobre o Popular". Los modelos se agotan al estar encerrados en dogmas artísticos predefinidos y se distancian del espíritu de época que los envuelve. Hay que señalar que el método stanislavskiano fue una reacción a la pérdida de la verdad escénica, a la acción teatral precedente (el teatro de divos), y el método brechtiano surge como una alternativa frente a la verdad escénica del teatro denominado burgués.

La perdida de credibilidad en las fotocopias de los modelos precedentes se manifiesta en un lectura irónica de su estética, donde los artificios del modelo quedan develados como lugares comunes y no digeridos en su verdad por el espectador al transformarse en arquetipos que desmitifican lo representado.

Un actor en malla negra moviendo sus brazos para imitar un árbol, si alguna vez fue signo innovador el cambio de percepción lo transforma en una interpretación ingenua, así como la voz ronca del galán o el efecto sonoro y grave de la distanciación brechtiana. Es el mismo proceso que sentimos al ver nuestras antiguas fotografías y sonreir por encontrarnos tan inverosímilmente vestidos.

Pero la verdad escénica hoy ¿bajo qué modelo se encuentra? ¿Dónde está la nueva metodología para aprehenderla y reproducirla? ¿Dónde están los textos que enseñen a actuar y a escribir de acuerdo a la nueva verdad? Es como la búsqueda de la nueva utopía social, es inexistente, en tanto arquetipo o modelo. La verdad escénica se ha vuelto esquizofrénica al no resoponder ya a un ente unitario, ni a modelos orgánicamente estructurados.

Instante predilecto ya que al derrumbarse las grandes verdades desaparecen los límites que estas mismas crearon.

Así se deja abierto el camino a una teatralidad centrada en la creación artística, y en la verdad que existe sólo para y en el interior del autor y creador teatral quien vuelve sus sensibilidades hacia su propia autoría teniendo como referente toda la tradición cultural en la cual está inserto, sin tener que legitimar su creación o adecuarse a un modelo imperante, presión artística que ejercía la estructura colectiva de la Modernidad.

Esto no niega la validez de los métodos anteriores, solamente que en el nuevo contexto se desdogmatizan permitiendo su reelaboración como parte de una tradición general y ya no como fundamento de una verdad escénica, entrando ahora en el mosaico de la esquizofrenia.

La reelaboración del lenguaje escénico a partir del quiebre de las grandes verdades llevo a la preponderancia del director, en tanto generador de estéticas y estilos y por su relación directa con lo espectacular, a desestructurar y reelaborar los textos dramáticos. De ahí se pensó que la profecía -aquélla que reza: al dos mil llegarás pero del dos mil no pasarás-, estaba especialmente dirigida al rol del dramaturgo al entrar la dramaturgia escrita en una crisis frente a su verdad escénica, crisis temática; al desaparecer las pasiones ideológicas, psicológicas y crisis de estructura frente al quiebre de los modelos orgánicos.

El actual contexto permitirá que el dramaturgo se libere de las exigencias derivadas de los modelos anteriores, del compromiso social impuesto y preestablecido en su forma y de la obligación del decir trascendente. Hoy lo trascendente navega en el mundo invisible de los sentidos, el gran inconsciente colectivo se ha sumergido donde el tema trascendente que mueve las pasiones colectivas se ha vuelto a su vez esquizofrénico.

Necesariamente el dramaturgo, inserto en las mutaciones de este fin de siglo, generará textos y se relacionará directamente con ese espacio escénico que carga solitariamente dentro de las paredes de su cráneo.

La teatralidad así ha quedado remitida a su formato único y abstracto que es el espacio. El espacio como ente primero, donde los jeroglíficos gestuales del actor, su kinésica, la manifestación de su emoción, se desarrollan sin estar ligados a dogmas o formas de interpretación. El espacio se lee, se piensa, se reconstruye, se representa, es lugar de encuentro de todas las artes, plástica, danza, arquitectura, fotografía etc. Necesariamente la estructuración de códigos dentro del espacio conlleva a la formulación de imágenes, abstractas, ideológicas, simbólicas, generando un lenguaje subtextual, pluridimensional y autoral. Potencializado con la palabra del texto escrito que a su vez es imagen, esta simbiosis semántica entre la poética del espacio y la del texto drámatico predice el resurgimiento del dramaturgo.

Para finalizar esta serie de reflexiones podemos decir que los cambios de perspectiva de este fin de milenio generan un resurgimiento de la teatralidad, en este caso la chilena, que ya no centrará su expresión en el factor de recrear o fotocopiar los modelos A o X, sino en generar una autoría a partir de su confrontación imaginaria con el espacio escénico. El paso de la fotocopia a la autoría es un instante predilecto para la reformulación del teatro latinoamericano, posibilitando realizar profundas transformaciones en nuestra manera de ver, pensar y transgredir.

ALFONSO DE TORO

Centro de Investigación Iberoamericana

Instituto de Romanística

Universidad de Leipzig

LA POÉTICA Y PRÁCTICA DEL TEATRO DE GRIFFERO:

LENGUAJE DE IMÁGENES

Hay que cambiar los códigos y las imágenes de la forma teatral para no hablar como ellos hablan, para no ver como ellos ven, para no mostrar como ellos muestran. Volver al abecedario, decodificar primero las vocales del lenguaje escénico [...]
[...]
[...] nuestro verbo es la imagen. La literatura del teatro no es más que palabras, frases mil veces repetidas [...] tal vez nunca ha habido teatro, tan sólo literatura representada[1].
[...]
No las desecho [las palabras]. Encuentro que la imagen es la palabra en sí, es verbo. La imagen tiene contenido ideológico, sensorial, y al unirse una con otra van hilvanando una historia[2].
[...]
Era una mezcla de lo que yo había empezado a hacer en Europa, algo post-moderno, sin saber lo que era. Había una necesidad de generar códigos y percepciones nuevas en los espectadores, de que la forma sea una forma de ruptura en este choque frontal contra Pinochet[3].

0. ASPECTOS PRELIMINARES

Hoy en día ha quedado claro que el paradigma aristotélico, tan atacado desde *El Arte Nuevo de Hacer Comedias* de Lope de Vega, y con la práctica teatral de la 'comedia' española del XVII y del teatro isabelino, luego nuevamente refutado por Victor Hugo en su *Préface de Cromwell* hasta llegar a Jarry, Artaud y Brecht, ha sido, al

---

1   Ramón Griffero en: *Teatro/Apuntes* 96 (1988: 44-45).

2   Rodrigo Fernández (1988: 54).

3   María de la Luz Hurtado: *Más allá de la estética* (1989: 85).

parecer, reemplazado como paradigma por la espectacularidad postmoderna, esto es, por el uso de una gran cantidad de códigos que se entienden como materia visual-sonora-gestual-kinésica y sin una intención de "imitar un hecho o acción exterior", es decir, el teatro no está ya más al servicio exclusivo de exponer un mensaje determinado, de "producir realidad" por la vía de la imitación, sino que produce su propia realidad teatral produciendo un juego espectacular[4]. El 'juego' -como lo ha planteado Daniel Charles[5]- es hoy en día una categoría fundamental ya que se encuentra como un principio estructurador.

Actualmente domina la espectacularidad que es en parte narcisística (no tiene ni siente rivales ni deseos destructivos). La teatralidad actual, como paradigma, no es ni catártica, ni ilusionista (en el sentido aristotélico, neoaristotélico y anti-aristotélico), ni anti-realista, sino que resulta de otros principios: de tres bases que condicionan el pensamiento, el sentir y la producción postmoderna como fenómeno universal: de la *'Memoria'* ('Erinnerung'), de la *'Elaboración'* (*'Verarbeitung'*) y de la *'Perlaboración'* ('Verwindung'). La *'Memoria'* nos lleva a la conciencia las diversas tradiciones culturales, occidentales u otras, estrictamente teatrales o no, las cuales se prestan como elementos renovadores, como materiales a disposición; la *'Elaboración'* es el momento de la selección y ordenación de estos materiales; y finalmente la *'Perlaboración'* es la inclusión de estos materiales, no por oposición, ni por superación/rechazo, sino por medio de la 'reunificación' o 'reintegración paralógica', acentuando la 'diferencia', el/lo 'otro', es decir, es el resultado de una operación transcultural.

Estas concepción de teatro que hemos venido denominando, definiendo y descri-biendo como 'postmoderna'[6] coincide con aquellas tendencias representadas en el ám-bito internacional por Robert Wilson, Tabori, Gerald Thomas, Antunes Filho, Luis de Tavira, Alberto Kurapel y por Ramón Griffero, entre otros[7]. Wilson, Thomas, Fil-ho, de Tavira y Griffero se encuentran en el mismo paradigma cuando por ejemplo de Tavira expresa su concepción de teatro dentro de esa tradición del arte total (*Ge-samtkunstwerk*) no wagneriana:

---

4   Vid. A. de Toro (1993: 53-110).

5   Daniel Charles (1989).

6   Vid. Alfonso de Toro (1990: 23-51); (1991: 70-92); (1991a: 1-3).

7   Vid. A. de Toro (1993: 53-110) nota 4 y Silvia Simone Anspach (1992: 103-114). Véase tam-bién Sebastiaõ Milaré (1992: 89-102), y las obras de Wilson/Dorst: *Parsival auf der anderen Seite des Sees, Orlando*; de Thomas con la *Dry Opera Company, Matto Grosso, Un Processo, Carmen con Filtro 2, Matto grosso*; de Fihlo con el grupo Macunaima, *Nova velha storia, Paradiso Zona Norte (A Falecida/Os sete Gatinhos)*; Kurapel, *3 Performances Teatrales*; De Tavira, *La pasión de Pentesilea*; De Tavira/V. Leñero: *La Noche de Hernán Cortés*; Griffero *Historias de un galpón abandobado, Cinema-Utoppia, 99 La Morgue, Azar de Fiestas*, etc.

"no como literatura dramática, sino el teatro concebido como la fiesta de las artes, como el encuentro polisémico musical, la dimensión poética del teatro, junto a la dimensión plástica, coreográfica, y todo esto en una realización esencialmente teatral por el aquí y ahora de la fiesta teatral, del hecho teatral, que no tiene ningún otro lenguaje [...] los lenguajes artísticos, incluidos el cine, la televisión y la radio, en la medida en que puedan acceder a la condición de arte, son susceptibles de ser teatralizados. [...] Mi teatro es muy espectacular, muy en esta búsqueda de totalidad de lenguajes, pero afincado totalmente en la creación ficticia del actor"[8].

En esta línea se encuentra también Alberto Kurapel -hasta la fecha prácticamente ignorado por la crítica chilena, incluso por aquella que se ocupa del teatro chileno en el exilio[9]- cuando describe su teatro-performance como la vinculación a la problemática del Post-Modernismo, a la tecnología, al rito, entendiendo el espectáculo como un proceso donde el azar, el collage, la música, el cine, el vídeo, la canción, etc. tienen un papel fundamental[10].

Esta concepción de teatralidad, que obedece a la estética imperante como búsqueda de una nueva fórmula de hacer teatro, se encuentra en forma diametralmente opuesta a aquello con lo cual se ha caracterizado casi siempre al teatro latinoamericano, esto es, frente a esa estructura realista, naturalista y de mensaje socio-político[11].

Lo 'nuevo' se basa en su estado de productor de signos espectaculares, de visualizar gestos, en su radical concepción de teatro como gestualidad, en la ruptura con un tipo de teatro aún imperante pero a nivel internacional, a nivel de paradigma altamente fosilizado, para así inaugurar una permanente revolución y subversión del lenguaje, de la escenografía, del papel del actor, en fin, del concepto de teatro. La condición postmoderna de este tipo de teatro no solamente se refleja en la utilización de múltiples códigos, de la ritualidad, de la gestualidad radical, sino especialmente en la intertextualidad e interculturalidad, esto es, en la fusión de diversos materiales y lenguajes sin preguntar por su identidad, su origen y sin emplear discursos hegemónicos (una obsesión de una parte de la crítica latinoamericana), sino solamente preguntando por su capacidad expresiva, inscribiéndoles luego su propia particularidad dentro de la conciencia colectiva. La postmodernidad tiene esa cualidad perlaboradora de permitir a la vez la inclusión de lo propio en un lenguaje universal. No se trata, como equivocadamente

---

8   Luis de Tavira (1991: 124; 125).

9   Eduardo Guerrero (1986: 58-60) y María de la Luz Hurtado (1986: 2-8).

10   Alberto Kurapel (1987: XVII-XIX).

11   Eduardo Guerrero (1986: 58-60) y Nain Nómez (1986: 8-10).

lo quiere hacer ver la polémica, de un "cosmopolitismo sin identidad", "como puro simulacro", sino de una concepción paralógica y perlaborante de la cultura sin doctrinas meta-autoritarias[12].

Partiendo de estas pocas observaciones sobre el paradigma teatral actual podemos anticipar que tanto la poética como la práctica teatral de Ramón Griffero encuentran aquí su lugar. En lo que sigue, nuestro propósito es doble: por una parte queremos describir, en forma sistemática y crítica, la concepción teatral de Griffero, dispersas en diversas entrevistas, y por otra, estudiar la relación con sus textos dramáticos y espectaculares, particularmente con las puestas en escena de obras que hemos visto en vídeo[13]. En especial nos basaremos en la trilogía *El galpón abandonado, Cinema Utoppia y 99 La Morgue*, que con Griffero y Guerrero consideramos una trilogía[14]. De paso queremos también demostrar que este teatro, altamente consciente de su mediatización como arte, de ningún modo desatiende el intertexto socio-político, expresado en un lenguaje que obedece a su naturaleza como arte escénico.

1. LA POÉTICA DE RAMÓN GRIFFERO

En diversas entrevistas, Griffero critica el teatro chileno (lo que vale también para un determinado tipo de teatro latinoamericano) y puntualiza la gran necesidad de nuevas formas que sean producto de reflexiones artísticas. La visualización de la palabra, el reemplazo del gesto lingüístico por el de la imagen, de cuya estructura y tipo de organización se desprenderá el mensaje ideológico y la actividad del recipiente implícito, quien estará llamado a intrepretar el mensaje plurivalente. Cada uno de los elementos que conforman el arte teatral deben estar expuestos a cambios, desde la dramaturgia

---

12   Así se expresa María de la Luz Hurtado en su trabajo: "Crisis y renovación en el teatro de fin de siglo" (1990: 105-112).

13   El trabajo de Eduardo Guerrero: "Espacios y poética..." (1992: 127-135), ha sido un valioso primer intento panorámico al respecto. Vid. también el logrado trabajo de Pedro Bravo-Elizondo (1986: 95-101) y otros títulos de Rodrigo Fernández: "Arte y Cultura" (1988: 54); María de la Luz Hurtado: "Más allá de la estética..." (1989: 83-88); "Ramón Griffero »rompe con el teatro«" (1986: 10); María Teresa Salinas (1986: 27-30). Fuera de las obras aquí mencionadas debemos destacar que Griffero tiene ya una vasta obra tanto de textos espectaculares propios como direcciones de obras encargadas y adaptaciones: *Opera pour un naufrage* (Lovaina, 1981), *Altazor-Equinoxe* (Bruselas, 1982), *Recuerdos del hombre con su tortuga* (Santiago, 1983), *Santiago-Bauhaus* (Santiago, 1987), *El deseo de toda ciudadana* (Santiago, 1987), *El Avaro de Molière* (Santiago, 1987), *Cuento de invierno de Shakespeare* (Santiago, 1991), *Azar de la Fiesta/Vicente Huidobro* (Santiago, 1991), *Corazones-3* (La Paz, 1992).

14   Esta trilogía se ha publicado recientemente bajo el título: *Teatro fin de siglo - El troley. 3 Obras de Ramón Griffero* (vid. bibliografía). De esta edición provienen todas las citas textuales. Queremos en este lugar demostrar en qué forma estas obras constituyen una trilogía, ya que Guerrero emplea un criterio meramente cronológico.

hasta la puesta en escena, incorporando áreas artísticas como el cine, la danza, la arquitectura y la pintura. Griffero agrega una crítica enérgica a la posición del teatro chileno, que, según él, "está [o estaba] estancado en el costumbrismo, camisa de fuerza que le impide desarrollarse y experimentar en forma creativa y libre [...]"[15]. Fundamental es para él la finalidad de la renovación en relación con el receptor, especialmente con el espectador joven[16].

Antes que nada debemos distinguir diversos niveles donde se sitúan los términos poéticos: el nivel paradigmático (posición de los términos según una jerarquía de relevancia) y el nivel sintagmático (aquí, realización pragmática de la representación, de formas de discursos, en relación al destinador y al receptor), su realización sintáctica tales como formas de conectar los discursos y los diversos gestos de la representación: acción, elementos visuales, danza, vídeo, etc. y realización semántica, esto es, la dimensión del mensaje u otros elementos de significación.

---

15 Josefina Velasco (1988: 23ss.); también en el mismo sentido, *Suplemento de las Últimas Noticias* 10 (17/I/86), donde habla del costumbrismo como el pecado del teatro chileno, y *La Escena Latinoamericana* 2 (1989) 86-87. "Yo siempre he pensado que el problema en Chile es de gente que realice la dramaturgia [...]. Los directores han estancado aún más la posibilidad de apertura. El director lee las propuestas dramatúrgicas con códigos de los años 60".

16 "Arte y espectáculos", en: *Hoy* 446 (3-9/2/86) 49: "Creo que la gente joven, en Chile, en estos doce años, no ha tenido ni información, ni formación, y las imágenes que tienen del pasado son como de algo viejo, que no es de ellos. Tampoco les interesan las imágenes del gobierno. Tienen una necesidad de crear imágenes alternativas autónomas porque las que hay no los identifican".

ESPACIO - TIEMPO TEATRAL

SIMULTANEIDAD DEL SIGNIFICANTE VS. LINEARIDAD DEL SIGNIFADO COMO
PRINCIPIO ESTRUCTURADOR (DISLOCACIÓN) ESCENAS PARALELAS
(MONTAJE COMO PUZZLE / ROMPECABEZAS) COMPOSICIÓN /
COMUNICACIÓN DE IMÁGENES / METÁFORAS

COLLAGE

PERFORMANCE

ÓPERA - MUSIC-HALL - CABARET - CINE - DANZA - MOVIMIENTO -DIAPOSITIVAS
CINE - ILUMINACIÓN - COREOGRAFÍA - VESTUARIO
REPITICIÓN DE TEMAS VS. VARIACIÓN DE LAS FORMAS
(HIPOCRESÍA DE LA SOCIEDAD ESTABLECIDA / DISCURSO CONTRA EL
PODER / VIOLENCIA VS. TERNURA / PODER - ABUSO - REPRESIÓN)
VS.
TEXTO (=ESBOZO) COMO FORMA DE COMUNICACIÓN
GROTESCO / MÁSCARA
(SUBVERSIVO POLÍTICO)
PLURALIDAD / DEBATE / DESARMONIZACIÓN
RECEPCIÓN (OBRA COMO PROCESO / DIMENSIÓN SENSORIAL)
UNIÓN ACTOR / PÚBLICO (COMO CÓMPLICE)
HIPERREALISMO
UNIVERSALIDAD

EJE PARADIGMÁTICO

EJE SINTAGMÁTICO

Del esquema expuesto se desprende que la categoría 'espacio-temporal-teatral' es fundamental dentro del eje paradigmático de la poética de Griffero que tiene una referencia interna, esto es, la forma de organización del espectáculo (vid. más abajo) y una referencia externa que se relaciona a hechos o sucesos históricos. Al tiempo/espacio se le subordinan o se derivan de él todos los otros términos. El espectáculo concebido como tiempo y espacio de naturaleza 'teatro' implica y exige crear un texto espectacular que tenga otro *hic et nunc* (simultáneo) al de la diégesis con referencia externa (lineal). Allí se dislocan unidades espacio-temporales con una función decontruccionista, paródica u otras (vid. más abajo). La base de semejante concepción es sensorial-cognitiva, de allí que se entienda el espectáculo como puesta en escena, en imágenes con un estatuto metafórico que permite transformar el texto dramático en un *signo teatral* que es solamente producto de la puesta en escena, de la "dramaturgia". A través de la metáfora, se le lleva a un segundo grado de significación, esto es, a un nivel "secundario modalizante"[17] que supera el localismo y univerzaliza el mensaje. El texto es aquí un "esbozo" que adquiere su valor comunicativo a través de la constitución de imágenes. El principio es aleatorio, llamémoslo de collage, ya que no siempre cambia el tema, que es recurrente, sino su forma de expresarlo. Tenemos una tendencia, una *ars combinatoria*, por lo menos en las obras que Guerrero ha llamado una trilogía, a saber: *Historias de un galpón abandonado, Cinema Utoppia* y *99 La Morgue*[18].

La imagen espectacular está constituida por la articulación mencionada espacio/tiempo, pero concretizada por significantes como ópera, music hall, cabaret, danza, cine (técnica, elementos y/o proyecciones[19]), proyecciones de diapositivas, iluminación, coreografía (movimiento, vestuario), etc. El empleo de estos recursos, tomados según su función estético-espectacular, y por esto de diversa procedencia, forman una imagen que separa el teatro de Griffero de su localidad chilena haciéndolo patrimonio general. Quizás esto reside en lo que es fundamentalmente 'nuevo' en el teatro latinoamericano actual.

Griffero se vale, en la estructuración del mensaje, de lo que él llama lo 'grotesco', que podríamos llamar también 'máscara grotesca', que opera como medio "subversivo", como medio "político" para manifestar el mensaje, lo cual no solamente se ve a un nivel metafórico, sino también en que los personajes de Griffero, a través de su comportamiento, movimientos, lenguaje y maquillaje, generalmente ponen al descubierto su papel de actores, negando su calidad de meros vehículos miméticos, y acentuando su estado de unidades teatrales (esto constituiría, en parte, una excepción en la acción en el nivel cinematográfico en *Cinema Utoppia*) que 'desterritorializan' una peripecia local y la 'reterritorializan' en un espectáculo de imágenes[20]. Este procedimiento nos lleva a un nivel metaespectacular que obliga al espectador a reflexionar sobre la sustancia de lo expuesto y su forma de expresión, y no solamente a identificarse con una acción determinada. Lo 'grotesco' es por esto un recurso de distanciamiento que busca que el espectador "vea de una forma diferente" a la que está habituado. Lo 'grotesco' es, además, un medio para descubrir la hipocresía, lo recalcitrante de una sociedad; con esto, su cultura, el poder, el discurso imperante tanto político como cultural. Lo grotesco sería así un arma para "romper" con el hábito teatral canonizado, lo cual le permite al productor del espectáculo (del texto dramático y del espectacular), apoya-

17   Vid. Juri Lotman (1973).

18   Eduardo Guerrero (1992: 127-135).

19   Así en *99 La Morgue, Historias de un galpón abandonado, Saló*, de Pasolino, *Le charme discret de la bourgeoisie*, de Buñuel, la forma del *entremés*, alusiones a *Cien años de soledad* de G. García Márquez y a *Fuenteovejuna* de Lope de Vega, etc.

20   Con respecto a estos términos, vid. G. Deleuze/F.Guattari (1978).

do en diversos recursos, establecer una cultura del debate, de la paralogía y de la diferencia[21], donde diversas perspectivas se encuentran paralela y simultáneamente presentes, sin imponer el predominio de una sobre otras. La igualdad de los medios de expresión convergen en la tolerancia diversificada del mensaje.

Estas breves descripciones permiten demostrar claramente que el teatro postmoderno de Griffero está muy lejos de obedecer a un cosmopolitismo sin identidad y de ser una expresión decandente y desencantada de la cultura actual. Muy por el contrario, se trata más bien de la construcción de una hiperrealidad donde el espectador es su cómplice, como lo han demostrado los éxitos de su teatro en Santiago, a pesar de la marginalización (buscada y deseada por el autor y sus actores) y que a pesar de la aparente "extrañeza" de sus espectáculos, alcanzan un mensaje diversificado.

1.1 El nivel pragmático

En el nivel del eje pragmático tenemos un discurso de imágenes que es el producto de una elaboración gestual-lingüístico-kinésica que quiere captar al recipiente por medio de un acto sensorial, quiere trascender del mero mensaje ideológico u otro prefijado *a priori* hacia un gesto universal, esto es, hacia una imagen que sea capaz de ser recibida en diversos medios culturales, al menos en los occidentales. Por ejemplo, en *Historias de un galpón abandonado, 99 la Morgue* o en *Cinema Utoppia*, el espectador va decodificando el mensaje a través del transcurso del sintagma teatral, de la imagen teatral. De esta forma, la espectacularidad de Griffero, permite compenetrarse en una realidad al comienzo extraña a él. En este sentido, el texto dramático está subordinado al texto espectacular, el discurso a la imagen. La imagen espectacular hace prescindible el texto dramático, en particular en *99 La Morgue*, en *Cinema Utoppia* o en las puestas en escena postmodernas de *El Avaro* o de *El servidor de dos patrones*. Incluso podemos afirmar que la palabra llega a ser, en algunos momentos, redundante y con esto innecesaria, trabajando en contra del texto espectacular. A la linearidad de la diégesis se oponen la iluminación y la estructuración del espacio y del tiempo organizados simultáneamente, produciendo una constante tensión. Los diversos códigos o gestos lingüísticos, técnicos, actorales, etc., llevan a una estructura caleidoscópica del texto espectacular, que en Griffero es siempre virtual en el sentido de un espectáculo "en devenir", donde cada representación, cada espacio genera en la producción como en la recepción un espectáculo único, irrepetible. De allí que en este tipo de teatro el espacio sea un elemento inseparable. Este es materia semántica de la obra, como lo es en la obra de Kurapel, la fábrica abandonada, como lo es en el teatro-danza de Kresnik (*Ulrike Mainhof*), como lo son las *Historias de un galpón abandonado* en la sala Troley (el galpón), en *Ugght... Fassbinder* los urinarios, en *Azar de Fiestas* el salón central del Museo de Historia Natural. En este sentido encontramos una fuerte

---

21   Vid. François Lyotard (1983).

dialéctica: por una parte, los espacios son generales, por otra parte, presentan una restricción y quizás limitación en la tendencia universalizante de Griffero, ya que el espacio como semántica del teatro espectacular condiciona la representación.

El diálogo o monólogo de los personajes es, como su maquillaje y movimiento, exagerado y estridente dando la impresión de zombies, de figuras que viven de un subconsciente oculto. Sus personajes son expresiones de obsesiones, de angustias, de terror, de comicidad, lo cual se expresa tanto en el nivel del gesto lingüístico como en el del gesto kinésico y escénico, dándole al espectáculo una fuerte carga de surrealismo, así en *Historias de un galpón abandonado* y en *99 La Morgue*. Como consecuencia de esta concepción, Griffero crea un lenguaje con una fuerte tendencia a la despragmatización.

Un último punto: Griffero quiere incluir, con su forma de espectáculo, al espectador lo más activamente posible en la dinámica de su obra y sostiene que "es el público que le da a cada espectáculo su atmósfera particular". Si bien es cierto que diversos públicos reaccionan de forma distinta frente a un mismo espectáculo, debe quedar claro que es siempre la obra la que posee diversos elementos que se vuelcan en diversas concretizaciones receptivas y nunca al revés. El afirmar que el público hace la obra al imponerle un sentido, es confundir la causa con el efecto. Lo que sí queda claro es que la forma del espectáculo de Griffero impide (o debería impedirle al público) caer en una letargía. La simultaneidad de los diversos gestos tienden a neutralizar semejantes tendencias (vid. más abajo).

1.2 El nivel semántico

En el nivel semántico tenemos problemas locales; en el nivel de la superficie, en su punto más general, conflictos universales. El problema de la represión, del poder, del exilio, de la violencia, de la soledad, de la enajenación presentan conflictos actuales de nuestro mundo (por lo menos en el mundo occidental contrariamente al anacronismo que se vive en los países del Este de Europa y en otras regiones de Medio Oriente o Asia como productos de una historia inconclusa), pero ya no siempre motivados por una meta-ideología, sino por la mera calidad de la crueldad en si misma.

Griffero, como también Marco Antonio de la Parra, Eduardo Pavlovsky, Antunes Filho y Alberto Kurapel y ahora último Ariel Dorfman[22], ha focalizado la tortura, la opresión, el exilio, la hiprocresía de sistemas corruptos, desde diversas perspectivas que son, por lo general, atípicas en el teatro latinoamericano tradicional para el trato

---

22 *La secreta obscenidad de cada día, Potestad, Prometeo encadenado según Alberto Kurapel* (nota 6). Vid. Alfonso de Toro (1991: 70-92); (1991: 1-3) y Sebastião Milaré (1992: 89-102).

de semejantes conflictos: estos dramaturgos se han liberado de las muy conocidas oposiciones binarias simplistas intentando lograr un enfoque diferenciado y desgarrado de lo expuesto en una forma altamente artística, esto es, mediatizada[23].

Griffero crea un 'para-lenguaje', de lo no dicho o no enteramente dicho, que desterritorializa su referente histórico, esto es, el teatro comprometido y de acusación política, recodificándolo en forma postmoderna, alusiva, intertextual, ambigua, fragmentaria y universal. Este lenguaje, también apoyado por la comicidad grotesca, se descubre como un medio de cautivar a un público, de seducirlo a través de un collage de diversos códigos: el (pseudo-) costumbrista, el (pseudo-) popular, el (pseudo-) patético, el (pseudo-) operático, etc., que contrasta con los problemas profundamente existenciales tratados en la obra. Griffero crea, particularmente en *Mitología*, cadenas de 'posiciones sémicas vacías' o 'cero' en cuanto existe una serie de discursos pragmáticamente indeterminados.

1.3 El nivel sintáctico y la escena

Griffero concibe el texto espectacular como diversas imágenes que se concretizan en diferentes planos espacio-temporales. A saber, tenemos una reproducción del estado teatral, es decir, varios "teatros en el teatro", varias "escenas en la escena", "actores en actores", "historias en la historia". Se trata de una imitación del artefacto teatral *ad libitum*, pero no como mero esteticismo, sino con diversas funciones semánticas. En *Historias de un galpón abandonado*, está el espacio del galpón que es espacio doble, por una parte es el lugar donde el público ve este espectáculo y por otra es el espacio donde se desenvuelve el texto espectacular. Allí mismo se produce el "Carnaval" realizado por los actores que se transforman en actores de segundo grado, en figuras del Carnaval; luego está la cena del "Consejo" que es observada por los actores del galpón (actores de primer grado) que se tansforman en espectadores de segundo grado. En *Cinema Utoppia* se radicaliza este procedimiento: el espacio espectacular se divide en dos planos claramente delineados, uno es el cine donde los actores hacen a la vez de espectadores, ése es su papel principal; el otro es la proyección cineasta en la parte del fondo del espacio espectacular y puesta en forma más elevada a la superficie de la sala del cine. Dentro de la proyección cineasta, que tiene lugar en una habitación se realiza teatro pero con técnicas fílmicas, se proyecta un tercer espacio que es la calle de la vivienda en París. En *99 La Morgue* hay varias escenas simultáneas, al menos cuatro: la escena central de la habitación de la morgue; la del fondo, donde el médico-profesor realiza las autopsias, que luego se transforma en otro estrado para una tragedia de corte de la comedia española del siglo XVII; a la derecha del estrado, algo más elevado se

---

23 En la novela ha sido practicada esta forma deconstruccionista por G. García Márquez en *El otoño del patriarca*, *El general en su laberinto* y en forma magistral por A. R. Bastos en *Yo, El Supremo*.

abre una puerta que contiene la habitación de la madre de uno de los enfermeros donde recibe a sus amantes y, vecino a este espacio, se encuentra la habitación de descanso donde el enfermero en sus momentos libres se dedica a la pintura. Con semejante sistema Griffero transforma el teatro en espectáculo total donde los diversos espacios se interpretan, se contradicen y se influencian mutuamente.

Los espacios están también divididos en forma topográfica-tipológica y al fin semánticamente. En *Cinema Utoppia* los espectadores se encuentran en el cine en un país, en una ciudad determinada: Santiago, que no es el lugar donde se lleva a cabo la acción fílmica: París. En varias obras, así en la recién mencionada y también en *Historias de un galpón abandonado* y en *99 La Morgue,* varios de los personajes se encuentran viviendo o reviviendo escenas en otros lugares y tiempos.

Algo similar vale para la estructuración del tiempo; aquí sólo dos ejemplos. En *Cinema Utoppia* se sitúa la visita al cine, y a juzgar por el vestuario, el tipo de sala de cine y las indicaciones dramatúrgicas, se trata de los años treinta, aunque el discurso de los personajes indique veladamente una referencia al presente (vid. más abajo). La proyección fílmica es parte del presente y mucho más explícita en su discurso que aquél en la sala de cine. En *99 La Morgue* se sitúa la escena de la madre del enfermero también en el pasado, así la acción teatral del XVII.

La descripción de las funciones específicas de esta concepción será parte de las siguientes páginas.

2. LA PRÁCTICA TEATRAL DE GRIFFERO

Como habíamos ya mencionado más arriba, queremos comparar la poética de Griffero con su puesta en escena para entrar en lo que realmente es la sustancia del teatro. En nuestro caso, esta comparación es un hecho ineludible, especialmente porque Griffero es autor y a la vez director de sus propias obras, y también porque los actores que han trabajado con Griffero en estas obras se definen dentro de la estética o poética expuesta.

Nuestra intención central radica en describir cómo se gesta un espectáculo determinado, aquí *Historias de un galpón abandonado, Cinema Utoppia* y *99 La Morgue*, en relación a esa poética.

Como primer punto de motivación cabe indicar que constatamos cierta discrepancia entre la poética y su realización escénica, y esto, en aspectos fundamentales. No pretendemos hacer una crítica valorizante, ni señalar si la obra está bien realizada o no -ya que nadie pondría sus juicios estéticos y gustos personales como sentencia-, sino que intentamos conectar nuestra experiencia como espectador y como teórico con el trasfondo de esa poética. Al fin, tratamos de cumplir con la consideración equilibrada entre esa dialéctica en la que se encuentra todo producto cultural: considerar sus aspectos de producción y de recepción, en el caso de Griffero bien definidos, ubicarlos al nivel de la diacronía y de la sincronía teatral, dilucidar por qué un tipo de obra como la de Griffero se impone como paradigma no solamente al nivel de la producción, sino en particular de la recepción.

2.1 *Historia de un galpón abandonado. Espectáculo escénico* o **entre gestualidad y deconstrucción**

2.1.1 Los personajes, la acción, el espacio y el tiempo escénico

El subtítulo de la obra de Griffero, que se estrena en abril de 1984 en la Sala Troley, se basa en los diversos intertextos y códigos empleados que se derivan de la ópera, del *music-hall*, del cabaret, del expresionismo, de lo grotesco y del simbolismo. La iluminación, la música, los gritos y los silencios tienen un lugar predominante, como así también el espacio espectacular, no solamente texto, sino también la imagen constituyen el resultado. El texto es un *work in progress*: una obra en devenir. De allí deriva Griffero que:

> [...] los personajes no son sicológicos en el sentido dogmático teatral, sino que personajes síntesis [...] haciendo una máxima utilización de sus posibilidades corporales, vocales, etc. Así como un manejo meditado consciente gráfico de los objetos a manipular[24].

El espacio escénico es una bodega de cemento de altos muros en forma rectangular, aunque el dramaturgo habría preferido un estacionamiento de automóviles para que el espectador se encontrase en el interior del mismo espacio escénico.

El espectáculo escénico está constituido por un "prólogo", por "el consejo que se reune", "el amanecer en el galpón", "la recepción", "el primer carnaval", "el cuadro épico", "los monólogos paralelos", "el consejo se enoja", "el triángulo de la fortaleza", "el baile" y finalmente el "epílogo". La acción tiene lugar, al parecer, en los años cuarenta, lo que se deduce de la vestimenta.

Todos los personajes, y con ésto las acciones, tienen algo de fantasmagórico, hablan en el recuerdo del pasado, como en delirio. Así Camilo y Carmen hablan de haber retornado después de una fatigosa y larga marcha con esperanzas de algo nuevo, de algo mejor, sin embargo, están desilusionados del galpón: al final constatan que la situación en que se encuentran, sin agua, comida, luz y calefacción, es mucho peor que la anterior. Pero queda en secreto de dónde vienen y qué esperaban. La presencia de Víctor y el guarén, provoca un conflicto entre ambos (ella creía que su esposo lo había dejado en el lugar de donde vienen) ya que el guarén está celoso de Carmen y ésta se siente amenazada por el animal. Para Camilo, el guarén es como un bebé al que le can-

---

24 Griffero (1992: 42). El análisis de esta obra ya ha sido publicado en A. de Toro (1991: 70-92). Lo incluimos aquí por razones de coherencia argumentativa.

ta canciones de cuna. La Obesa habla de su ascenso de mujer de limpieza a recepcionista, de una guerra y de los funerales de Don Pedrito y anuncia unas festividades. El Lustrabotas, que es capaz de leer el carácter y el porvenir de la gente en sus zapatos, añora los tiempos pasados donde podía lustrar mucho. La Mujer, descalza, harapienta, es una abandonada y engañada por el hombre que le dio un chico y la mandó al galpón diciendo que vendría a buscarla. La Mujer repite constantemente esta historia, y viene seguida por la Señora, elegante con piel de zorro, que se acuerda de Rogelio. La Señora es dependiente de la Mujer.

Una vez que todos han comenzado a dormir, se comienza a abrir lentamente el ropero y presenciamos una especie de Carnaval: Doña Carla, en un estado de ebriedad, lleva un antifaz y un vestido de noche de terciopelo rojo, abierto de un costado; zapatos dorados de taco alto y un gigantesco peinado de rizos y lacas (un peinado a la Pompadour). Ella se quiere entregar al deseo desenfrenado, quiere hombres hediondos para revolcarse en el barro. Fermín, una especie de paranoico, tiene la función de apaciguarla y frenar sus ímpetus. Al final de esta escena aparece una figura desnuda de sexo indefinible de cuyos pies cuelgan largas telas, la silueta está completamente mojada, destila agua, se escuchan sólo las gotas que caen sobre el cemento.

Con la escena siguiente se inicia la 'Reunión del consejo' y la preparación de las festividades. Don Carlos comienza a repartir los roles, como sucede en *El gran teatro del mundo*. A Carla se le encarga la organización socio-cultural de la bodega, su labor es entretener y enseñar (una cita del topos dramático horaciano tan central en el Renacimiento y en el Barroco: *delectare/docere*); a Mendíbez las finanzas y cuestiones laborales; a Fermín se le nombra inspector general del establecimiento, se encarga de representar los valores del consejo y de castigar a los que se desvíen de la línea. Al fin del reparto, después que los personajes han ido agradeciendo y expresando la emoción y el honor que sienten por la función recibida, aplauden en común alegría. Don Carlos se atribuye el rol de coordinador general. Se evoca la fundación de un gobierno, lo cual es acentuado por el discurso de Don Carlos que recuerda que "*Sobre nuestros hombros están depositados* [...] *una enorme responsabilidad histórica* [que] *Nuestros ojos son los faros que guiarán a los perdidos* [...] *nuestras manos tendrán la ternura de una madre* [...]. *Pero también la dureza del hierro forjado*". Estas observaciones incorporan un intertexto político relacionado con las dictaduras latinoamericanas, en particular con la retórica del dictador Pinochet. Así también la expresión de Carmen: "[...] *que nos mientan sobre lo que fue* [...] *es como si quemaran nuestras fotos y demolieran las calles de nuestra infancia* [...]", indica la tergiversación de la historia, para toda una generación, realizada por la dictadura.

Al amanecer, en el galpón se retoman los diálogos del comienzo y se inicia una especie de convivencia entre los personajes. Por una parte hay un acercamiento entre el Lustrabotas y la Mujer, por otra parte discrimina la Señora a los otros como "de otra raza". El Agua aparece como personaje y pronuncia un parlamento surrealista.

En el acto siguiente se inicia la 'Recepción del consejo' con música pomposa, luces de colores y trompetas, los personajes del galpón se transforman en público, se anuncia el Carnaval para la noche y hay una escena de música. Nuevamente aparece el Agua, que conversa, y la Mujer comienza a llenar una tina.

A continuación se realiza el 'Carnaval', el 'teatro en el teatro'. El galpón está decorado en la forma correspondiente; Camilo está disfrazado de conejo; Carmen de musa griega; la Señora con disfraz barroco representando una rosa; el Lustrabotas de Arlequín; la Mujer lleva una máscara neutra; Don Carlos lleva una armadura negra brillante; Mendíbez está de rey sol chabacano; Fermín de Institutriz (peluca con moño, anteojos, de negro); Doña Carla de Mme. Pompadour; la Obesa con traje circense. Luego se inicia un espectáculo Opera-Cabaret, se canta, se baila; Doña Carla aúlla y la Señora hace movimientos de ballet. Doña Carla hace sonar una grabación donde está registrado un acto sexual, paralelamente Doña Carla y la Señora bailan y se revuelcan.

La segunda representación es 'El cuadro épico' donde se declama como en el teatro del Siglo de Oro; la pieza es una reminiscencia paródica de *Fuenteovejuna* combinada con la retórica de G. García Márquez en *Cien años de soledad*:

Doña Carla: lucharé hasta la muerte, pelearé como un hombre [...] Pueblo mío,
              nuestra plaza peligra es menester defenderla [...].
Fermín: Y así Juana encendió las almas de ese pueblo que con fuerza y
              valentía defendió la plaza durante tres días y tres noches. La última
              noche Don Juan no durmió, se dice incluso que se le vio llorar[25].

En 'Los monólogos paralelos' hablan Carmen, Camilo y el Lustrabotas paralelamente, a pesar del hermetismo del discurso se logra aludir a actos de violencia y de represión. Carmen habla de destrucción de libros, Camilo de denunciantes y torturas, el Lustrabotas del terror y de un disparo.

En el episodio siguiente, 'El consejo se enoja', Don Carlos considera los discursos de los personajes del galpón como un ejemplo de debilidad, y toman la decisión de educarlos en forma fuerte como los "antecesores", para esto les prohibe beber y comer. El agua y los alimentos se los cuelga del techo como tentación. Algunos de los personajes no resisten la tentación y beben y comen, pero el agua es en realidad orina y las naranjas son de plástico. En ese momento se abre el ropero y se representa una cena elegante del consejo, una reminiscencia paródica de la película de Buñuel *Le charme discret de la bourgoisie*. Les tiran alimentos a los personajes del galpón y Camilo temiendo la muerte del guarén por falta de agua y comida, se lo muestra a Don Carlos quien lo revienta contra el muro, lo cual acarrea la muerte de Camilo y un estado demencial de Carmen.

A manera de 'entremés', Mendíbez cuenta una historia erótica de juventud: una mujer le muestra la vagina y él huye espantado a consolarse en la casa de su madre. Luego sigue un baile donde se introduce la historia de Mendíbez en el diálogo de algunos personajes que incitan a la Mujer a hacer lo mismo terminando en acciones eróticas

---

25   *Historia de un galpón abandonado* (1992: 70).

que poco a poco se petrifican. Estas dos situaciones continúan la 'familiarización' de todos los personajes ya iniciada con la escena del Carnaval.

La destrucción, que había comenzado con la muerte de Víctor y Camilo, se prolonga, después de un disparo inubicable (al parecer ha disparado Doña Carla, quien pocos minutos antes había recibido un revólver de don Fermín), con la muerte del bebé, y su madre, la Mujer, cae en una especie de demencia.

La evocación de una investigación y de un juicio se producen, llegándose a la conclusión que el revólver es 'extranjero' y se culpa del asesinato, al parecer, a los personajes del galpón. El consejo y la Señora que se les ha adherido, entran en el galpón. Los personajes atacan al ropero, como los otros del 'cuadro épico', y lo incendian, mas el consejo ha huído.

En este lugar podría terminar el espectáculo teatral, según una nota de Griffero, pero puede finalizar también con el 'Epílogo', donde el Hombre, el Lustrabotas y la Obesa tratan de hacer habitable el galpón.

El teatro de Griffero es, por una parte, un teatro gestual o kinésico en cuanto la acción corporal (movimientos, baile, mímica, etc.) ocupa un lugar central, es, por otra parte, un espectáculo deconstruccionista en cuanto cita a modelos históricos ya superados como es el teatro hablado *sensu stricto*, la comedia barroca, el entremés barroco; cita también al cabaret, al espectáculo de *revue/show*, que recalca la oposición a lo expuesto en el espacio espectacular, tratando así de introducir la nueva forma de hacer y ver teatro. Además, emplea los diálogos en forma fragmentada y con un contenido hermético e indescifrable para destruir y renovar el lenguaje teatral gastado.

El intertexto político está sutilmente inscrito en alusiones casi imperceptibles, que el receptor debe descubrir, como resultado de una nueva estética tanto de la producción como de la recepción espectacular y de la situación política imperante.

Tenemos como resultado un significante indeterminado, plural y ambiguo a través de la carnavalización del espectáculo, como en el caso de Kurapel, mas con otros medios.

2.1.2 La 'carnavalización' del espectáculo

Bajtín, en sus análisis literarios, se ha referido a la 'carnavalización de la literatura' de la antigüedad griega hasta fines del siglo XVII, definiendo el término en base a cuatro categorías fundamentales: primero, el carnaval como 'espectáculo sin rampa', como 'mundo invertido', es decir, la vivencia de un suceso sin la división entre actores y público, todos son actores; segundo, el contacto íntimo/familiar/humano entre los participantes como resultado de la 'abolición del orden' jerárquico, de la moral, del respeto, etc. durante el tiempo del carnaval. Tenemos acciones de masa, gesticulación y un discurso libre. Se produce un nuevo tipo de relaciones humanas como producto de una vivencia concreta/voluptuosa en un contexto entre realidad y juego. El comportamiento físico y retórico de los participantes se desprende de cualquier tipo de orden (jerarquía social, profesional, edad, riqueza, etc.). La tercera categoría, la 'mesalliance carnavalesca', es la relación familiar que inunda todo: los valores, pensamientos, fenómenos y objetos, todo aquello que fuera del contexto carnavalesco está separado, lejano o tabuizado. El carnaval mezcla, une y combina lo profano con lo sagrado, lo alto con lo bajo, lo serio con la risa, lo grande con lo pequeño. La cuarta, la 'profanación', trata de la humillación, del lenguaje vulgar, de la parodia de lo sagrado. La familiarización contribuye a la destrucción de la distancia épica y trágica y al traspaso de lo representado en la zona del contacto íntimo.

En estrechísima relación con el carnaval se encuentra la elección y destrucción del rey o de la reina del carnaval como símbolo de la transición entre la muerte y el renacer, no como algo abstracto, sino como algo vivido del paso de la alegría a la violencia. Este es el punto de cristalización de la ambigüedad carnavalesca: del rito o de la ceremonia que se iconiza en trajes ampulosos y en símbolos del poder, y en la profanación.

Podemos afirmar -siguiendo a Bajtín- que en aquellos casos donde desaparece la ambigüedad carnavalesca del espectáculo, ésta se reduce a un mero ataque moral o socio-político, se transforma en algo panfletario. Es la relativización y mezcla de las oposiciones binarias entre 'nacimiento/muerte', 'bendición/maldición', 'alabanza/reproche', 'juventud/vejez', 'arriba/abajo', etc. lo que le da el poder transformador al carnaval o a la carnavalización. El fuego, por ejemplo, representa la destrucción de lo que nace y lo nuevo.

La risa es otro aspecto relacionado con el carnaval, está allí dirigida hacia y contra lo superior, como arma relativizadora, igualadora; y se relaciona también con la parodia, la constitución del doble del Otro-Yo, y de la ruptura, del cambio deconstruccionista.

Lo expuesto vale plenamente para la obra de Griffero quien usa el interior del marco teatral, también real (el galpón es la escena misma), diversos modos de espectáculos ya descritos poniendo como centro y punto culminante el carnaval donde comienza la familiarización de los personajes más diversos: los de arriba tienen ansia de los de abajo, las mujeres y hombres representantes del orden se transforman en mujeres y hombres voraces voluptuosos hasta la destrucción donde solamente queda el deseo como único fin, la parodia y la mueca teatral destruyen un tipo de teatro calcinado haciendo nacer uno nuevo. En este 'espectáculo teatral' se emplea la carnavalización como método renovador. Esto queda inscrito icónicamente al prenderle fuego al ropero[26] (=orden), es decir, al grupo que, una vez terminado el carnaval, recupera su antiguo orden, y de donde debería nacer la libertad de crear un mundo nuevo.

---

26   El ropero es una reproducción del espacio teatral.

2.2 *Cinema Utoppia*: la cinematización del teatro o la teatralización del cine

2.2.1 Los personajes y la acción escénica

Cinema Utoppia se estrena con el Teatro Fin de Siglo en la sala Troley el 15 de junio de 1985 y la constelación de personajes está constituida según la división escénica: en la platea actúan el Acomodador, un personaje cuarentón, extremadamente tímido y que, como indica el texto secundario, se ha transformado en cine ya que su identidad es el producto de la ficcionalidad que a su vez se ha transformado en verdadera realidad. Luego tenemos a la Señora procedente de una clase media alta empobrecida la cual también es un personaje producto del "radio-teatro": un personaje cursi-romántico al estilo de "Corín Tellado" y tía de Mariana, una niña demente al límite del mongolismo y con un marcado ímpetu sexual. Arturo, El señor del conejo y Estela son tres frustrados y desencantados de la vida. Cada cual por diversas razones ha encontrado refugio en la resignación: el primero, en el alcohol, el segundo, en el amor por un conejo, y la tercera, en su gula por el pop-corn. Por último tenemos a un Marinero vestido de franco que trata de matar su aburrimiento. La segunda constelación se desarrolla en la pantalla, es decir, en la proyección fílmica y ésta en el cuarto: Sebastián es un joven exiliado de 26 años, también un desilusionado y destrozado moralmente a causa de acontecimientos políticos; luego participan su amigo Esteban, un estudiante de cine y el propietario de la vivienda, un homosexual masoquista, que le saca partido a la situación precaria en que se encuentra el exiliado. Ella es la ex-novia de Sebastián quien después de su arresto desaparece y se le aparece como un fantasma en sus sueños o alucinaciones. Un tercer plano es el de la calle donde acuden otros personajes.

El centro del conflicto se reduce a la incompatibilidad en que vive Sebastián entre los recuerdos torturantes del pasado y un presente no resuelto. Mientras el pasado, en la aparición de su ex-novia, no le deja un futuro, el presente lo ahoga en drogas. Esta situación lo lleva finalmente al suicidio. Los personajes que constituyen el público en el Cine Valencia son influenciados por la película, hay, por ejemplo, un acercamiento entre Arturo y Estela, pero al término de la función se disuelven las relaciones con la misma rapidez con que habían comenzado. El único consuelo para los de acá (Santiago) es la esperanza de que "Algún día, tal vez, todo cambiará...".

2.2.2 El espacio y el tiempo escénico

El texto dramático está dividido en cuatro días, pero su sintáctica espectacular está obviamente determinada por la alternancia de los dos planos fundamentales ya mencionados, el del recinto del Cine al cual acude el público a ver una película con el título "Film Utoppia" (primera parte), y la proyección fílmica propiamente que se desarrolla en una pieza. La ventana de esa pieza abre otro espacio: la calle, que se superpone como un tercer espacio. Como cuarto espacio debemos contar el de los espectadores de la obra de teatro. Así, tenemos dos tipos de superposiciones: una en que los espectadores reales ven la misma obra que los espectadores-actores y otra que es la reproducción de la experiencia espectacular, es decir, la duplicación del espectador. Dentro de la proyección fílmica, Esteban filma una película que no es otra que Film Utoppia: con esto tenemos una duplicación de la actividad cineasta y una triplicación de la obra como obra teatral, como cine y como cine en el cine. De esta forma la acción trasciende a su mero estado de anécdota y adquiere una función meta-espectacular, esto es, Griffero nos está hablando del terror y las consecuencias de la dictadura, pero a la vez nos está descubriendo la labor de 'hacer teatro', nos está poniendo al desnudo el 'artefacto espectacular'. Así Griffero supera la mera identificación del espectador con un contenido determinado relevando sus procedimientos teatrales, impulsando al espectador a un diálogo con la forma teatro y con su condición de acá frente a la condición de los de allá dentro del marco de la dictadura. A través de este procedimiento, Griffero incorpora dos aspectos que en el teatro latinoamericano, por lo general, se encuentran divididos (con la excepción de autores como Gerald Thomas, Antunes Filho, Luis de Tavira o Eduardo Pavlovsky, para citar los casos más evidentes): la dimensión ideológico-política y la artística-espectacular.

Una división sintáctico-espectacular se da en el ritmo alternante de platea/film, es decir, teatro/cine que funciona como principio estructurador. Tenemos diez secuencias que van sucediéndose alternativamente, cinco corresponden a las escenas en la platea y cinco a las del cine. El texto espectacular comienza en la platea y termina con el cine. Las escenas que tienen como centro el cine son siempre motivadas por pesadillas, por recuerdos alucinatorios de Sebastián o por sus alucinaciones bajo el efecto de las drogas. Las escenas fílmicas son una mezcla de teatro filmado y de cine ya que se usan técnicas de cámara lenta y diversos tipos de focalización. La actuación de los actores en el film está altamente teatralizada, es decir, contiene elementos del código teatral. Las alucinaciones de Sebastián o las apariciones de su ex-novia tienen la función de relatar lo sucedido, de dar una respuesta a la incógnita de su desaparición o de revelarnos los deseos, la nostalgia y la desesperación de Sebastián. La primera aparición muestra cómo dos individuos se llevan a la fuerza a la ex-novia, otra muestra como la torturan, otra un acto de amor entre Sebastián y ella, etc.

Las escenas de la platea y las fílmicas no tienen, en el nivel diegético, ninguna aparente relación, pero sí en el nivel pragmático-semántico en cuanto ambas secuencias sintagmáticas tienen que ver con la dictadura. Los del teatro la viven allí cotidianamente y el teatro es un lugar de refugio y de evasión, aunque la película que se les presenta los conscientiza sobre su situación real. Hay un episodio en la platea (secuencia siete) que proviene de la secuencia fílmica (seis) donde Sebastián se pregunta cómo y por qué se llevaron a la novia. El espectador obtiene la respuesta por medio de la Señora y Estela quienes relatan el secuestro de la novia, cómo se la llevaron en la noche con pistola en mano y desnuda, pero que nadie pudo intervenir en semejante situación.

•

Por otra parte, la película posibilita el encuentro y el acercamiento de los personajes entre ellos como público, así entre Arturo y Estela. La película contrasta, finalmente, con el deseo del público-personaje de buscar el entretenimiento y de fugarse de su cruel realidad.

2.3 *99 La Morgue*

Y sin quererlo llegamos a una primera indicación de este texto: llenarlo de imágenes sin nombre, de pensamientos sin verbo. Es un texto puzzle de múltiples dimensiones, unidos aún por la lógica de las asociaciones, que se pueden llevar hasta el infinito de la imaginación del espectador, o hasta el infinito de nuestra capacidad de representación[27].

99 La Morgue trata el conocido problema que se produce en las dictaduras, cuando los médicos forenses declaran a los asesinados por la policía, a los torturados como muertos por accidente o por muerte natural (ataque cardíaco, deficiencias de cualquier tipo). La puesta en escena y su contenido deben analizarse e interpretarse considerando el hecho que significaba el representar esta obra estando aún Pinochet en el poder, aunque su dictadura hubiese disminuido la violencia radical de los primeros años. El riesgo que significaba, tanto para el autor como para el director y los actores, era algo serio y una realidad extremadamente peligrosa.

2.3.1 Los personajes y la acción escénica

La constelación de personajes está formada por el Director (el patólogo que a la vez hace los papeles de un emperador romano y de Lady Macbeth); por su Ayudante; por el Interno (Germán); por la enfermera, Fernanda (la evangélica). Luego tenemos a la Abuelita (de Fernanda) que hace también las veces de la Mujer de Corintio; los fantasmas de la Colonia; las hermanas Álvarez; los Padres de la Patria, Bernardo y Antonieta; Pilar la torturada (la que quería hablar); su Madre; Él, lo metafísico; un violinista; la madre de Germán; el cliente del prostíbulo y las enfermeras.

El único personaje profunda y realmente despiadado y además avasallado por la perversión es el Director. Su ayudante es un adaptado, un resignado a las circunstancias, a quien le repugna la criminalidad en la que ha caído su profesión, pero por temor a caer en desgracia, y con él su familia, no es capaz de oponerse al Director. Germán va tomando poco a poco conciencia de lo que realmente sucede en la morgue para luego rebelarse contra el Director quien lo declara loco y lo hace apresar. Su colega, Fernanda, quien implícitamente también rechaza lo que sucede, es el prototipo del individuo resignado, agotado por la represión, quien ha perdido todo sentido crítico transfor-

---

27   *99 La Morgue* (1992: 134).

mándose en un personaje apático, superficial y altamente inocente (además está algo enamorada del Director) y vive más en sus sueños y añoranzas que en la realidad. Es el tipo que podemos llamar "escapista". Su abuela, sujeta a una silla de ruedas, es demente y tiene momentos lúcidos; cuando se cree la mujer de Corintio es capaz de caminar y hacer el amor con Germán.

La problematización de lo que sucede en la morgue está levemente articulada en forma puntual por el discurso. Átomos de palabras truncas revelan la actitud del personaje a quien marcan como un rol para todo el transcurso de la obra. La crítica es velada pero lo suficientemente articulada para que el espectador sea capaz de recibir el mensaje perseguido.

2.3.2 El espacio y el tiempo escénico

El espectáculo tiene un espacio central, la sala de la morgue, y como indicábamos más arriba, éste está dividido en varios subespacios. Al frente del espectador se encuentra la gran sala del recinto rodeada de paredes verdes. En la parte del fondo del estrado, detrás de las puertas corredizas, se encuentra una plataforma elevada con la camilla donde se realizan las autopsias. Este lugar se transforma a su vez en un estrado donde se representan entremeses de los siglos XVI y XVIII. A su derecha, detrás de batientes en una especie de vitrina, se encuentra la habitación del prostíbulo de la madre de Germán, luego un corredor y la habitación de Germán que en sus momentos libres se dedica a la pintura.

Estos espacios se van sucediendo alternativamente, dentro de una recurrencia intencionada. Las escenas centrales de la morgue (con cadáveres por examinar o escenas de tortura) son interrumpidas por las escenas de diálogos entre Germán y Fernanda y recuerdos del pasado: Fernanda y su infancia evangélica; Germán y su infancia con su madre; escenas de entremés o escenas del Director quien toma el papel de emperador romano o los de Lady Macbeth y las escenas de la abuela en su papel como la mujer de Corintio.

Mientras las escenas en la morgue se encuentran en el presente inmediato, las otras representan diversos pasados. Esta técnica, que también la encontramos en *Cinema Utoppia*, tiene la función pragmática de sacar el discurso y su mensaje altamente velado del *hic et nunc* que representa un evidente peligro frente a las circunstancias políticas imperantes, enlazado con un fin dramatúrgico, que consiste en llenar el vacío ético en el discurso del Director de la morgue. La historia de las hermanas Álvarez es un espejo de la morgue que tematiza el problema de la represión, del encierro, de la arbitrariedad y de la negación del otro (en este caso del violinista de quien se enamora Delfina, quien luego muere de amor). Delfina es la víctima, pero su hermana siente el comportamiento de Delfina como agresión y usurpa el papel de víctima: "Fortaleza señor para enfrentar este mal, que invade nuestra casa de tanto pecar [...]. Para vuestro estruendo infernal, qué más daño quereis nos hacer, que loca me vuelvo que ya no sé qué hacer". Este discurso es equivalente a aquél del Director en el presente que proclama cínicamente los fines éticos de su profesión que se ha transformado en un instrumento criminal de represión. El papel de emperador romano representa al tirano, que no es el mero tirano romano, sino el tirano que permite que la morgue funcione como una casa infernal de la muerte. La jerga del pueblo romano, es la jerga del tirano para con su pueblo subyugado. Si se conecta esta escena con aquella de los próceres, se complementa el mensaje: el prócer Bernardo quiere liberar a los esclavos negros. Esta escena equivale a la tiranía como forma de esclavitud política.

Estos pocos ejemplos muestran cómo Griffero emplea la dimensión espacio-temporal como resultado de una situación extrateatral, pero con un fin dramatúrgico que contribuye a insinuar lo oculto por las escenas principales. Griffero desterritorializa el mensaje, para luego rehacerlo en otro código.

Como crítica debemos constatar que en la alternancia, en particular con las escenas centrales de la morgue, existe una cierta monotonía[28], ya que el espectador sabe lo que sucederá; las escenas en la morgue son una repetición/variación de lo ya representado. Este aspecto tiene su origen, según nos parece, en un problema fundamental de ritmo. El problema no está en el principio del "puzzle" y en el de la "lógica de la asociación", ya que la lógica dramatúrgico-discursivo-semántica es descriptible, sino en la forma de su enlace[29]. Los cambios son abruptos y artificiales, falta la naturalidad. La consecuencia es un hermetismo que conduce a una difícil decodificación especialmente a nivel intertextual-connotativo del cual están cargadas las diversas escenas del 'teatro en el teatro'.

3. CONCLUSIÓN

La trilogía de Ramón Griffero se caracteriza por una equilibrada reunión de lo puramente artístico-teatral y de la transmisión de un mensaje político como resistencia frente a la dictadura en la época en que estas obras se llevan a escena, una empresa audaz, si se considera que actores sufrieron represiones y persecuciones. Mas, no es esta audacia y coraje cívico-artístico que demostró Griffero[30] lo que queda y quedará de su obra, sino su refinamiento en cuanto a las técnicas teatrales aquí descritas.

---

28 Un problema que está aún más marcado en *Cinema Utoppia*.

29 Debemos indicar aquí que semejantes problemas de ritmo se sienten aún más fuertes en el vídeo que en el teatro, ya que el ritmo del texto espectacular está condicionado por el ojo de la cámara y de los cortes que se le puedan hacer a la cinta. Por esto se deben tomar las siguientes observaciones como relativas en su valorización.

30 Por el contrario a otros grupos que hoy se envanecen propagando una resistencia jamás realizada frente a la realidad que era otra: más bien una adaptación oportunista al momento político.

Si comparamos sus propuestas teóricas con la práctica en la escena constatamos divergencias entre ambos campos. La meta de "cambiar los códigos y las imágenes de la forma teatral para no hablar como ellos hablan, para no ver como ellos ven, para no mostrar como ellos muestran. Volver al abecedario, decodificar primero las vocales del lenguaje escénico [...]³¹" y de reemplazar el "verbo" por "la imagen" y de no hacer "literatura representada"³² se logra solamente en forma parcial. Como ejemplo podemos referirnos *pars pro toto* a *99 La Morge* una obra en la que el lenguaje es altamente lírico y patético, lo cual no siempre tiene un efecto natural, en el sentido de un lenguaje directo y no "aprendido" lo que se nos revela como un aspecto débil, en parte, en las tres obras de Griffero. Los actores, aunque profesionales, tienen un tono "recitativo" que va en contra de un lenguaje de imágenes. La imagen está por esto muy lejos de reemplazar a la palabra, de que "la imagen [sea] la palabra en sí³³". El teatro concebido como la "fiesta de las artes, como el encuentro polisémico musical, la dimensión poética del teatro, junto a la dimensión plástica, coreográfica, y todo esto en una realización esencialmente teatral por el aquí y ahora de la fiesta teatral, del hecho teatral, que no tiene ningún otro lenguaje [...] los lenguajes artísticos, incluidos el cine, la televisión y la radio, en la medida en que puedan acceder a la condición de arte, son susceptibles de ser teatralizados" y con un afán totalizante -como reclama de Tavira al igual que Griffero- no es aún en su totalidad una realidad escénica. La concepción tanto poética como teatral está bien pensada y escrita, pero, a nuestro ver, el problema persiste en la dirección de las obras que reflejan, en algunos casos, una falta de coherencia en el manejo de los diversos códigos o en una falta de preparación profesional de los actores. El uso del cuerpo como gesto espectacular no llega a lo que Griffero reclama en teoría. Mucho más lograda se encuentra la poética teatral de Griffero en *Santiago-Bauhaus*, en *Azar de Fiestas,* en *El servidor de dos patrones* o en *Cuento de invierno* de Shakespeare.

A pesar de esta crítica que se basa en vídeos, y por esto tiene sus limitaciones -como indicábamos más arriba-, la obra teatral de Ramón Griffero en su totalidad representa, dentro del panorama de la teatralidad postmoderna, en particular en el contexto del teatro latinoamericano, una de las propuestas más destacadas y por esto es de esperar que su teatro logrará la atención y difusión que merece fuera de Chile.

---

31 Vid. cita al comienzo del trabajo.

32 Ramón Griffero(1988: 44-45).

33 Rodrigo Fernández (1988: 54).

BIBLIOGRAFÍA

TEXTOS Y VÍDEOS

De Tavira, Luis: *La pasión de Pentesilea*. México (Universidad Autónoma Metropolitana) 1988

De Tavira, Luis/Leñero, Vicente: *La Noche de Hernán Cortés*. Manuscrito

Filho, Antunes/Macunaima: *Nova velha storia, Paradiso Zona Norte (A Falecida/Os sete Gatinhos)*. Vídeo

Griffero, Ramón: *Historia de un galpón abandonado. Espectáculo escénico. Teatro fin de siglo - El Troley. 3 Obras de Ramón Griffero*. Santiago/Chile (Neptuno Editores) 1992. Vídeo

----: *99 La Morgue*, en ibíd. y vídeo

----: *Cinema Utoppia,*en ibíd. y vídeo

----: *Azar de Fiestas*. Manuscrito y vídeo

---- /Goldoni: *El servidor de dos patrones*. Vídeo

Kurapel, Alberto: *3 Performances Teatrales*. Québec (Humanitas) 1987

Parra, Marco Antonio de la: *La secreta obscenidad de cada día*. Santiago de Chile (Editorial Planeta) 1988

Thomas, Gerald: *Dry Opera Company, Matto Grosso, Un Processo, Carmen con Filtro 2, Matto grosso*. Vídeo

Wilson, Robert/Dorst, Tankred: *Parsival auf der anderen Seite des Sees*. Frankfurt am Main (Suhrkamp Verlag) 1990. Vídeo

CRÍTICA

Anspach, Silvia Simone: *Gerald Thomas: ou de Carmens, filtros e mortes*, en: Alfonso de Toro/Fernando de Toro (Eds): *Hacia una nueva crítica y un nuevo teatro latinoamericano*. Frankfurt am Main (Klaus Dieter Vervuert Verlag, Teoría y Práctica del Teatro; Vol.1) 1992, pp. 103-114

"Arte y espectáculos", en: *Hoy* 446 (3-9 febrero 1986) 49

Bravo-Elizondo, Pedro: *Teatro en Chileno*, temporada 1984, en: *Latin American Theatre Review* 19 (1985) 77-82

----: *Temporada teatral en Chile: 1985*, en: *Latinamerican Theatre Review* 20 (1986) 85-90

----: *Ramón Griffero: Nuevos espacios, nuevo teatro*, en: *Latin American Theatre Review* (Fall 1986) 95-101

Charles, Daniel: *Zeitspielräume. Performance - Musik - Ästhetik*. Berlin 1989

Deleuze, Gilles/Guattari, Felix: *Rhizom*. Berlin (Rerve Verlag) 1978

De Tavira, Luis: *El teatro en México, hoy* (entrevista de M. de la L. Hurtado) en: *Teatro/Apuntes* 102 (1991) 122-127

Fernández, Rodrigo: *Arte y Cultura*, en: *Análisis* (21-27 de marzo de 1988) 54

Griffero, Ramón: *Teatro/Apuntes* 96 (1988) 44-45

----: *Recuerdos de locación para una imaginería. La visualidad de un Avaro 87*, en: *Teatro/Apuntes* 97 (1987) 5-11

Guerrero, Eduardo: *Teatro chileno en exilio*, en: *Literatura Chilena: Creación y Crítica* 10 (1986) 58-60

----: *Espacios y poética en Ramón Griffero: análisis de su trilogía: Historias de un galpón abandonado, Cinema Utoppia y 99 la morgue"*, en: Alfonso de Toro/Fernando de Toro (Eds.): *Hacia una nueva crítica y un nuevo teatro latinoamericano*. Frankfurt am Main (Klaus Dieter Vervuert Verlag Teoría y Práctica del Teatro; Vol. 1) 1992, pp. 127-135

----: *La peligrosa aventura de un montaje como el de Griffero* [*El Avaro*], en: *Teatro/Apuntes* 19-21

Hurtado, María de la Luz: *Notas acerca del teatro chileno visto de los 80*, en: *Literatura Chilena: Creación y Crítica* 10 (1986) 2-8

----: *Más allá de la estética de la disidencia oficial*. Entrevista con Ramón Griffero", en: *La Escena Latinoamericana* 2 (1989) 83-88

----: *El nuevo teatro chileno*. Entrevista con Marco Antonio de la Parra, en: *La Escena Latinoamericana* 3 (1989) 37

----: *Crisis y renovación en el teatro de fin de siglo*, en: *Teatro/Apuntes* 100 (1990) 105-112

Kurapel, Alberto: *La compagnie des Arts Exilio* (*Primer manifiesto*) y *Algo sobre Mémoire 85 / Olvido 86*, en: *Prólogo a 3 Performances Teatrales*. Québec (Humanitas) 1987, pp. XVII-XX y pp. 47-49

Letelier, Agustín: *La temporada teatral 1988: ¿Un año gris?*, en: *El Mercurio* (domingo 8 de enero/lunes 9 de enero de 1989)

----: *"El servidor de dos patrones"*, en: *El Mercurio* (domingo 2 de julio de 1989)

López, Ramón: *Impresiones sobre el diseño de Griffero/Jonkers*, en: *Teatro/Apuntes* 95 (1987) 13-15

Lotman, Juri: *Die Struktur des künstlerische Textes*. Frankfurt am Main (Suhrkamp Verlag) 1973

Lyotard, Jean François: *La condition postmoderne. Rapport sur le savoir*. Paris (Editions Minuit) 1979

----: *Le différend*. Paris (Editions Minuit) 1983

Milaré, Sebastião: *Macumaima e o teatro brasileiro contemporâneo*, en: Alfonso de Toro/Fernando de Toro (Eds): *Hacia una nueva crítica y un nuevo teatro latinoamericano*. Frankfurt am Main (Klaus Dieter Vervuert Verlag, Teoría y Práctica del Teatro; Vol.1) 1992 pp. 89-102

----: *"Paraíso Zona Norte"*, en: *La Escena Latinoamericana* 3 (1989) 10-17

Nómez, Nain: *Situación del teatro en Chile*, en: *Literatura Chilena: Creación y Crítica* 10 (1986) 8-10

"Ramón Griffero »rompe con el teatro«", en: *Suplemento de las Últimas Noticias* (17 enero 1986) 10

Salinas, María Teresa: *Griffero, una nueva perspectiva: el teatro de imágenes*, en: *Literatura Chilena: Creación y Crítica* 10 (1986) 27-30

Tepperman, Shelley: *Alberto Kurapel habla del teatro en el exilio*, en: *La Escena Latinoamericana* 1 (1989) 51-54

Toro, Alfonso de: *Semiosis teatral postmoderna: intento de un modelo*, en: *Gestos*, Año 5, No. 9 (1990) 23-51

----: *Cambio de paradigma: el 'nuevo' teatro latinoamericano o la constitución de la postmodernidad espectacular*, en: *Iberoamericana* 43/44, Jg. 15, 2-3 (1991) 70-92

----: *Entre el teatro kinésico y el deconstruccionista. "Potestad" Eduardo Pavlovski*, en: *La Escena Latinoamericana* 7 (1991a) 1-3

----: *Gli itinerari del teatro attuale: verso la plurimedialità postmoderna dello spettacolo o la fine del teatro mimetico-referenziale?*, en: Massimo Canecavi/Alfonso de Toro (Eds.): *La communicazione teatrale. Un approccio transdisciplinare*. Roma (Edizione Seam) 1993, pp. 53-110

----/Toro, Fernando de (Eds.): *Hacia un nuevo teatro y una nueva crítica del teatro latinoamericano*. Frankfurt am Main (Verlag Klaus Dieter Vervuert Teoría y crítica del teatro; Vol. 1) 1992, pp. 89-102

Toro, Fernando de: *Semiótica del teatro. Del texto a la puesta en escena*. Buenos Aires 1987 (Traducción: *Theatre Semiotics. Text and staging in Modern Theatre*.Frankfurt am Main (Klaus Dieter Vervuert Verlag. Teoría y práctica del teatro; Vol. 3) 1995

----: *El teatro latinoamericano actual: modernidad y tradición*, en: *Hacia una nueva crítica y un nuevo teatro latinoamericano*. Frankfurt am Main (Klaus Dieter Vervuert Verlag. Teoría y crítica del teatro; Vol. 1) 1992

Velasco, Josefina: *Bases de la propuesta teatral de Ramón Griffero*, en: *Teatro/Apuntes* 96 (1988) 23-27

M. Soledad Lagos de Kassai

Universidad de Augsburgo

CARENCIA, NEUROSIS Y UTOPÍA EN EL TEATRO CHILENO DE CREACIÓN COLECTIVA

Mi propósito es entregar una radiografía de una sociedad en crisis: la sociedad chilena a fines de la década de los 80, mediante la aproximación a dos obras de creación colectiva representativas de la búsqueda de nuevos lenguajes escénicos que caracteriza esta etapa. Me interesa destacar por una parte los criterios de carencia económica y carencia psicológica que originan la búsqueda y, por otra, el criterio generacional que condiciona una percepción diferente de la realidad adversa. La modalidad de producción teatral creación colectiva se ha vuelto un concepto problemático, lo cual no sorprende si se piensa que entre su apogeo, a fines de la década de los 60, y el período en que me concentro ahora, han pasado 20 años que obviamente han incidido en una redefinición del concepto y en el debate acerca de su existencia, vigencia y aplicación.

1. CREACIÓN COLECTIVA Y VOLUNTAD DE CAMBIO

Se podría afirmar que la noción de creación colectiva utilizada en América Latina, pese a las muchas variantes que ella adquiere en el transcurso de los años, surge asociada a la necesidad de modificar la creación propiamente tal, de reorganizar el proceso de trabajo y, por extensión, de redefinir la sociedad en que dicha creación se inserta. Estrechamente ligada al concepto de cambio se encuentra la presuposición de que el público-destinatario de este tipo de trabajo está compuesto por capas de la población que no suelen tener acceso al fenómeno teatral y que es un público que hay que salir a buscar. La creación como proceso colectivo es independiente del hecho de escribir una obra nueva o recurrir a textos ya existentes, re-creándolos mediante la puesta en escena, del mismo modo que el colectivo se toma desde un comienzo la libertad y el derecho de recurrir a teorías, técnicas y métodos ya existentes y hacer uso de ellos.

Tradicionalmente y reducida a su esencialidad, la creación colectiva latinoamericana se define como una posibilidad de disidencia, en oposición a la que el teatro comercial por lo general prefiere no ejercer. Es así como se aplica el término al *Nuevo Teatro* colombiano con Enrique Buenaventura y Santiago García a la cabeza del mismo y referido a un movimiento al servicio de una redefinición de los factores que componen el hecho teatral -texto, dramaturgo, director, autor, actor, público, etc.- y, en tanto posibilidad de disidencia, herramienta política destinada a modificar estructuralmente el fenómeno teatral mismo y el contexto en que este fenómeno se inserta[1]. Sin embargo, el rótulo teatro político o teatro popular obviamente no es privativo del teatro de creación colectiva. Teatro político en el mejor sentido de la palabra puede ser la representación de *La vida es sueño*, de Calderón, en un contexto de represión, y teatro popular, cualquier celebración de una fiesta religiosa en cualquier pueblo de cualquier país latinoamericano[2].

2. LA CREACIÓN COLECTIVA EN CHILE: FENÓMENO SOCIAL

A partir de la escisión que significó para Chile el golpe militar de 1973, contar con una red de teatros subvencionados por el Estado que a la vez pudiesen presentar un repertorio atrayente y dar cabida a la experimentación se volvió una utopía. Los teatros independientes, sujetos desde 1974 al pago del impuesto del 20% de los ingresos por concepto de taquilla, constituyeron la tribuna crítica[3]. En estas condiciones, la lucha por la supervivencia determinó un proceso de selección natural en la más pura concepción darwinista y fueron pocos los grupos que pudieron seguir funcionando en sus salas. Se produjo gran proliferación de grupos que comenzaron a descubrir espacios tradicionalmente no considerados espacios teatrales donde montar sus propuestas. En este contexto, la creación colectiva pasó a constituir un método de trabajo funcionalmente apto para la concreción de las mismas.

Si bien la creación colectiva chilena surgió a fines de los 60 como consecuencia del afán reformista en pos de la redefinición de las funciones de todos los participantes en los procesos sociales y/o la abolición de las jerarquías[4] y del afán experimenta-

---

1 Entre los trabajos más recientes escritos en Alemania acerca del teatro colombiano de creación colectiva véanse Röttger (1991: 105-124), Röttger 1992 y Fricke 1990.

2 Debido a la profusión de ejemplos disponibles he preferido esta lacónica generalización a una enumeración que de ningún modo podría ser exhaustiva y sólo tendría sentido en un estudio de otra índole.

3 Véase Bianchi 1982. En Hurtado/Ochsenius/Vidal (1982: 44), se señala que el impuesto que se aplica sobre el ingreso bruto por taquilla asciende al 22% y no al 20%, como dice Bianchi.

4 Estos impulsos se observan también en Europa y en Estados Unidos. Piénsese en mayo de 1968 en París, por nombrar sólo un ejemplo. A nivel teatral, baste mencionar al *Living Theatre*, que persigue una inmediata revolución individual, cultural, sexual y social a través de una práctica teatral redefinida y al *Teatro-Laboratorio* en torno a Grotowski y su enfoque de un teatro pobre como posibilidad estética. En Latinoamérica, Augusto Boal y su concepción de teatro sinónimo de acción social eficaz, Enrique Buenaventura y Santiago García son manifestaciones diversas de la misma tendencia. Véanse Boal 1979, García 1977 y Buenaventura 1978.

dor de grupos formados en las universidades en su calidad de garantes de un continuo proceso de formación, revisión y ruptura a nivel de innovación teatral, dicha experimentación fue encauzándose más y más hacia una estrecha relación con la contingencia en la etapa post-golpe militar del 73 y adquiriendo rasgos constitutivos propios no siempre ligados en forma explícita a la contingencia en los 80. El macrocontexto que yo denominaría de transgresión condiciona esta actitud[5]. Tanto en los 60 como en los 70 la creación colectiva gira en torno al lenguaje articulado. En los 80 se experimenta en el ámbito de la imagen, se redefine el texto dramático, con lo cual se crea una nueva semiología teatral, y se privilegian las capacidades expresivas del cuerpo del actor. El deseo de encontrar nuevos lenguajes escénicos se encuentra ligado al deseo de encontrar nuevas posibilidades democráticas en el ámbito político. En otras palabras, prima la actitud de anticiparse a un posible cambio y buscarlo con creatividad, no esperar que éste ocurra por sí mismo, al tiempo que es preciso crear propuestas estéticas válidas capaces de enfrentarlo.

La creación colectiva se practica a fines de los 60 en el seno de una sociedad acostumbrada al ejercicio de la democracia. En esta etapa la innovación mayor consiste en prescindir de un director y "escribir" o "crear" colectivamente un texto representacional. A fines de los 80, se establece una creación colectiva *con*, ya sea con director o autor de texto dramático definido a su vez como pre-texto. El director se redefine como coordinador de impulsos e ideas. Subyace a esta definición el propósito de volver viable una convivencia democrática posible a nivel de seres capaces de detentar opiniones divergentes y, a la vez, de conformar un grupo con una propuesta conjunta que respete las individualidades. Es indudable que la redefinición del concepto creación colectiva va estrechamente ligada a la evolución-involución del país y a la necesidad de redemocratización del mismo. De la creación colectiva *institucionalizada* se llega en el Chile de los 80 a la creación colectiva *otra*, *callejera*, *popular*, *post-moderna*, *heterodoxa*, *mixta*, *impura*, *desmitificadora*; es decir, a la creación colectiva con texto pre-texto y/o director y/o colaboración de un autor y/o dramaturgo practicada por grupos aficionados y profesionales sin discriminación.

---

5   Por institucionalidad de transgresión entiendo la que se implanta a partir de la aprobación del Plebiscito de 1980 que ratifica al General Pinochet por ocho años más en el poder y le confiere poderes especiales para actuar sin necesidad de consultar a ningún organismo fiscalizador toda vez que lo estime conveniente. El Plebiscito consolida las bases para el proceso de transición hacia la democracia; mediante la redefinición de la institucionalidad, la represión abierta se convierte en una herramienta inoperante y se experimenta una relativa apertura a nivel de órganos de prensa, información y comunicación. Se relativiza la aplicación de la censura y la autocensura y se produce un cambio de actitud por parte de la población civil respecto a fenómenos como el miedo, ya que la práctica de expresarle al gobierno una actitud manifiestamente disidente se vuelve característica de los 80, ora mediante protestas callejeras, ora a través del empleo de un lenguaje menos encubierto y metafórico en todos los medios de comunicación de masas.

3. LA CARENCIA DESDE LA ÓPTICA JOVEN

3.1 Patología de una neurosis generacional: *El monstruoso orgasmo de tokito*

"Cada actor social debe intentar la lucha por ser y proponer, sobre el vacío y la fuerza. Si el movimiento juvenil, en el sentido de movimiento histórico, no existe, lo mismo vale para todos los movimientos sociales del país ... pasividad, incomunicación, fragmentación en múltiples sujetos parciales ..., la acción juvenil debe ser evaluada en su doble dimensión de *actualidad* y *virtualidad*"[6].

Si se recurre a la visión freudiana de la primera etapa, es decir a su definición de toda forma de experiencia a partir de la posibilidad de dar rienda suelta a la sexualidad propia del ser humano[7], se puede explicar la neurosis como un estado de insatisfacción en el que la fuerza desmesurada del *ello* y el control a que el *ego* y el *super-ego* someten al *ello* se encuentran en conflicto. La neurosis es un estado que desemboca en la incapacidad de adaptarse a las exigencias del medio, estado condicionado por una hipersensibilidad presente en algunos individuos en forma más notoria que en otros frente a estímulos determinados[8].

3.2 Tokito o la encarnación de la neurosis

La fábula de la historia podría reducirse a unas pocas frases: el indio TOKITO se transforma en héroe trágico cuando la profecía articulada por la BRUJA se cumple: a TOKITO le caerá un zapato en la cabeza y su curiosidad por conocer este objeto lo llevará a la muerte. Hay cuatro personajes más (DOMO, ESTA, el enano

---

6   Agurto/Canales/De La Maza (1986: 11-12).

7   Me refiero a la primera etapa de la formulación del psicoanálisis, es decir a la fase comprendida entre la publicación de *Die Traumdeutung* (*La interpretación de los sueños*) en 1900 y *Vorlesungen zur Einführung in die Psychoanalyse* (*Clases de introducción al psicoanálisis*) en 1916/1917. A partir de *Jenseits des Lustprinzips* (*Más allá del principio del placer*), en 1920, Freud se centra en la oposición entre impulsos sexuales e impulsos de agresión y concluye que toda anormalidad o desviación de la normalidad es aducible a un desequilibrio psíquico y físico producido por la no satisfacción de ciertas necesidades básicas. La importancia que le proporciona Freud a las consecuencias de la sexualidad reprimida ha contribuido a la crítica que ha sufrido su enfoque. Véanse, entre otros, Bühler (1962: 127-136), y Schraml (1990: 282-308).

8   Bühler (1962: 136-137).

DOLORIDO, la VIEJA) que o no pueden hacer nada por evitar que se cumpla la maldición o ayudan a que ésta se consume[9].

TOKITO busca un lugar para, supuestamente, satisfacer sus necesidades sexuales concretas o alcanzar un momento de plenitud, es decir, llegar a un *orgasmo* en sentido más amplio, en sentido de agrado. Cada vez que cree haber encontrado el espacio donde estar solo, alguien o algo lo interrumpe: TOKITO tiene necesidad de transformarse en agente o ejecutante de una acción, pero a lo largo de la obra se lo reduce a la condición de receptor u objeto de la situación. El no decide, sino que otros deciden por él; en lugar de poder consumar su propósito, se lo transforma en víctima. TOKITO no puede ser, hacer o equivocarse, pues desde fuera se determina lo que debe ser y hacer, en qué va a consisitir su equivocación y así se lo lleva a la muerte.

3.3 *El monstruoso orgasmo de Tokito* o el título de una paradoja aparente

Al intentar desambiguar el sintagma surgen problemas de índole semántica, pues si el sustantivo *orgasmo* se asocia con el aplacamiento o la satisfacción de un deseo sexual, el adjetivo que lo antecede y modifica, *monstruoso*, es ambivalente: su primera acepción apunta a un estado de anormalidad[10], pero en un sentido hiperbólico y en un uso informal encierra la connotación de exceso, exageración, voluptuosidad no necesariamente feos o anormales[11]. Unidos ambos elementos del sintagma se sugiere una metáfora sexual que, una vez representada la obra, se puede traducir en una situación social, individual y política concreta cuya motivación última es el deseo de libertad. La sugerencia que encierra el título constituye un guiño de complicidad de parte de los creadores hacia los espectadores, en términos de proporcionar una pista falsa lo suficientemente atractiva como para invitar a jugar en serio; se trata de una sugerencia dual que vela y desvela a la vez y corrobora que la paradoja es sólo aparente. La decodificación del mensaje cifrado implícito en el título contribuyó a la escasa atención que le prestó la crítica especializada a una obra que sintetiza una actitud generacional recién reconocida como tal con posterioridad en el tiempo[12], actitud

---

9   *El monstruoso orgasmo de Tokito*, creación colectiva de Inés Cofre, Patricia Lobos, Elena Muñoz, Rodrigo Bastidas, Alvaro Pacull y Gabriel Prieto, estrenada el 28 de abril de 1988 en el Teatro *El Conventillo II*, Santiago de Chile, en: Lagos de Kassai (1992, Tomo 2: 108-125).

10   Moliner (1979: 448): " ... afectado de alguna monstruosidad ... anormalidad grande y fea en cualquier cosa ... "

11   Moliner (1979: 448).

12   Véanse los artículos de P.A. y Letelier 1988, quienes escribieron artículos comunicando el estreno más que criticando la obra. No obstante, en el simposio *Das moderne Theater Lateinamerikas*, celebrado en Berlín entre el 19 y el 23 de junio de 1991, ninguno de los críticos chilenos presentes cuestionó la afirmación de que en su país era posible hablar de una

surgida desde el centro mismo del desencanto y centrada en la desmitificación o la desmantelación de los códigos teatrales tradicionales.

3.4 Desambiguar la ambivalencia: decodificar jugando

La decodificación de la ambivalencia o polivalencia de la imagen metafórica debe comenzar por los objetos y el espacio, constitutivamente ambiguos, que provocan una doble visión en el espectador. Esta doble visión se basa en el carácter dual de una realidad representada experimentada como concreta e inconsciente a la vez, es decir, como producto de asociaciones que le adscriben un status de realidad *otra*, en el sentido de realidad metafórica compartida por los productores y los receptores del hecho teatral[13]. El juego radica en internalizar un código no basado en la palabra articulada oralmente, sino en un sistema de signos sensoriales de fuerte carga connotativa y denotativa que presupone una participación activa del espectador, quien asume el papel de decodificador de un mensaje que se le presenta como cifrado o críptico, pero que apunta a referentes reales fuera del mundo representado en el escenario[14].

3.5 Espacio y objetos polivalentes

El espacio en que se mueven los personajes se define a partir de niveles diferentes:

Por una parte, se muestra una *realidad* constituida por las acciones concretas efectuadas por los personajes, sucesiones de imágenes, de escenas aparentemente inconexas, pero que pertenecen a una realidad atemporal y, en cierto sentido, extraespacial. Por otra parte, lo *onírico* incide en la *realidad* y se confunde con ella.

A modo de ejemplo, el signo *baño*: si bien la habitación misma constituye un lugar físico de encierro voluntario, destinado a posibilitar la tarea de asear, actividad natural y necesaria que incide en un estado de bienestar físico con consecuencias psíquicas, un baño determinado, como uno del Estadio Nacional, posee las mismas connotaciones, pero también la de un lugar asociado a un encierro involuntario, forzado, en el cual se cometen acciones no naturales que acarrean malestar físico y psíquico. En el período inmediatamente posterior al 11 de septiembre de 1973 se practicó la

---

nueva generación teatral, cuyos impulsos determinantes partían de la creatividad de una nueva generación de directores y no de autores de textos teatrales, como ocurría hasta la generación anterior, la de autores cuya producción teatral comenzara entre los años 50-60, impulsos no exclusivos de los directores en cuestión, sino extensivos a todos los participantes en el hecho teatral. Véase Kassai (1992: 247-250).

13   Sigo a Pavis (1980: 157-158) en su terminología.

14   Todo elemento involucrado en la representación teatral tiene status de signo y contribuye a la creación de una ficción.

detención, la tortura y la muerte en los baños y demás aposentos del mencionado estadio, con lo cual dicho espacio posibilitó una actividad dañina, peligrosa, *monstruosa* en su acepción de anormal. Cito a Pacull:

> " ... si uno entra a un baño del Estadio Nacional, no sabe en realidad dónde se encuentra, ya que este baño, según las circunstancias históricas, se puede utilizar de diferentes formas; puede ser una catacumba o un baño."[15]

3.6 Implicaciones escatológicas y sexualidad: desplazamiento de una carencia

Los objetos que se encuentran en el baño (un bidet y dos inodoros) generan asociaciones con los ámbitos *bajos* de la existencia, es decir con la intimidad, el aseo de áreas inferiores y con los excrementos. Las asociaciones de índole escatológica remiten, mediante el mecanismo psicológico del desplazamiento, al área de actividades sexuales:

> "Sexualität kann zunächst als Lustempfinden verstanden werden, das durch die Betätigung gewisser Körperzonen, der sogenannten erogenen Zonen, entsteht. Diese erogenen Zonen sind: der Mund und der aufnehmende Verdauungskanal, After und Darmkanal, der Schließmuskel des Afters, die der Reifung entsprechend beherrschte Muskulatur des Körpers und als letzte Zone die Genitalorgane ... "[16]

La liberación o el estado de felicidad o satisfacción al que TOKITO aspira, son imposibilitados por una situación que, metafóricamente, se apostrofa de mágica, pero que se puede interpretar como muy concreta: el bloqueo del deseo individual de plenitud se transpone al bloqueo del deseo colectivo de plenitud.

3.7 La creatividad de la desesperanza

Los integrantes del grupo de creadores de la obra generan su propuesta predominantemente plástica a partir de la experiencia vital desesperanzada que caracteriza a los representantes de una generación que no ha vivido un pasado democrático del cual asirse. Cualitativamente la desesperanza de estos jóvenes es diferente a la de sus mayores, pues los estados que les están vedados (el derecho a un trabajo estable y remunerado, a una información amplia, a una vida digna, por nombrar sólo algunos)

---

15 Lagos de Kassai (1988: 34).

16 "Es posible entender la sexualidad en primer lugar como la sensación de deseo que se produce al activar determinadas partes del cuerpo, las llamadas zonas erógenas, que son las siguientes: la boca y el canal digestivo de asimilación, el ano y el canal intestinal, el esfínter, la musculatura del cuerpo controlada de acuerdo al proceso de maduración correspondiente y como última zona, los órganos genitales ..." Traducción mía. Véase Schraml (1990: 286).

no sólo son impracticables por la adversidad del momento histórico, sino también por los vicios que el sistema ha vuelto característicos de sus opositores, no sólo de sus partidarios. El futuro no es algo concreto ni asible; es la generación del escepticismo absoluto, de la decepción que nace de la desconfianza, la generación estafada por sus mayores que no puede identificarse ni con un pasado que no ha forjado ella misma ni con un futuro que se vislumbra similar a su presente[17].

En el mundo dramático de la obra el rasgo predominante es la discontinuidad y la fragmentación: existe una sucesión de imágenes en las que el tiempo sólo se insinúa. En sentido estricto, el tiempo es estático, pues los personajes se encuentran en una situación sin salida aparente. Las acciones que los personajes efectúan en el escenario no obedecen a un propósito narrativo; lo verdaderamente fundamental es que cada personaje vive en un universo cerrado y, pese a ello, intenta relacionarse con los demás, es decir, hay interacción comunicativa basada en el miedo o el sometimiento internalizados como estado aceptable, en la amistad, en la curiosidad, en el cansancio producido por la antipatía mutua, en la pasividad o la indiferencia.

El proceso de gestación de la obra se basó en el intento de crear personajes en forma aislada e individual y re-crearlos en forma colectiva, independientemente de crear una historia. En psicoterapia, el empleo del método de la representación de papeles apunta a una finalidad curativa: quien(es) participa(n) en la representación lo hace(n) para comunicar un contenido, aceptar un problema como tal mediante la experimentación propia de emociones y percepciones, superar estados de angustia o ansiedad que le(s) puedan causar situaciones con las que no desea(n) verse confrontado(s), pero que tenga(n) que enfrentar en forma irremediable, y practicar actitudes o comportamientos como el de imponer la propia opinión a los demás, aprender a decir que no en el momento adecuado para sí mismo(s), independientemente de influencias y presiones externas, etc[18]. El mecanismo de identificación actúa en un doble plano (identificación por parte de quien actúa, representando un papel, e identificación en el espectador) y genera el acceso a un estado de descubrimiento *real* de la realidad propia y/o de la realidad de otros; en este sentido, la distancia entre los actores de un método psicoterapéutico y los actores de una obra de teatro se reduce en forma considerable.

Fine, quien ha estudiado los tipos de ego que se crean en el marco de un papel definido como externo a la persona que lo representa, postula la hipótesis de que todo grupo que se reúne a representar papeles en un juego de fantasía creado en forma comunitaria, es un intérprete de la cultura como sistema:

"No group creates a cultural system entirely from its imagination; rather, it shapes and adds an additional level of meaning to certain cultural elements that are part of its members' background knowledge. This can be conceptualized as a process by which

---

17 Los creadores de la obra la apostrofan de "tragedia para el segundo milenio." Véase S.A. 1988.

18 Para esta exposición esquemática de los usos posibles de la representación de papeles como método psicoterapéutico me baso en Sader 1986.

members of a group contextualize the culture of society, giving it special meaning for their interaction and creating a system of mutual relevances ..."[19]

Más aún, dependiendo del uso que los grupos hagan de su cultura, estarán en condiciones de crear sucesos cuyo significado será completamente nuevo, siempre y cuando sus integrantes estén conscientes de que están efectuando una manipulación de la cultura, es decir, existirá una re-creación de aquello que se entiende por realidad[20].

En el caso de los creadores de *El monstruoso orgasmo de Tokito* la creación de personajes se sustenta en una incapacidad de expresarse realmente, fenómeno que estos seis jóvenes han compartido como experiencia común a la generación que el 11 de septiembre de 1973 aún iba al colegio. La pérdida de parámetros válidos de interacción y comunicación genera inseguridad y ambigüedad. Los personajes comparten el entorno físico sin proporcionar pistas de las razones por las que lo comparten ni de las razones de sus acciones. *La tragedia del segundo milenio* se puede descomponer en dos esferas de significado: una, la de compartir ese espacio sin saber por qué; otra, la de compartir la característica de ser observadores pasivos más que ejecutantes o agentes del propio destino.

El método de crear personajes aislados al comienzo y luego en una situación de interrelación casi patológica responde a la necesidad de restablecer un mecanismo efectivo de comunicación independiente de los criterios de consumo imperantes en todos los ámbitos de la sociedad chilena de fines de la década de los 80. De este modo, quiebre, ruptura y disgresión dejan de ser conceptos vacíos de sentido en un universo juvenil y se transforman en vasos comunicantes del motor de una obra malentendida por la crítica: la articulación es el desafío, el medio es adverso, los parámetros de todo tipo han desaparecido. A nivel de *actualidad*, la acción juvenil es inexistente; a nivel de *virtualidad*, es una aspiración frustrada. El deseo insatisfecho de TOKITO es la libertad a la que podría llevarlo su orgasmo no consumado, la superación de su estado de ente acosado y condenado a la pasividad.

---

19 "Ningún grupo crea un sistema cultural enteramente a partir de la propia imaginación, sino más bien modela y agrega un nivel adicional de significado a ciertos elementos culturales que forman parte del conocimiento que sus miembros poseen del contexto propio. Este proceso se puede conceptualizar como uno mediante el cual los miembros de un grupo contextualizan la cultura de la sociedad, proporcionándole un significado especial a su interacción y creando un sistema de relevancias recíprocas ..." Traducción mía. Véase Fine (1983: 238).

20 Fine (1983: 239). Véase también Hare 1985, quien postula que los conceptos de realidad y creatividad son equivalentes tanto en el ámbito de la interacción social como en el rubro artístico y el de la producción científica.

4. LA NADA O LA PROBLEMÁTICA DEL MAYOR PELIGRO

" ... en Chile en este momento [la Nada] es algo real, algo que absorbe al país, ... quedan sólo las cáscaras, el exterior, la esencia de las instituciones se ha perdido: basta pensar ... en las universidades o los movimientos de vanguardia del mismo teatro que hoy son envases vacíos. Ahora, en todo caso, interesan las proposiciones, los hechos concretos, no llorar por la basura que constituye la realidad, se trata de crear espacios para el teatro donde ellos no existen, por ejemplo; ampliar las fronteras, porque la realidad trágica es tan evidente, que resulta pedante hablar de ella. "[21]

En el macrocontexto del Chile de fines de los 80 los héroes cuyo empeño se viese coronado por el éxito eran tan necesarios y escasos como la aplicación concreta y efectiva de la fantasía. De este modo, la pregunta acerca del sentido que puede tener el montaje de una adaptación de la novela de Michael Ende, *Die unendliche Geschichte*[22], que se ocupa de una temática abstracta y filosófica, cuyo público-meta está fundamentalmente compuesto por niños, adquiere ribetes de envergadura insospechada[23]. Un breve resumen del contenido puede ayudar a responder la pregunta mencionada:

La Nada invade el reino de Fantasía, condenado a desaparecer. La Nada y la extraña enfermedad de la EMPERATRIZ INFANTIL constituyen una unidad; a la Nada saltan los Fantasios ora debido a la irresistible fuerza de atracción que ella posee, ora por haber renunciado a todas las esperanzas que les iban quedando. La salvación proviene del mundo exterior a Fantasía, donde habitan los únicos capaces de crear y nombrar. Al mundo exterior y a Fantasía los une una relación de interdependencia, pues ninguno puede existir sin el otro. La Nada, entonces, constituye un peligro para ambos.

Para la obra de teatro se eligieron los trece primeros capítulos de la novela de Ende, en los cuáles el problema consiste en encontrar un héroe dispuesto a salir a buscar el remedio contra la expansión de la Nada y la enfermedad de la EMPERATRIZ INFANTIL. El encargo recae en ATREYU, un niño de la tribu de los Pieles Verdes. La participación activa de BASTIAN, quien lee y vive las aventuras por las que atraviesa ATREYU, le da un nuevo nombre a la EMPERATRIZ y salva a Fanta-

---

21 Palabras de Horacio Videla. Véase Lagos de Kassai (1988: 47).

22 Ende· 1979.

23 *La historia sin fin* se estrenó en mayo de 1988 en la Sala 2 del Teatro de la Universidad Católica de Chile. Las representaciones se efectuaban sólo los fines de semana, salvo las funciones especiales ofrecidas a colegios e instituciones, que tenían lugar en la semana. La Sala 2 tiene capacidad para 280 espectadores. Durante una entrevista grabada con el director de la obra, Horacio Videla, en 1989, éste calcula que 12.000 espectadores presenciaron el espectáculo y advierte que la designación teatro infantil o teatro para niños constituye una ficción, pues las obras de teatro consiguen apelar al espectador/ser humano o no, independientemente de su edad y su experiencia. El texto completo de la obra se encuentra en Lagos de Kassai (1992, Tomo 2: 45-78).

sía que se encuentra centrada en la creencia de poder contrarrestar verdaderamente la destrucción vía ejercicio de la capacidad de crear. BASTIAN supera el miedo y pronuncia el nuevo nombre en un acto de arrojo creativo que lo transforma en héroe.

El mensaje se vuelve claro: el peligro aniquilador no radica tanto en el impulso destructivo que encierran categorías relativamente identificables, sino en la incapacidad de generar una alternativa concreta, positiva y creativa que se oponga a la destrucción. La elección de una temática así es coincidente con el cambio de estrategia de la población civil respecto a la derogación de un sistema político-social que a fines de los 80 ya había perdido su legitimación. Si bien es correcto argüir que el alcance de una obra teatral es limitado, no es menos correcto reconocer que el *Teatro Provisorio* se adelantó con este montaje a los cambios que a nivel nacional sobrevinieron con posterioridad[24].

4.1 La nada en oposición al empleo activo de la fantasía

La Nada difusa e indefinible de la obra de teatro es todo lo que atenta contra la fantasía: el mundo consumista y altamente tecnificado, la indiferencia, la imposibilidad de sorprenderse, maravillarse o sentirse conmovido por algo, el dejar de ser y existir, todo lo opuesto a la plenitud. La fantasía en este contexto es la suma de todos los sueños, deseos, esperanzas y utopías de la humanidad; es decir, la historia sin fin en el sentido de interminable, siempre incompleta, nunca consumada de todo, inagotable, la suma de todas las historias posibles de la humanidad en tanto susceptibles de ser creadas, innumerables posibilidades aún no concretadas[25].

4.2 Innovaciones temáticas respecto a los cuentos populares

Ni la EMPERATRIZ es una princesa convencional ni ATREYU es un héroe convencional. En primer lugar, la EMPERATRIZ determina ella misma en forma consciente la búsqueda y acompaña al héroe en sus peripecias. Más aún, ella conoce el remedio para su propia enfermedad, por lo cual su personaje es una presencia

---

24 Me refiero a la actitud constructiva del movimiento que conformaba la oposición al gobierno de ese entonces, manifestada por ejemplo a través del lema "La alegría ya viene" durante la campaña electoral de 1988, slogan encargado no de resaltar los horrores vividos en el transcurso del gobierno autoritario, sino de plantear la posibilidad de un cambio positivo en el cual el estado de alegría dejara de ser una ficción y pasara a constituir una realidad. Este acto de articulación de un tipo de creatividad viable y formulada de modo positivo logró derrotar a un enemigo que hasta ese momento parecía invencible. Queda por verse si los héroes de entonces serán reconocidos en el futuro como tales, es decir, si experimentarán su anagnórisis, y/o si su creatividad los seguirá acompañando en su lucha anti-expansionista en contra de la Nada.

25 En una carta personal Videla se manifiesta partidario de este enfoque.

constante, pese a que la focalización recaiga en las múltiples aventuras de ATREYU. En segundo lugar, su enfermedad no puede ser curada mediante los métodos tradicionalmente aplicados en los cuentos (aquí no basta con el beso de un príncipe o con el empleo de la magia), sino que sólo la participación activa de un ser humano logrará derrotarla. El niño-héroe, ATREYU, es personaje de la historia y personificación, dentro de ella, del lector/espectador. Por último, el poder de la EMPERATRIZ INFANTIL es sinónimo del ejercicio activo de la tolerancia. El envío de ATREYU a la gran búsqueda tiene móviles colectivos. En cuanto a ATREYU, es preciso señalar que su status no es el de un héroe típico, pues su enemigo no es definible. Si bien la búsqueda es guiada por la EMPERATRIZ, no por eso ATREYU experimenta intromisiones de la instancia conductora en el transcurso de la búsqueda. Sólo él debe determinar el camino que coronará su empresa con el éxito:

ATREYU: ¿Por dónde debo empezar?
CAIRON: Por todas partes y por ninguna; a partir de ahora estás solo y
nadie puede aconsejarte. "[26]

La búsqueda del remedio simboliza en realidad la posibilidad que se le brinda a ATREYU de alcanzar el status de héroe a través de la propia experiencia y disfrutar el reconocimiento de la colectividad.

Los riesgos inherentes a la búsqueda pertenecen a la esfera de lo concreto o asible, como en el caso de YGRAMUL, una fuerza negativa que en Fantasía existe tan legítimamente como su contraparte positiva, y a la esfera de lo abstracto o inasible, como sucede con VETUSTA MORLA, personaje que vive en medio de la enajenación y la indiferencia absolutas y que provoca asociaciones con el macrocontexto chileno de fines de la década de los 80, caracterizado por un letargo de años, la imposibilidad de renunciar a una postura ideológica homogeneizante, basada en la búsqueda del bienestar propio y no en el ejercicio de la solidaridad, y por una absoluta carencia de generosidad[27].

Los niveles del texto representacional se superponen y entrelazan. Como ejemplo se puede tomar el momento en que queda claro que el espectador y BASTIAN han acompañado a ATREYU en su búsqueda y la co-determinan: ATREYU y FUJUR, el dragón de la suerte, buscan infructuosamente al Oráculo del Sur. Está oscuro; BASTIAN enciende tres velas para seguir leyendo, pues él tampoco ve y en ese mismo instante ATREYU y FUJUR ven un resplandor que los conduce al Oráculo[28].

---

26 Lagos de Kassai (1992, Tomo 2: 53).

27 Véanse, por ejemplo, Munizaga 1988 y Brunner 1982 y 1984.

28 Lagos de Kassai (1992, Tomo 2: 65).

4.3 El espacio escénico como signo con significado

El espacio escénico[29] se concibió como uno abierto, cambiante y en relación a otros espacios. Se emplean espacios no convencionales para conectar el nivel de la realidad ficticia representada con el estrato de la realidad ficticia imaginaria[30]. De la parte alta del espacio escénico caen elementos como el columpio que ocupa la EMPERATRIZ INFANTIL o el trapecio que utiliza ATREYU, ambos signos icónicos metafóricos que denotan trascendencia. Al territorio de Fantasía están circunscritos todos los actos efectuados por ATREYU, puesto que a él le está vedada la salida hacia el mundo exterior[31]. De este modo, el territorio de Fantasía debe ser entendido como un signo en el que predomina la función ostensiva simbolizante o simbolizadora[32]. El columpio que utiliza la EMPERATRIZ subraya el paso natural de la muerte hacia un nuevo nacimiento, es decir, la concepción cíclica del cosmos y la trascendencia se representan en forma visual mediante el movimiento del columpio.

Desde el punto de vista espacial y temporal, en la obra se representa una historia (la gran búsqueda de ATREYU) dentro de otra historia (la de BASTIAN), que al comienzo tiene lugar en el mundo exterior a Fantasía, es decir, en la realidad concreta. Para esta historia globalizadora se utiliza, espacialmente hablando, todo el escenario. Cuando BASTIAN comienza a leer, se sienta en el carro que le servirá de medio de transporte concreto y metafórico para llegar a Fantasía. La historia leída y representada ocupa asimismo todo el espacio escénico, es decir, tanto la historia de Fantasía como la historia que le sirve de marco reciben el mismo tratamiento escénico. El carro de BASTIAN es signo icónico-simbólico de su movilidad desde el mundo exterior a Fantasía y de regreso al mundo exterior[33].

---

29   Pavis considera al espacio escénico como un signo significante de la realidad representada y, de este modo, lo diferencia del espacio dramático, escenográfico, lúdico, de los espacios metafóricos y del espacio textual. Véase Pavis (1980: 157-158).

30   No se trata de una redundancia, sino de una diferenciación de los niveles que conforman la realidad mostrada en el escenario.

31   Cuando ATREYU intenta abandonar el territorio de Fantasía, los Cuatro Vientos dirigen su furia contra él, quien cae del trapecio y pierde el amuleto protector, AURYN. Véase la escena 16, Lagos de Kassai (1992, Tomo 2: 68-70).

32   Pavis diferencia formalmente entre ostensión mimética, simbolizante o simbolizadora y demostrativa. Véase Pavis (1980: 279).

33   De este modo, el carro se ve o no en el escenario dependiendo de si se esté en el nivel exterior o en el *fantástico*, respectivamente. La movilidad es también el cambio interno que experimenta BASTIAN a través de la lectura del libro. En el carro de BASTIAN están el candelabro con las tres velas y la lechuza disecada, elementos que sugieren simbólicamente el desván del colegio donde BASTIAN lee el libro, por una parte, y, por otra, el conocimiento y crecimiento interno a los que BASTIAN llega mediante la lectura, ya que la lechuza es símbolo de sabiduría y las velas simbolizan la luz en sentido amplio. Véase Lagos de Kassai (1992, Tomo 2: 45-78).

El personaje del NARRADOR-MUSICO, que nunca abandona el escenario, ocupa un espacio isotópico autónomo dentro del espacio escénico global[34]. El componente *narrador* del personaje introduce las escenas representadas distanciándolas *brechtianamente*; el componente *músico* ejecuta, representa como cualquier otro personaje de la obra, con una diferencia cualitativa importante: es un personaje espacialmente estático y, sin embargo, significante y significativamente múltiple. La música ejecutada por él constituye un lenguaje escénico autónomo[35].

La iluminación recibe un tratamiento de tipo escenográfico, no escénico, puesto que si bien se utilizan fuentes de luz que iluminan el escenario y focalizan la acción, respecto al público se emplea una técnica mixta: se ilumina el área del público en forma tenue, hay escasos momentos de oscuridad absoluta[36].

En conclusión, el espacio escénico alberga categorías espacio-temporales circunscritas a niveles de interpretación simbólica.

4.4 Estructura significante

Desde el punto de vista temático, pero también desde el de la estructura formal, basada en el principio de tensión y distensión, la obra se sustenta en un ritual iniciático por partida doble: la iniciación de ATREYU y la de BASTIAN son dos polos entre los que se mueve la acción representada. El viaje iniciático de ambos conduce a una individuación JUNGiana con consecuencias sociales. El ritual que caracteriza a la estructura formal es de índole transformadora[37], en el sentido de que tanto los que se someten a él en forma activa (ATREYU y BASTIAN) como los que lo viven en calidad de público han adquirido, al término de la obra, una identidad. ATREYU es reconocido como héroe y BASTIAN ha servido de elemento transportador en térmi-

---

34 Según Pavis la isotopía se circunscribe al terreno de los mecanismos de recepción y es una especie de hilo conductor que ayuda al espectador a adscribirles sentido a elementos provenientes de sistemas aparentemente diferentes, pero idénticos. Véase Pavis (1980: 224-225).

35 Cada personaje posee una melodía que lo caracteriza. Por ejemplo, durante la iniciación de ATREYU, interrumpida por CAIRON, el NARRADOR-MUSICO toca el tema que, en su variante lenta, acompaña al héroe durante los momentos en que siente que las fuerzas lo abandonan y que su búsqueda no llegará a su fin.

36 El espacio escenográfico comprende tanto el espacio escénico como el de los espectadores. Véase Pavis (1980: 151).

37 Sigo a Schechner, quien diferencia entre teatro y ritual. El teatro está compuesto de experiencias transportadoras (aquéllas que provocan un viaje en el transcurso del cual el actor experimenta cambios dentro de sí, pero cuando concluye este viaje, vuelve al punto de partida) y de experiencias transformadoras (aquéllas en que el resultado del viaje es un cambio dentro del actor, cambio que perdura una vez finalizada la representación). Véase Schechner (1990: 228-252).

nos de haber propiciado la transformación, del mismo modo en que los acompañantes de los jóvenes sometidos a los ritos de iniciación sirven de elementos transportadores[38]; más aún, él mismo ha vivido esta transformación como consecuencia de su calidad de doble psíquico de ATREYU. El público es incorporado a esta experiencia ritual y, si se considera que es plausible que cada individuo que compone el público sea una prolongación de BASTIAN transformado y, al mismo tiempo, un agente social, las posibilidades que genera esta identidad asumida son de gran alcance. Se requiere de agentes reales (ATREYUs) dispuestos a ayudar a otros agentes potenciales (BASTIANes) a asumir su condición y se presupone la eficacia del efecto multiplicador de cada agente. Si se interpreta a ATREYU y BASTIAN como dos caras de la misma moneda, resulta acertado ver en el mundo exterior a Fantasía una entidad en la cual las ideas se traducen en acción concreta en doble plano: ATREYU, circunscrito al radio de acción de Fantasía (= mundo interior) ejecuta lo que BASTIAN va leyendo y co-determinando en el mundo de afuera (= mundo exterior), con lo cual queda confirmada la relación de interdependencia en que ambos se encuentran. BASTIAN asume el papel de agente, no de paciente de una obra creada de antemano para él.

4.5 La utopía o la reivindicación de la esperanza

En la discusión teórica de la década de los 80 acerca del concepto de la utopía, Morrison se centra en el criterio del efecto de la misma en tanto idea-reflejo de las obsesiones colectivas, no privativas de un solo individuo[39]. Coincide con autores como Neusüss y Goodwin/Taylor[40] al resaltar que el rasgo común a todas las utopías es la convicción de poder generar un orden social no sólo nuevo o diferente, sino mejor que el que se critica. El criterio cualitativo es central en este enfoque, que a mi entender se observa en las dos obras de teatro presentadas en forma esquematizada en este trabajo[41].

En *El monstruoso orgasmo de Tokito* se enfatiza la necesidad de transformarse en agente mediante la presentación de un estado de insatisfacción generacional. Al rescatar la necesidad de afirmar el sentido y la función de la esperanza como elemento constituyente de una definición de futuro distinto a un presente desesperanzado,

---

38 Schechner describe en detalle los ritos iniciáticos de los Gahuku, en Papua Nueva Guinea, y enfatiza la importancia de la función de los agentes de transformación, los transportadores de los jóvenes que son alejados de su familia y regresan convertidos en hombres adultos gracias a que estos transportadores en sentido literal y metafórico han ayudado a consumar la transformación. Véase Schechner (1990: 228-239).

39 Morrison 1984.

40 Goodwin/Taylor 1982.

41 Para un análisis detallado de los puntos esbozados a grandes rasgos en este trabajo, véase Lagos de Kassai 1992.

La historia sin fin se inscribe en la tendencia que postula que hay que superar la inercia y ser capaces de creer que no todo está perdido, es decir, se trata de actuar. El cambio más radical es el de darle nueva forma a un contenido que se presenta como uno que no ha variado en lo sustancial: BASTIAN le da un nuevo nombre a la EMPERATRIZ INFANTIL para que Fantasía no muera y así manifiesta su apego por algo que ve amenazado de raíz y que no desea declarar parte de un pasado irrecuperable, sino convertir en un futuro concreto y vivo.

Hacia fines de los 80 las reformas en Chile consisten en reconquistar espacios de articulación y participación perdidos desde 1973, reformas que aparecen como el intento de enmendar un rumbo equivocado y recuperar, al menos en el ámbito teatral, el status de sujeto-productor del individuo relegado irremediablemente a ser objeto-receptor en áreas extra-teatrales. Como consecuencia de este cambio de paradigma, se potencializa la semantización del signo teatral, se produce una contextualización inmersa en el presente y una despolitización que termina siendo aparente. Estas tres características conforman la base de la nueva estética teatral centrada en la búsqueda de nuevos lenguajes escénicos.

BIBLIOGRAFÍA

Agurto, Irene/Canales, Manuel/De La Maza, Gonzalo: *La juventud como intento. La perspectiva teórica*, en: Agurto, Irene/Canales, Manuel/De La Maza, Gonzalo (Eds.): *Juventud chilena - Razones y subversiones*. Santiago de Chile 1986, pp. 7-12

Bianchi, Soledad: *La política cultural oficialista y el movimiento artístico*, en: *Araucaria de Chile*. Madrid 1982, pp. 135-141

Boal, Augusto: *Técnicas latinoamericanas de teatro popular*. São Paulo 1979

Brunner, José Joaquín: *La cultura autoritaria en Chile*. Santiago de Chile 1982

----: *Entrevistas, discursos, identidades*. Santiago de Chile 1984

Bühler, Charlotte: *Psychologie im Leben unserer Zeit*. München 1962

Buenaventura, Enrique, *Esquema general del método de trabajo colectivo del TEC*, en: Garzón Céspedes, Francisco (Ed.): *El teatro latinoamericano de creación colectiva*. La Habana 1978, pp. 313-370

Cofre, Inés/Lobos, Patricia/Muñoz, Elena/Bastidas, Rodrigo/Pacull, Alvaro/Prieto, Gabriel: *El monstruoso orgasmo de Tokito*, en: Lagos de Kassai, M. Soledad: *Creación colectiva: Teatro chileno a fines de la década de los 80*, Tomo 2, Textos originales. Augsburgo 1992, pp. 108-125

Ende, Michael: *Die unendliche Geschichte*. Stuttgart 1979

Fine, Gary Alan: *Shared Fantasy - Role-Playing Games as Social Worlds*. Chicago 1983

Freud, Sigmund: *Kulturtheoretische Schriften*. Frankfurt am Main 1986

Fricke, Almuth: *Theorie und Praxis des neuen kolumbianischen Theaters - Untersuchung zur Ästhetik und Methode des zeitgenössischen Theaters in Kolumbien anhand von zwei Beispielen der Theaterarbeit von La Candelaria,* (Magisterarbeit). Mainz 1990

García, Santiago: *La creación colectiva,* en: Menéndez Quiroa, Leonel (Ed.): *Hacia un nuevo teatro latinoamericano.* San Salvador 1977, pp. 463-472

Goodwin, Barbara/Taylor, Keith: *The Politics of Utopia - A Study in Theory and Practice.* London 1982

Hare, Alexander Paul: *Social Interaction as Drama - Applications from Conflict Resolution.* Beverly Hills 1985

Hurtado, María de la Luz/Ochsenius, Carlos/Vidal, Hernán: *Teatro chileno de la crisis institucional 1973-1980* (antología crítica). Santiago de Chile 1982

Kassai, Soledad: *Bericht über das Symposium Das moderne Theater Lateinamerikas,* en: *Romanistische Zeitschrift für Literaturgeschichte,* Heft 1/2 (1992) 247-250

Lagos de Kassai, M. Soledad: *El teatro chileno de creación colectiva - Testimonios desde Santiago en 1988.* Augsburgo 1988

----: *Creación colectiva: Teatro chileno a fines de la década de los 80* (Diss.), 2 tomos. Augsburgo 1992

Letelier, Agustín: *Dos experiencias* en: *Diario El Mercurio.* Santiago de Chile (15 de mayo de 1988)

Moliner, María: *Diccionario de uso del español.* Madrid 1979

Morrison, Alisdair: *Uses of Utopia,* en: Alexander, Peter/Gill, Roger: *Utopias* London 1984, pp. 139-151

Munizaga, Giselle: *El discurso público de Pinochet - Un análisis semiológico.* Santiago de Chile 1988

P.A.: *Jóvenes actores estrenan obra,* en: *Diario La Epoca, Suplemento Tiempo Libre.* Santiago de Chile (18 de marzo de 1988)

Pavis, Patrice: *Dictionnaire du Théâtre.* Paris 1980

Röttger, Kati: *Creación colectiva,* en: Adler, Heidrun (Ed.): *Theater in Lateinamerika - Ein Handbuch.* Berlin 1991, pp. 105-124

----: *Kollektives Theater als Spiegel lateinamerikanischer Identität - La Candelaria und das neue kolumbianische Theater* (Diss.). Frankfurt am Main 1992

S.A.: *Jóvenes actores estrenan creación colectiva monstruosa,* en: *Diario La Segunda, Espectáculos.* Santiago de Chile (27 de abril de 1988) 28-29

Sader, Manfred: *Rollenspiel als Forschungsmethode.* Opladen 1986

Schechner, Richard: *Theateranthropologie - Spiel und Ritual im Kulturvergleich* Reinbek bei Hamburg 1990

Schraml, Walter J.: *Einführung in die moderne Entwicklungspsychologie für Pädagogen und Sozialpädagogen.* München 1990

Videla, Horacio: *La historia sin fin,* en: Lagos de Kassai, M. Soledad: *Creación colectiva: Teatro chileno a fines de la década de los 80,* Tomo 2, Textos originales. Augsburgo 1992, pp. 45-78

Klaus Pörtl

Universidad de Maguncia

JOSÉ IGNACIO CABRUJAS: ACTO CULTURAL, O LA CUESTIÓN DE LA IDENTIDAD*

José Ignacio Cabrujas nació en el año 1937 en Caracas y es un hombre con una formación amplia y con una variada experiencia profesional: estudió derecho, fue profesor de Literatura, director del Departamento de Cultura en la Universidad Central de Venezuela, colaborador en Radio y Televisión, y se entregó completamente al teatro como autor, actor y director.

Desde finales de los años cincuenta, pero sobre todo en los años setenta, se hizo un nombre en Venezuela con sus obras de teatro; entre otras figuran los dramas *Juan Francisco de León* (1959); *Los insurgentes* (1961); *El extraño viaje de Simón el Malo* (1961); *Tradicional hospitalidad* (1962); *En nombre del Rey* (1963); *Fiésole* (1967); *Profundo* (1971); *Acto cultural* (1976); *El día que me quieras* (1979); *Una noche oriental* (1983) y *El americano ilustrado* (1986)[1].

Preferentemente trata temas históricos, retrocediendo en el pasado para poder ilustrar así la situación precaria actual en su propio país.

En lo siguiente nos atendremos sobre todo al *Acto cultural* del año 1976, que hasta hoy en día es caracterizada como una de sus obras más brillantes[2]. El crítico Leonardo Azparren Giménez escribe sobre Cabrujas, refiriéndose para ello a *Acto cultural*:

"Er ist der Autor, der in unserer spezifischen Rhetorik am tiefsten verwurzelt ist. Mit diesem Begriff bezeichne ich die subtile Ausgestaltung des 'unechten' Diskurses, in dem wir hinsichtlich unseres heroischen Selbstverständnisses aufgewachsen sind, und das bei Gelegenheit mit unseren elementarsten, pubertärsten und primitivsten Regungen in Konflikt gerät. Cabrujas möchte ich zum 'Anti-Ideologen' erklären, weil seine Bühnengestalten auf einer hochgradig empirischen, ungebrochenen naiven Ideologiewelle reiten,

---

*   Agradezco la traducción a Araceli Marín Presno.

1   Véase L. Azparren Giménez (1988: 23).

2   Véase para esto también *Prensa venezolana*, en: Cabrujas (1979: 71-80). En lo siguiente se citará de la obra según esta edición.

die sich an der Realität des Alltäglichen hart bricht. Diesen Vorgang begreife ich als 'Rhetorik', mitreißend exerziert in seinem Stück *Acto cultural*."[3]

Los hechos en *Acto cultural* tienen lugar en el pueblo andino de San Rafael de Ejido en Venezuela, al sur de Mérida: según Gleider Hernández-Almeida, la obra está estructurada en tres niveles: (1) el *Acto cultural* en sí, en donde el tiempo de la acción y el tiempo de la narración son idénticos; (2) el teatro en el teatro, que corresponde a la obra *Colón, Cristóbal, El Genovés Alucinado*, escrita por Amadeo Mier, el presidente de la Sociedad Louis Pasteur, y que es representada durante el *Acto cultural*; y finalmente, (3) las reflexiones de los seis miembros de la Junta de la Sociedad Louis Pasteur sobre sí mismos, su vida y su entorno. Para Hernández-Almeida el vacío cultural, intelectual y social del venezolano es un tema excitante, con el que Cabrujas, con mucho sarcasmo, quiere enfrentar a sus compatriotas mediante su *Acto Cultural*:

> "En *Acto cultural*, donde la inmovilidad, el nihilismo, la soledad y el vacío no pueden llenarse ni por los descubrimientos que hizo el gran químico y microbiólogo Louis Pasteur (1822-1895) de la pasteurización y la vacuna contra la rabia; ni con el más grande acontecimiento de toda la historia de la humanidad que fue el descubrimiento del nuevo mundo por Cristóbal Colón. Hay algo más que tiene que proporcionarle al hombre la razón vital por la cual lucha y por la que tiene que seguir luchando en este mundo y Cabrujas, por medio de su teatro, lo incita a que encuentre ese sendero, a que descubra las causas y que rechace seguir viviendo de efectos tan adversos, que al fin y al cabo son temporales y transitorios. Y Venezuela tiene que llegar a ese encuentro definitivo, dejar de vivir de la fantasía estéril y enfrentarse a la raíz de sus problemas para entender el presente histórico que vive. Si los personajes de Ejido no tienen la valentía para cambiar el tipo de existencia que arrastran los que los contemplan, deben hacerlo por sí mismos, y ahí está la renovación que el autor está buscando de manera indirecta y sutil."[4]

[Compárese el texto extracto n° 1 de la obra en el apéndice]

Una situación cómica y un lenguaje cómico son una constante durante toda la obra *Acto cultural*. Ya en la primera oración y significativamente a continuación de la palabra "ceremonia" se entona un lenguaje ordinario, que es representativo para todo el transcurso de la obra. Francisco Xavier, el secretario de la ominosa Sociedad Louis Pasteur para el Fomento de las Artes, las Ciencias y las Industrias de San Rafael de Ejido, que se distingue por sus modales grotescas, introduce la obra con la lapidaria frase "Se declara inaugurada la ceremonia", y después de una larga pausa se escucha "una poderosa ventosidad" (84). En realidad es un efecto cómico de un payaso. Francisco Xavier sigue hablando seriamente, "sin darse por enterado".

---

3   Citado según Hedda Kage, en: H. Adler (1991: 259).

4   Véase: Gleider Hernández-Almeida (1978: 139-140).

[Compárese el texto extracto n° 3 de la obra en el apéndice]

A lo largo de la obra se han introducido muchos efectos escénicos cómicos, así por ejemplo el ataque de rabia, motivado por celos, de Herminia (alias la esposa de Colón), al aparecérsele a Colón una visión, lo que ella interpreta como un sueño erótico y, gritando "¡Quiero verte el pudendo!" (96), intenta quitarle la manta para pillarle en flagrante corriendo una aventura amorosa ficticia.

Muy absurdo y cómico, así como extremadamente satírico, es la escena en donde de la mano del presidente brota sangre, mientras que anuncia su obra *Colón, el Genovés Alucinado*, citando con ironía a livianos milagros católicos.

[Compárese el texto extracto n° 2 de la obra en el apéndice]

Cabrujas se distingue por lograr un lenguaje cómico y una retórica ingeniosa también con medios muy fáciles[5]. Así por ejemplo, Amadeo como presidente evoca el pasado de su sociedad, caracterizada por la carencia de acontecimientos, y que finaliza sirviéndose de diferentes tiempos del verbo "pasar" en diversas preguntas retóricas - "¿Qué pasó? ¿Qué ha pasado? ¿Qué pasaría? ¿Qué habría pasado? ¿Qué está pasando? ¿Qué pasa?" -, pero en la última oración adopta un estilo vulgar: "¿Qué mierda pasa?" (85). Esto es lo que se entiende bajo el efecto de sorpresa, que en este caso es una rotura de estilo, en el diálogo de una comedia, que el público seguramente honrará con risas.

¿Qué es lo que pretende Cabrujas con esta farsa de Colón, estrenada en 1976 en Caracas? A pesar de que la obra sea en primer plano cómica, Cabrujas expresa la carencia de identidad del venezolano actual por medio de un juego satírico del teatro en el teatro. Una asociación para la promoción de la cultura se arrastra a sí misma al absurdo al presentar, con ocasión de una reunión jubilar, la obra *Colón, Cristóbal, el Genovés Alucinado*, compuesta por un miembro de la junta directiva con constantes interrupciones que ponen de relieve la conexión con la realidad. Asi se transmite la historia o bien la prehistoria, interrumpida ocasionalmente por los actores aficionados, que desde el punto de vista europeo significa el descubrimiento y desde el punto de vista latinoamericano la conquista de América por parte de Colón, que forzó al continente a adoptar una nueva identidad. Este método de poner al desnudo mitos de la historia intangibles por generaciones a causa de una heroificación acrítica, es una constante esencial de la dramaturgia crítica de la actualidad. Cabrujas desheroifica la historia, enredando a sus figuras históricas en trivialidades grotescamente ridículas, de las cuales resulta al fin de modo enteramente casual el descubrimiento o la conquista de América. Colón no tiene una audiencia con la reina Isabel en la sala del trono, sino en la cocina, donde guisa un cocido castellano. Es aquí donde Colón prepara con la reina unos planes vagos para descubrir un nuevo mundo.

Desde el punto de vista de los venezolanos, Colón está obsesionado por descubrir países nuevos, y, para realizar sus ideas abstrusas, pide a las casas reales euro-

---

5   Véase Hedda Kage (1991: 259).

peas ayuda económica. Ha encontrado a Isabel en un momento apropiado, o sea en la cocina, para convencerla de sus planes. Para ella la cultura consta de tres elementos esenciales, y esto se puede interpretar como un latigazo latinoamericano a las tradiciones occidentales tan alabadas: (1) de haber eliminado a personas de otras mentalidades ("Ya no hay moros en Granada", 137, dice ella); (2) de velar por la procreación (orgullosa dice "estoy embarazada", 137) y, (3) de pensar en la comida (convencida exclama "acabo de perfeccionar la tradición del cocido castellano", 137). Según ella se ha conseguido la unidad nacional de España mediante estos tres elementos.

Con este primitivo equipaje histórico-cultural encomienda a Colón a descubrir el Nuevo Mundo: "...descúbreme lo que quieras e invéntame unas casas que se llamen como dices, San Rafael de Ejido, y que broten allí, en esa fertilidad, cebollas, ajos, garbanzos y tocinos." (138). Eso es todo lo que en un principio el viejo mundo puede ofrecer y que los conquistadores deben de preservar en el nuevo mundo. El resultado es, bajo la mirada crítica de Cabrujas, la carencia de una cultura nacional sin propias raíces históricas y un vacío intelectual, como se puede ver en los quehaceres inútiles de la sociedad Pasteur con sus actividades ufanas.

[Compárese el texto extracto n° 4 de la obra en el apéndice]

En la obra se hace ocasionalmente y arbitrariamente mención a la tradición rancia cultural europea al citar los nombres de Aristóteles, Parmenides, Newton, Leonardo da Vinci, Beethoven, Wagner, Victor Hugo, Balzac, Gautier, Dumas, Zola y Mallarmé, o al evocar los recuerdos eróticos de una luna de miel con carácter histórico-cultural de unos novios enamorados de San Rafael de Ejido. Una obra maestra en retórica es el pasaje donde la viuda Herminia goza de los recuerdos de virilidad de su difunto marido en Roma, Florencia, Paris, etc. (143/144). En este contexto cito de nuevo al crítico Azparren Giménez: "Als Fanatiker des Wortes genießt Cabrujas die verbalen Exzesse seiner Figuren, die aus seiner persönlichen, überwältigenden Bildung schöpfend, eine Bühnensprache erobert haben, die bei uns unter Theaterleuten bereits zur Mode zu werden droht und, eine Gefahr für die jungen Kopisten, zur Imitation führt;... Ich halte Cabrujas für den Dramatiker, der uns am tiefsten verletzt, und den wir am meisten lieben, weil er uns dort zu treffen versteht, wo es uns am heftigsten schmerzt."[6]

Cabrujas introduce elementos literarios del teatro del Siglo de Oro, al dejar representar a sus personajes papeles que representan figuras alegóricas como la Historia Universal, la Persistencia o la Inspiración.

[Compárese texto extracto n° 5 de la obra en el apéndice]

Pero nunca se ha dado ni para él ni para sus personajes el paso decisivo hacia la propia identidad de una Venezuela o de Latinoamérica. Todos ellos son seres sin alma de un pasado espectral. Esto se manifiesta al final de la obra, cuando se enume-

---

6   Citado según H. Kage (ibíd.).

ran sucesos claves de la historia latinoamericana - "los indios, los conquistadores, los colonizadores, los comuneros, los derechos del hombre, la guerra, los muertos, los próceres, el paso de los Andes, la última batalla ... la huída de los españoles, y ..." (147) -, pero no se pronuncia la última palabra con la que se puede identificar Latinoamérica, como por ejemplo "el continente latinoamericano". Porque ni una sola alma de San Rafael de Ejido, ni las personalidades aludidas o el público, ha ido a ver la representación de esta obra de la Sociedad Louis Pasteuer sobre Colón. La Sociedad Louis Pasteur ha dado como siempre una representación para sí, y por la falta de público tampoco recibe resonancia por un mensaje, que no se ha formulado. La insignificancia de gremios y sociedades, que sin público, sin necesidades externas e internas se reunen por pura vanidad y que hacen sandeces, como es el caso de esta Sociedad Louis Pateur en un pueblo venezolano, ha sido también tema, pero bajo otra constelación, de la sátira *El lugar donde mueren los mamíferos* (1963) del chileno Jorge Díaz, en donde un autonombrado "Instituto Ecuménico de Consuelo Semanal para Indigentes" suelta disparates en un estilo de reunión sobrio, con el fin de repartir donativos entre los pobres, que no se encuentran en ninguna parte.

En ambos casos, tanto en la obra de Cabrujas como en la de Díaz, los personajes que actúan, no saben, debido a su limitado horizonte, el motivo de su existencia, porque al fin y al cabo les falta el fondo cultural de su propia identidad. Según Cabrujas, esto tiene que ver sobre todo con la falta de una conciencia histórica. En una larga conversación con el crítico español José Monleón, Cabrujas explica su posición disonante con respecto a la historia propia como venezolano[7]. *Acto cultural* es una pieza clave para entender la ausencia de identidad del latinoamericano actual. ¿Cómo se ha de narrar, sugiere Cabrujas, la historia de un pueblo que fue arrollado, cuando los que narran eran los mismos intrusos o los hijos de los intrusos? El autoengaño histórico se revela aquí en la idea del 'indio' - habitante originario como representante auténtico de un continente -, que desde los tiempos de la conquista no ha significado nada en su propia patria. Recuérdese la *Instrucción para el gobernador y los oficiales sobre el Gobierno de las Indias*, publicada por los Reyes Católicos en 1503 en Alcalá de Henares y en Zaragoza. En la *Instrucción* se ve claramente cómo la Corona española intentó juntamente con la labor civilizadora en América una reeducación y transculturación de los indígenas. Así, por ejemplo, podemos leer lo siguiente: "Que se hagan poblaciones en que los dichos indios puedan y estén juntos, según y como están las personas que viven en estos Reinos", y también: "que se vistan y anden como hombres razonables"[8]. La nueva investigación histórica pone también claramente de relieve que la Corona española no sólo quería misionar a los indios, como se ha afirmado en general, sino también europeizarlos por medio de una educación pacífica en todas las esferas de la vida. La pérdida de identidad del indio y de sus descendientes al mezclarse con los conquistadores va unida a esta asimilación a Europa decretada políticamente.

---

7   Véase José Monleón (1979: 43-66, sobre todo 44 y 45).

8   Véase Horst Pietschmann (1983: 29-44).

Cabrujas destaca el hecho de que los españoles, como conquistadores, se limitaron a exigir tributos de sus sometidos, pero los hijos y descendientes de estos españoles, nacidos ya en el continente, explotaron como grandes señores a la población indígena. De aquí que Cabrujas vea la Guerra de la Independencia, tan alabada en los libros de historia con la victoria de Bolívar sobre España, como un trauma para el venezolano actual que se enfrenta críticamente a la historia: "no fue más que una guerra interna, dramática y sumamente conflictiva"[9]. Como resultado de esta carencia de identidad nacional e histórica, Cabrujas ve un "espantoso vacío"[10], cuando se quiere imponer oficialmente una conciencia de nacionalidad en el país. ¿Sobre qué, concretamente, se ha de decidir él, y con él el latinoamericano actual? ¿Es un hombre superior como descendiente de los conquistadores españoles, un indio esclavizado, o vive acaso la escisión de la identidad de un 'mestizo'?[11] *Acto cultural* no puede dar ninguna respuesta al respecto, sino que sólo problematiza la conciencia del hombre contemporáneo.

APÉNDICE

Textos extractos de *Acto Cultural* en: José Ignacio Cabrujas: *Acto Cultural, El día que me quieras, La soberbia milagrosa del General Pío Fernández*. Madrid 1979.

(1) Pág. 84:
FRANCISCO
XAVIER: Se declara inaugurada la ceremonia.
(Larga Pausa y se escucha una poderosa ventosidad*)*.

FRANCISCO
XAVIER: *(sin darse por enterado)*: Antes de proceder a
               la escenificación de la obra, Colón, Cristóbal,
               el Genovés Alucinado, se escucharán las pala-
               bras del ciudadano presidente de la Sociedad
               Louis Pasteur, antes Sociedad Heredia para el
               Fomento de las Artes, las Ciencias y las Indus-
               trias de San Rafael de Ejido.
(Xavier toma asiento. Amadeo Mier se pone de pie).

(2) Pág. 85:
AMADEO: Han transcurrido cincuenta años desde el día en que
               Isaac y Miriam Heredia, hijos del nunca bien llorado
               Abraham Heredia, fundaron en San Rafael de Ejido
               la Sociedad Heredia para el fomento de las Artes,

---

9   Véase José Moleón (1979: 45).

10   (Ibíd.).

11   Véase *Actes du VIIIe Congrès de la Société des Hispanistes Français*. 1983.

las Ciencias y las Industrias. Permanecen aquí sus puestos y, sobre todo, permanecen sus ausencias. *(Breve pausa para comprobar el efecto)*. Podríamos preguntar simplemente y evitando los rodeos: ¿Qué pasó? Pero la obra está a la vista y no resultaría ni siquiera gracioso. Podríamos matizar y matizar la voz para distraer el silencio con cosas como: ¿Qué pasó? ¿Qué ha pasado? ¿Qué pasaría? ¿Qué habría pasado? ¿Qué está pasando? ¿Qué pasa? *¿Qué mierda pasa?*

(El resto de la Directiva interviene).

HERMINIA:	No te exaltes, Amadeo.
PURIFICACION:	Arrorró, arrorró...
ANTONIETA:	Compostura, Amadeo.
COSME:	Sutil, Amadeo.
FRANCISCO XAVIER:	Con calma, Amadeo.

(Amadeo vuelve en sí).

(3) Pág. 96:

AMADEO:	¡Despierta, Isabella! ¡Acabo de tener un sueño!
HERMINIA *(Con evidente malhumor)*:	¡Tú y tu maldita megalomanía!
AMADEO *(Visionario)*:	¡Era ella!
HERMINIA:	¿Quién?
AMADEO *(Exaltado)*:	¡La promesa! ¡Era ella!
HERMINIA *(Se incorpora repentinamente)*:	¡Quítate las sábanas! ¡Fuera las sábanas! *¡Quiero verte el pudendo!* ¿Dónde tienes el pudendo? ¿A quién viste? ¡No te escondas bajo la sábana! ¿Con quién estabas? ¿Con quién soñabas? ¿Con la hetaria boloñesa? ¡Todas las noches soñando con la hetaria boloñesa! *(Intenta arrancar las sábanas pero no lo consigue)*. ¡Hay pruebas allí, bajo esa sábana!

(4) Pág. 143:

HERMINIA:	¡Ay, hazlo, Francisco Xavier! Cuando lo ensayábamos era tan solemne, tan viril... hazlo, Francisco Xavier. Cuando Petit, mi marido, el que está a la izquierda de la parcela... cuando Petit y yo regresábamos de aquella tempestuosa luna de miel se produjo frente a las costas nacionales una

violencia amatoria, que me dejó realmente estupefacta, y, mi corazón, aquel hombre era una sorpresa viviente o sea que cuando te digo que me
dejó realmente estupefacta, me lo tienes que
creer, exactamente así... ¿Qué decía? Ah, si...
Jugó, en la cama, conmigo por supuesto, una cosa que él inventó en Europa y que te habla de una
imaginación desbordada. Llego con Petit a Roma,
en el Azzurro y él me desnuda en el Partenón, o
mejor dicho en el Coliseo... y me invita a hacer
el amor donde los leones se comían a los cristia-
nos... Seguimos a Florencia, y él me desnuda en
la habitación donde el Alighieri escribió La Divi-
na. Y, mi amor, ahí entendí lo que era El Renais-
ssance...Nos vamos a París, y lo mismo en la
celda de Marie Antoniette. Y Londres y Moscú y
Varsovia y Viena... Y aquella cultura. La última
vez, fue como les decía, frente a las costas nacionales. Hicimos el amor en homenaje a Rodrigo de
Triana, y tenías que oír a Petit diciendo... Tierra... Ay, hazlo, Francisco Xavier...

(5) Pág.147:
ANTONIETTA: Un punto final, Amadeo... es imprescindible un
                punto final.

FRANCISO
XAVIER: Siempre un breve discurso... así... del progre-
                so... que todo progresa... desde el primer des-
                embarco hasta nuestros días... una breve histo-
                ria de América, *los indios, los conquistadores,*
                los colonizadores, los comuneros, los derechos
                del hombre, la guerra, los muertos, los próce-
                res, el paso de los Andes, la última batalla...
                la huída de los españoles, y... *(Pausa)*
COSME: ¿Y qué?
FRANCISCO
XAVIER: Y... *(Pausa)*. No me miren. No soy yo quien
                debe decirlo. Es Amadeo. ¡Maestro, por fa-
                vor...! El público espera. En cierto sentido, el
                país espera...

BIBLIOGRAFÍA

Actes du VIIIe Congrès de la Société des Hispanistes Français, Perpignan 20-22 (mars 1982) Toulouse 1983

Adler, H.: *Theater in Lateinamerika. Ein Handbuch*. Berlin 1991

Azparren Giménez, L.: *El Americano Ilustrado* de Cabrujas, en: *Latin American Theatre Review* 21,2 (1988) 23

Gleider, Hernández-Almeida: *Tres dramaturgos venezolanos de hoy: R. Chalbaud, J. I. Cabrujas, I. Chocrón*. The University of Iowa, Ph.D. 1978

Monleón, José: *A vueltas con la realidad*. Entrevista con José Ignacio Cabrujas, en: Cabrujas: *Acto cultural, El día que me quieras, La soberbia milagrosa del General Pío Fernández*. Madrid 1979, pp. 43-66

Pietschmann, Horst: *Entwicklungspolitik und Kolonialismus. Die spanische Kolonialpolitik des 16. Jahrhunderts und der Entwicklungsgedanke*, en: Buisson, Inge/ Mols, Manfred (Eds.): *Entwicklungsstrategien in Lateinamerica in Vergangenheit und Gegenwart*, Paderborn etc. 1983, pp. 29-44

Prensa venezolana, en: J.I.Cabrujas: *Acto cultural, El día que me quieras, La soberbia milagrosa del General Pío Fernández*. Madrid 1979, pp. 71-80

Franklin Rodríguez Abad

TRES DÉCADAS DE TEATRO ECUATORIANO (1960 - 1990) BÚSQUEDA DE UNA EXPRESIÓN NACIONAL

Una serie de elementos coinciden en el cambio paradigmático, que ostenta el teatro ecuatoriano de las tres últimas décadas, y cuyo eje se remonta a los años 60. Agudas transformaciones en el contexto socio-cultural, nacional e internacional, infieren en la transformación de la cosmovisión de la intelectualidad emergente, la cual iba a protagonizar el hacer teatral en las próximas décadas. Cada uno de estos períodos presenta un teatro con una fisonomía propia. Este trabajo pretende un acercamiento preliminar al *discurso espectacular* de las décadas comprendidas entre 1960 y 1990. La movilidad e inestabilidad del movimiento teatral ecuatoriano requiere de criterios de selección que nos permitan destacar los aspectos más relevantes de este proceso. Un bosquejo histórico (Anexo) complementa este trabajo con una descripción cronológica de las puestas en escena más relevantes de este período, ubicadas en los contextos social y cultural.

1. TEATRO DE LA DÉCADA DEL 60

1.1 Continuidad y discontinuidad del teatro de los años 60

Apoyándonos inicialmente en la descripción de la vida teatral de comienzos de los 60, que hace el crítico Hernán Rodríguez Castelo, nos encontramos en Quito con cuatro grupos que de manera relativamente estable, mantienen vivo el interés por las artes representativas.

El Teatro Experimental Universitario (TEU) (1955-1963) que dirige Sixto Salguero, el Teatro Independiente (1954-1970) dirigido por Francisco Tobar García, la Compañía "Gómez Albán" y el Teatro Experimental de la Alianza Francesa bajo la dirección del francés Jacques Thierot. En Guayaquil, la actividad teatral es más bien escasa, aquí se destaca el trabajo de Paco Villar a cargo del Teatro Experimental Universitario Agora (1958-). En el resto del país la actividad teatral se reduce a un activo movimiento de teatro aficionado, que se realiza en escuelas, colegios, universidades y centros culturales. Se puede constatar que desde esta época, o para ser más exactos desde la década del 50, surgen grupos teatrales con una clara orientación experimentalista, que manifiestan la necesidad de la búsqueda de nuevas formas de expresión. Rechazan lo preestablecido, los dogmas de lo que tradicionalmente se entiende como buen gusto de la época. Esta va ser una constante de todo el teatro ecuatoriano hasta los momentos actuales. Véanse sino las denominaciones: experimental, estudio, ensayo, con las que se bautizan gran parte de los grupos. Esta actitud manifiesta también la inseguridad del hombre de teatro ecuatoriano con respecto al manejo de los recursos técnicos del teatro, estimulada por la curiosidad despertada por las escasas compañías europeas que pasaban por el país.

La generación que llega a los 60 acarrea un discurso formado a través de las lecturas existencialistas de moda en la época (Sartre, Camus), en el teatro, se empieza a leer a los precursores del Teatro del Absurdo y otros autores surrealistas, se recibe la influencia del psicoanálisis y del marxismo. Los autores predilectos son los norteamericanos Thornton Wilder, T. Williams, O´Neill; del teatro francés se recurre al clásico Molière y a Ghelderode. A todo esto se suma el impulso dado desde la literatura de la generación del 30, que se ocupó de temas nacionales, con un vigoroso realismo crítico. De ahí también que aparte del repertorio del teatro internacional, se llevan a escena autores nacionales. El Conservatorio Nacional de Música, ofrece cursos de actuación escénica apoyada en los cánones tradicionales, en donde la declamación y el canto ocupan la parte central en la formación actoral. Las técnicas modernas de actuación se van a hacer presentes mucho más tarde en los escenarios nacionales. El historiador y crítico Hernán Rodríguez Castelo habla del Teatro Intimo, dirigido por el Dr. Carlos Lowenberg, quien se confiesa seguidor del arte de Jouvet. Este grupo es rescatado por Rodríguez Castelo, como el más importante de los años 50 en la capital, y es importante en la medida en que aquí se forman o trabajan importantes propulsores de una de las corrientes del teatro ecuatoriano lideradas por los grupos quiteños ya mencionados, y que desde la óptica del Nuevo Teatro surgido en los 60, van a representar el teatro tradicional[1].

Luego de la desaparición del Teatro Intimo en 1957, continúan trabajando los grupos ya mencionados, y lo hacen con personalidad propia. El Teatro Experimental Universitario (TEU), tenía como director a Sixto Salguero, un apasionado hombre de teatro cuya actividad se remonta a mediados de la década del 30 escribiendo buena parte del teatro ecuatoriano de este siglo, trabajando con personajes que después descollarían internacionalmente en otros campos de la cultura como Jorge Icaza en la novela y Oswaldo Guayasamín en la pintura. Salguero no sólo es director sino también autor, adapta varias piezas, y sobre todo es un excelente escenógrafo. Luego pasará a dirigir la escuela de Teatro del Conservatorio Nacional de Música (1960). Es clara su predilección por los autores nacionales y por obras de contenido social. Su perseverancia es digna de destacarse, ya que la actividad teatral ecuatoriana se realiza en un medio extremadamente duro que determina el prematuro abandono de las tablas. Lo trágico para Salguero y los otros representantes de la tradición teatral ecuatoriana como Francisco Tobar García, Ernesto Albán y toda esa generación, es que en su madurez llegaron a una época convulsiva y no pudieron renovar o adaptar su discurso

---

1   Rodríguez Castelo (sin fecha: 9).

a la nueva época, que bien hubiera necesitado de su experiencia. De toda esta generación de hombres de teatro cuyo reconocimiento a su labor aún no ha llegado, muy pocos van a atravesar las fronteras de los años 70, como hombres de teatro.

El TEU se hace presente, con la obra del ecuatoriano Enrique Garcés *Boca Trágica* (1931) en el año 1960 y dos años más tarde con *Las ranas y el mar* del actor y autor Alvaro San Félix, formado en la Escuela de Salguero y del Teatro Intimo. Poco tiempo más tarde desaparece el TEU y la actividad artística de Salguero.

La Compañía Independiente, que funda y dirige Francisco Tobar García, se destaca en este contexto por ser uno de los pocos grupos que mantiene una actividad permanente, casi solitaria, por cerca de dos décadas. Su director, personalidad muy controvertida, actor, autor y director, funda este grupo en 1954 para poder difundir sus propias obras. Tobar García es el autor ecuatoriano que más obras teatrales ha escrito y lo ha hecho con una solvencia única y un extraordinario dominio del lenguaje escénico. Ricardo Descalzi escribe que "su obra recorre todos los caminos del arte dramático, va con soltura desde la comedia a la tragedia, pasando por el auto religioso o la escenificación heroica, expresándose en prosa o en verso [...]. Su vitalidad dramática es desbordante, nadie en los tiempos presentes ha logrado escribir como él tantas buenas piezas teatrales [...]"[2]. La obra de Tobar desde la década del 60 ha sido objeto de las críticas más duras, sobre todo por los miembros del Nuevo Teatro, que siempre vieron en su obra el espejo de una clase social en decadencia. El teatro de Tobar es efectivamente el Teatro de la Crisis de la burguesía aristocratizante quiteña. El mismo Tobar proviene de esta clase social, y ejerce desde adentro una crítica corrosiva y mordaz, pero sin salirse de ella, como sería el caso de Brecht. El teatro de Tobar es un canto dolorido del solitario sin identidad de clase en la tragedia, que se torna cínico, al tratar estos temas en la comedia. Los dardos críticos como es natural, le vienen de todos lados. El escándalo acompaña a varias de sus puestas, lo que al mismo tiempo le acarrea al público burgués y pequeño burgués que cuestiona en su obra. Luis Campos Martínez dice refiriéndose a la obra de Tobar que "sus obras son, de una u otra forma, autobiográficas. Sus protagonistas son "lobos esteparios": la crisis de la tradición se hace sensible"[3]. Para Felipe Astorga: "nadie como él para disecar su propia clase social; su teatro es el espejo de un mundo agonizante"[4]. Tobar complementa su trabajo dramatúrgico con las funciones de actor, director y productor teatral, lo cual le lleva a divulgar su teatro por diversas ciudades del país, siendo uno de los grupos más conocidos de la época, hasta que abandona el teatro y el país de forma definitiva en 1970. Entre sus obras más importantes se pueden mencionar: *Las ramas desnudas* (1964), *Cuando el mar no exista* (1968), *En los ojos vacíos de la gente* (1969), *Balada para un imbécil* (1969).

El otro grupo de significación nacional es "La Compañía Gómez Albán", que llega portando una vieja tradición teatral comenzada por un grupo de jóvenes actores

---

2   Descalzi (1968: 1413).

3   Ver la introducción de Luis Campos Martínez (1991: 8).

4   Ibíd. (1991: 338).

salidos del Conservatorio Nacional de Música, desde mediados de los años 20. De los sobrevivientes de este movimiento, llegan a los 60 un grupo de actores integrados en la compañía Gómez Albán dirigida por el actor Ernesto Albán Mosquera y Chavica Gómez. Después de haber hecho un recorrido, interpretando obras del repertorio nacional e internacional, se especializan en un tipo de teatro al que denominan "estampas quiteñas", escenas cortas, con elementos locales, tratados en forma liviana y divertida, que al inicio eran utilizados a manera de entremeses o actos intermedios, durante las pausas o cambios de decorado. Sin embargo, con el tiempo habían de transformarse en el género predilecto del público. El autor de este género popular es Alfonso García Muñoz. De entre los personajes de las Estampas Quiteñas se popularizó el personaje de Don Evaristo Corral y Chancleta, interpretado en forma incomparable por quien habría de llegar a ser el actor más popular del Ecuador: Ernesto Albán Mosquera. El personaje de Don Evaristo viene a ser una versión criolla de Chaplin portando las características típicas y el fino humor del "chulla quiteño". Las situaciones mostradas giran en torno a la familia de Don Evaristo, Doña Jesusa, su mujer, y su hija Marlene, así como del círculo de sus amigos y del infaltable "gringo". Con el pasar del tiempo, el propio Ernesto Albán llega a escribir sus propias estampas a las cuales va tornando cada vez más irónicas. El acontecer político, los problemas cotidianos de la gente pobre, las dictaduras militares, el populismo de Velasco Ibarra, la inmoralidad de las altas esferas, el burocratismo, son los temas que desarrolla en las Estampas. El público aprende a reírse de los dictadores y opresores, que con fina gracia son ridiculizados, por medio de los mecanismos señalados, que por cierto, adoptan formas muy similares al cabaret alemán. Una y otra vez es la compañía objeto de la represión y en alguna ocasión Don Evaristo terminará en la cárcel o desterrado, lo cual le dará material e inspiración para nuevos temas. La Compañía Gómez Albán recorre casi todas las provincias y ciudades del país y aun muchos pueblos. El público asiste en forma masiva a sus espectáculos. Sus visitas a los lugares más diversos son esperadas como verdaderos acontecimientos. El teatro de Ernesto Albán va a ser objeto de la crítica de los sectores de izquierda y del Nuevo Teatro, quienes lo acusan de realizar un teatro populista, provocando el conformismo a través de la risa sobre los propios problemas. Otra crítica le viene por la superficialidad con la que aborda los temas sociales. También se le acusa de haber deformado el gusto estético del público, al haberlo acostumbrado al teatro ligero y superficial, sin mayores implicaciones. Sin embargo, el Teatro de Ernesto Albán resiste la crítica de los 60 en adelante y encuentra en el público su más firme aliado, el cual se ampliará mucho más con el advenimiento de la Televisión. Sus estampas son televisadas, emitidas por la radio, o difundidas a través del disco. Su teatro va a dejar de existir solamente con el desaparecimiento físico de Ernesto Albán M. en la década de los 80.

El Teatro Experimental de la Alianza Francesa de los años 60 deja también su huella en el teatro nacional, sobre todo gracias a la labor de su director Jacques Thierrot, quien no sólo pone en escena obras del teatro francés "El Escorial" de Ghelderode (1960), sino que indaga en la dramaturgia nacional, y pone exitosamente en escena las obras del dramaturgo guayaquileño José Martínez Queirolo *La casa del qué dirán* y *El Baratillo de la sinceridad* (1962-1963). Con la llegada de Paccioni en

1964, la mayoría de los integrantes se adhieren a los seminarios de Paccioni en la Casa de la Cultura Ecuatoriana. El director francés se marcha del país en 1964.

1.2 Primera ruptura y renovación del teatro ecuatoriano de los 60

Este es el sistema teatral que va sufrir alteraciones. Una nueva generación se ha venido gestando al calor de una serie de transformaciones a nivel internacional, como también por la llegada de nuevas ideas provenientes del existencialismo, del marxismo, y de los movimientos surrealistas que con algún retraso llegaron al país. El resquebrajamiento del sistema colonial a nivel internacional, el triunfo de la revolución cubana, el auge del movimiento revolucionario mundial generan una actitud nueva de la juventud y de la intelectualidad con respecto a la función del arte y la literatura en la aceleración de los procesos sociales. Es una época en que la "utopía" parece realizable. En lo político el país vive una época muy agitada que contrasta con la relativa estabilidad política y económica vivida en los últimos doce años, gracias a las divisas proporcionadas por las exportaciones del "oro verde". Al llegar a los 60 nos encontramos con una situación cambiada, en la cual gobierna un hombre que con su manera temperamental de gobernar desencadena pasiones. Se vive el cuarto período presidencial del Dr. José María Velasco Ibarra. En 1961 su vicepresidente el Dr. Carlos Julio Arosemena, le dará un golpe de Estado que lo enviará al exilio. C. J. Arosemena un hombre de ideas de izquierda, sufre una embestida de todas las fuerzas de derecha, encabezadas por la propia embajada norteamericana, que no estaban dispuestas a permitir un nuevo experimento como el cubano. Una activa campaña anticomunista lo obligan a romper relaciones con Cuba, Polonia y Checoeslovaquia. Sin embargo, la reacción no cesa de conspirar en su contra, hasta que es derrocado por una dictadura militar, que va a imponer un sistema de gobierno autoritario y represivo, hasta que en 1968 va a ser obligada a regresar a sus cuarteles, por las mismas fuerzas de derecha que les entregaron el palacio de gobierno, una vez que consideraron que el "peligro comunista" había pasado. En esta época dictatorial se invade militarmente la Universidad y se la clausura. Se toman la Casa de la Cultura, se persigue y se encarcela a políticos opositores. En 1968 regresa Velasco Ibarra y gana las elecciones por quinta ocasión, para en 1970 romper la constitución y declararse nuevamente dictador, hasta que en 1972 es derrocado por el Gobierno Nacionalista de las Fuerzas Armadas, liderado por el General Guillermo Rodríguez Lara, quienes toman el poder pocos meses antes de que empezaran las primeras exportaciones petroleras, que por cierto habrían de cambiar la vida del país, por los enormes ingresos de divisas que esto significaba.

La nueva generación de intelectuales busca también su ubicación dentro de este contexto, y se organizan en movimientos culturales[5]. Dentro de estos movimientos habrá uno de ellos que tendrá significativa importancia, para el cambio paradigmáti-

---

5   Informaciones sobre los diversos movimientos culturales en el Ecuador (1960-1980) se encuentran en el libro de Fernando Tinajero (véase Bibliografía). Ver el 3er. capítulo.

co, del nuevo teatro ecuatoriano y cuya influencia será decisiva para el movimiento cultural y el teatro posterior. Este es el grupo Tzántzico[6].

Sobre las circunstancias en que surge este movimiento cultural alrededor del año de 1962, escribe Fernando Tinajero: "El Tzantzismo fue a la vez un grupo y un movimiento que resultó de una triple confluencia: el clima de rebelión provocado por la Revolución Cubana, el influjo de los movimientos iconoclastas argentinos que fue traído por Leandro Katz [...] y la febril lectura de la filosofía existencialista, en cuyo nombre los Tzántzicos asumieron la función de poetizar como una "superación de la metafísica" (Heidegger), lo cual implica un cuestionamiento de la razón ontológica y una valoración de la experiencia vital. Proclamándose "hacedores de Tzanzas", es decir, "reductores de cabezas", lo primero que los Tzántzicos querían significar era la denuncia de la macrocefalía de occidente, la hipertrofia de la "ratio occidental", y la reivindicación de la vivencia como vía de acceso directo a la realidad [...]. Reducir cabezas, ejercer una aguda crítica del racionalismo occidental, era entonces una consigna filosófica que encontraba su traducción política en la profesión de fe revolucionaria y comenzaba por la desmitificación de los valores "sagrados" del sistema"[7].
Como directos coauspiciadores de este movimiento cultural no hay que olvidar al intelectual Edmundo Rivadeneira (quien será posteriormente, por varios años, presidente del máximo organismo cultural: la Casa de la Cultura Ecuatoriana) y al poeta Jorge Enrique Adoum, quienes a pesar de pertenecer a la generación anterior, portaban un discurso izquierdizante.

Alejandro Moreano precisa un poco más las características de este grupo, que aún no ha sido lo suficientemente estudiado, diciendo: "En la década del 60 surgió en el Ecuador un amplio movimiento cultural cuyo eje de gravitación fue el grupo Tzánzico. Varias son las constantes del mismo: el arte como actitud vital; el parricidio; la tesis del compromiso de la literatura; la poesía oral escenificada y agitacional, y a la vez la experimentación formal; la invocación y la propuesta de una cultura nacional y popular, el carácter subversivo de la actividad intelectual"[8].

Este grupo que en su programa inicial no tiene la intención de vincularse artísticamente con el teatro, se reúne periódicamente en una casa cercana al Palacio de Gobierno en Quito, al que denominan "Café 77", en donde realizan sus recitales poéticos escenificados, a los que llaman significativamente "actos recitantes". Luego de estos recitales se parte frecuentemente a las manifestaciones en contra de la dictadura.

---

6   Tzántzico viene de la palabra quichua "Tzantz a" que quiere decir "cabeza reducida". Se dice que según la tradición los Jíbaros (indígenas de la provincia de Morona Santiago en el Oriente ecuatoriano) acostumbraban por un determinado procedimiento a reducir la cabeza de sus enemigos, luego de que les habían dado muerte. Tzántzico vendría a significar "reductor de cabezas". Hacían con esto alusión al "parricidio cultural" que se proponían ejecutar programáticamente con las generaciones culturales conservadoras, a las que acusaban del retraso cultural del país.

7   Tinajero Villamar (1992: 591).

8   Moreano (1983: 114).

En poco tiempo, la actividad del grupo se difunde en la ciudad, y son vistos con simpatía. La incidencia de este grupo en la vida teatral del país, surge en el momento, en que el director teatral italiano residente en Francia, Fabio Paccioni, viene al país enviado en calidad de experto de la UNESCO solicitado por la Casa de la Cultura Ecuatoriana para fomentar la actividad teatral en el Ecuador. El experto de la UNESCO fue solicitado durante la Presidencia de la Casa de la Cultura de Benjamín Carrión, esto es, antes de la dictadura militar. La venida de Paccioni ocurre en 1964 en las circunstancias ya descritas, cuando la Casa de la Cultura ha sido tomada por la dictadura, sin embargo, asumen el compromiso con el organismo internacional y lo que es más, conceden una buena subvención económica para la realización del proyecto. El proyecto, según Antonio Ordóñez, su alumno más destacado y miembro de los Tzántzicos, consistía en la "la creación del teatro ensayo (experimental), la creación de un teatro popular (profesional) y la creación de una escuela de Teatro". La vinculación que se da entre el profesor italiano y el grupo Tzántzico -según refiere Antonio Ordóñez- se da cuando a la llegada de éste a Quito, se entera del fenómeno aparecido con los Tzántzicos, y asiste como espectador a uno de los actos recitantes del grupo en donde Antonio Ordóñez estrenaba el monólogo *Réquiem por la Lluvia* del dramaturgo José Martínez Queirolo. Al parecer Paccioni queda gratamente impresionado y busca el contacto con el grupo, proponiéndoles un trabajo conjunto, quien debió ser muy cuidadoso para no herir la susceptibilidad del grupo que tenía propósitos muy bien definidos en lo que respecta a un arte nacional y popular. Según Ordóñez, Paccioni desde un comienzo señaló: "Yo no vengo a desunir, ni a dañar nada, sino todo lo contrario. Juntémonos todos y hagamos un proyecto más ambicioso y estable"[9]. Sobre la base del grupo de los Tzántzicos se hizo una convocatoria pública para el primer seminario de Actuación Teatral a realizarse en la Casa de la Cultura Ecuatoriana, a la cual asistieron 130 personas, entre los cuales había miembros de los teatros que tradicionalmente habían venido realizando la actividad teatral ecuatoriana, entre ellos Sixto Salguero y miembros del Teatro de la Alianza Francesa y hasta del Teatro Independiente. A partir de este momento empieza otra etapa del teatro ecuatoriano, que tanto en el plano del contenido como de lo formal se diferenciará radicalmente de lo hecho hasta entonces en el país. El otro aspecto radica en que la gente que se forma dentro de este proyecto, que es impregnada del estilo y la técnica teatral impartida por Paccioni, va a ser quien tome en sus manos gran parte del teatro de las dos décadas posteriores. Por ello hay quienes hablan del teatro ecuatoriano antes y después de Paccioni; aseveración que es válida hasta la década siguiente, donde nuevos elementos van a producir otra transformación en el teatro ecuatoriano. Una época de confrontación entre el director italiano y la gente que formó surge con los miembros o seguidores de los teatros que venían trabajando en el país siguiendo una tradición que abarcaba varias décadas de teatro nacional. Para muchos la venida de Paccioni acabó con el teatro nacional, para otros marca su nacimiento.

---

9   Conversación personal grabada en cinta magnetofónica, aún no publicada del autor con el
     director teatral Antonio Ordóñez, realizada el 18.10.90 en Quito.

Antonio Ordóñez que posteriormente fuera el asistente de Paccioni cuenta que "el primer seminario consistió en la preparación del actor y pienso que Paccioni tocó algunos aspectos básicos para la formación del actor [...]". Este seminario duró 9 meses al cabo de los cuales montó un primer espectáculo consistente en 3 obras cortas: *La guarda cuidadosa* de Cervantes, *Las Aceitunas* de Lope de Rueda, y la *Farsa de Messié de Patelin* (anónimo francés). A estas obras le siguieron temporadas en las que se puso en escena obras de autores nacionales como *El Tigre* de Demetrio Aguilera Malta; *El velorio del albañil* de Augusto Saccoto Arias; *Montesco y su Señora* de José Martínez Queirolo y *El pasaporte* de Ernesto Albán Gómez.

Con los primeros 30 egresados de la escuela de teatro se forma el Teatro Ensayo, el cual pasa a ser dirigido por Antonio Ordóñez. Paccioni funda entonces un grupo con mayores pretensiones que es el Teatro Popular Ecuatoriano. La Escuela de Teatro de la Casa de la Cultura comienza a funcionar, a raíz de que en el año 1966, un grupo de intelectuales de izquierda, aprovechando la caída de la dictadura militar, se toman la Casa de la Cultura. En la reorganización a que se somete al departamento de teatro van estar representadas la corriente tradicional y los integrantes del nuevo movimiento. Así se produce una unidad que no va a durar mucho tiempo. Rodríguez Castelo informa sobre el cuerpo directivo y la planta de profesores: "Directivos de la sección de Artes de la Representación fueron elegidos Ricardo Descalzi, Sixto Salguero, Antonio Ordóñez y Ernesto Albán Gómez. Cuando se fundó la Escuela de Arte Dramático fueron sus profesores Jorge Icaza, Ricardo Descalzi, Ernesto Albán Gómez, Fabio Paccioni, Sixto Salguero y Carlos Velasco. Sólo faltaba un sector del teatro ecuatoriano vivo: Francisco Tobar. Pero también él y Ernesto Albán Mosquera y Jorge Fegán concurrieron a la Sección [...]"[10]. La incompatibilidad de propósitos en torno a esta unidad, se hacen presente cuando comienzan los primeros cuestionamientos sobre el autoritarismo de Paccioni que según Ordóñez "se debió al rigor de trabajo. No estábamos acostumbrados a un trabajo así [...] Paccioni irrumpió con mucha fuerza, con mucho rigor, con mucha pasión. Quizá en algún rato no entendieron esa pasión de Paccioni y empezó a ser cuestionado. Justamente la crítica vino de la gente que había estado desarrollando alguna actividad, quienes fueron los primeros en desertar"[11].

Con Paccioni empieza a desarrollarse un activo movimiento teatral, las temporadas se suceden planificadamente, y se realizan continuas giras por los diversos sectores del país. Se estimula la dramaturgia nacional, al tiempo que se ocupan de autores latinoamericanos. El momento culminante del paso de Paccioni por la Casa de la Cultura, se produce con la escenificación del poema de César Dávila Andrade *Boletín y Elegía de las Mitas*, sobre el problema del trabajo forzado en las mina y obrajes, al que se sometió a los indígenas ecuatorianos durante la Colonia. Este es un montaje, con el cual se abre una de las posibilidades de expresión del teatro nacional, partiendo de sus propios elementos. Paccioni y sus alumnos encuentran un lenguaje plás-

---

10 Rodríguez Castelo (sin fecha: 15-16).

11 Ibíd. Todas las citas de A. Ordóñez se refieren a la conversación ya citada.

tico de corte expresionista, cifrado en el movimiento corporal, para dar forma escénica a un poema de denuncia, escrito con la pasión y la sensibilidad de un poeta que
por entonces se siente cercano a la poesía de Neruda del *Canto General*. El éxito de
este montaje (1967) es apoteósico y marca una dirección que posteriormente va a
continuar Antonio Ordóñez con el Teatro Ensayo, lo que dará sus resultados más brillantes en otro de los montajes que va a pasar a la historia del teatro ecuatoriano, como es la escenificación de la adaptación de la novela de Jorge Icaza: *Huasipungo*.
Esta obra se lleva a escena en 1970 dirigida por el propio Antonio Ordóñez. Otro de
los montajes de Paccioni que alcanzará una enorme difusión, es la obra *El Cuento de
Don Mateo* de Simón Corral, escrita sobre la base de una investigación colectiva del
grupo Teatro Ensayo. Obra de mala calidad como texto dramático, pero que era una
especie de estímulo al levantamiento de las masas en contra de la opresión
latifundista y capitalista. Su autor Simón Corral uno de los líderes más activos del
grupo Tzántzico, era considerado por esa época, por lo menos por sus seguidores como la más firme promesa del teatro político nacional. Corral proveniente de la burguesía quiteña, era un hombre de izquierda y llegaría posteriormente a ser un alto líder universitario, para posteriormente regresar al seno de la clase burguesa de donde
salió temporalmente; con lo cual valió para él y muchos de su generación el dicho
de que los "reductores de cabezas salieron con las cabezas reducidas".

En 1968 la situación de Paccioni es insostenible dentro de la Casa de la Cultura
Ecuatoriana y es obligado a renunciar. Para entonces, por lo menos formalmente
Paccioni ha cumlido su proyecto, con la fundación del Teatro Ensayo, del Teatro
Popular y la Escuela de Teatro. Aparte de una serie de críticas, que le vienen de los
sectores, identificados con el antiguo teatro ecuatoriano, tiene que enfrentarse a la
crítica del sector radicalizado de izquierda surgido dentro del Teatro Popular,
liderado por el entonces marxista Simón Corral, quienes lo acusan de hacer un teatro
elitista, carente de un contenido revolucionario acorde a las necesidades de la época
y del país. Paccioni luego de su salida de la Casa de la Cultura en 1968, funda con
un grupo de seguidores el Teatro de la Barricada, y pone en escena dos de sus
mejores trabajos en el Ecuador. *Libertad, Libertad* y *Los Inocentes* una adaptación
de Enrique Buenaventura. Luego, se aleja definitivamente del país. La dirección de
este grupo la retoma uno de sus alumnos Carlos Martínez quien pone en escena *Los
papeles del infierno* de Enrique Buenaventura, obra en la que Buenaventura se sirve
de la estructura dramática brechtiana utilizada en *Terror y miserias del Tercer Reich*,
para mostrar escenas de la represión militarista en Latinoamérica. Después de corto
tiempo este grupo desaparece.

De los grupos existentes en el país antes de la venida de Paccioni, queda solamente el Teatro Independiente, que continúa con sus temporadas regulares de poner
en escena una tragedia y una comedia, dentro del mismo programa. En 1969 pone
en escena *En los ojos vacíos de la gente* y *Balada para un imbécil*. Finalmente en
1970 se despide del teatro ecuatoriano con dos de sus obras: *El búho tiene miedo de
las tinieblas* y *Asmodeo Mandinga* con lo cual se acaba uno de los últimos super-
vivientes de la generación anterior. Para algunos críticos, y parte del público del teatro de Tobar, este acto de despedida de Tobar García significó el fin del teatro ecua-

toriano. Incluso críticos tan brillantes como Hernán Rodríguez Castelo, se alejaron definitivamente del teatro, lo cual es muy lamentable si se considera que en el Ecuador era el único crítico -que a pesar de su apasionamiento que en muchos casos le llevó a ser injusto y subjetivo- venía registrando sistemáticamente el teatro en el Ecuador. Rodríguez Castelo había venido golpeando duramente el teatro de Paccioni, a través de su columna en el diario más importante del país *El Comercio*, actitud crítica negativa que después la extendió a los alumnos que continuaron su trabajo, en quienes no reconoce ningún valor artístico. Esto no deja de quitarle sus méritos como historiador del período anterior a la llegada de Fabio Paccioni. Por el momento Rodríguez Castelo y Ricardo Descalzi son los referentes más importantes de la historiografía teatral ecuatoriana. Posteriormente Rodríguez Castelo ha hecho aportes importantísimos en el ámbito de la crítica, la historia de la cultura y la literatura ecuatoriana. Por su parte el Dr. Ricardo Descalzi, entonces presidente del Instituto de Teatro de la Casa de la Cultura, publica en 1968 su *Historia Crítica del Teatro Ecuatoriano* en seis volúmenes, siendo éste el primer estudio realizado en el país. Desde el principio fue objeto, de la crítica más dura por la recopilación indiscriminada, de obras que según sus detractores, no tenían ningún valor literario, ni estético. Críticas que le vienen de personas que hasta hoy no han podido presentar nada alternativo, o por lo menos equivalente a este trabajo pionero, ya que la historiografía teatral ecuatoriana, es un campo totalmente abandonado. Lo importante en el trabajo de Descalzi, es que realiza el primer inventario de la dramaturgia ecuatoriana, en donde el autor luego de leer detenidamente cada uno de los textos rescatados, hace una síntesis de la obra, época y autor, y presenta las escenas más relevantes. Obra pionera sin duda, a la que hay que recurrir necesariamente, y acercarse sin prejuicios, y que con todos sus defectos es un testimonio de la realidad y de los niveles alcanzados por el teatro ecuatoriano.

En Quito quedan funcionando los dos grupos fundados por Fabio Paccioni. Para finalizar la década, el Teatro Ensayo dirigido por Antonio Ordóñez pone en escena en 1969 *Jorge Dandin* de Molière y *Topografía del desnudo* de Jorge Díaz. El Teatro Popular lo dirige otro de los alumnos de Paccioni, Eduardo Almeida. Este lleva a escena en 1968 *Tupac Amaru* de Oswaldo Dragún y luego *Los hombres del triciclo* de Fernando Arrabal; *El hereje* de Morris West y otra obra de Simón Corral *El ejército de runas* en 1970.

1.2.1 Efecto multiplicador del Teatro de Paccioni

Luego de la salida de Fabio Paccioni de la Casa de la Cultura y del país, se produce un proceso de reagrupación de sus alumnos, en distintos grupos. Ya sin el respaldo económico de la Casa de la Cultura, tendrán que luchar arduamente por la sobrevivencia, y por la continuación de la actividad artística. Muchos abandonan el teatro y se dedican a actividades más lucrativas. Sin embargo, hay un núcleo que persiste en el quehacer teatral, y cuya actividad se extiende hasta nuestros días, y es aquí donde aparece el efecto multiplicador de las enseñanzas de Paccioni. Carlos Martínez que se hace cargo del grupo fundado por Paccioni "La Barricada" se marcha para la Universidad de Loja y funda con Leonardo Kosta el teatro de esa Universidad, ahora dirige la Asociación de Trabajadores del Teatro con sede en Quito. Otro de los alumnos de Paccioni es José Ignacio Donoso, quien había comenzado su carrera con los directores de la generación anterior y a la llegada de Paccioni se integra al Teatro Ensayo de la Casa de la Cultura. El funda otro grupo en 1969, el Teatro Ensayo Libre con el cual pone en escena obras como *Biedermann y los incendiarios* de Max Frisch (1970), y luego *Los intereses creados* de Jacinto Benavente. En 1971 funda el Teatro Experimental de la Universidad Católica de Quito, con el que realiza varios trabajos, para luego agruparse con otros grupos. El resto de integrantes de los alumnos de Paccioni, que quedan en los dos grupos de la Casa de la Cultura, van a continuar trabajando en distintos teatros. El Teatro Ensayo se convierte en un grupo independiente y así continúa trabajando hasta hoy, aunque con períodos de interrupción, girando su existencia en torno a la figura del director Antonio Ordóñez y de su esposa Isabel Casanova, quien es sin duda la mejor actriz ecuatoriana. Eduardo Almeida a quien se le encargó la dirección del Teatro Popular, sale poco tiempo después de la Casa de la Cultura y funda el Teatro Experimental Ecuatoriano, que con diversos altibajos continúa también su labor hasta hoy. Almeida obtiene la representación del Instituto Internacional de Teatro (ITI) de la UNESCO. Ha tenido la posibilidad de viajar con frecuencia al extranjero, y mostrar sus trabajos. Otros alumnos de Paccioni sostienen hasta ahora la actividad teatral en la capital del país: Víctor Hugo Gallegos con el Teatro Estudio Quito, realiza montajes muy interesantes en los años 80, aunque sigue siendo mejor actor que director. Ramón Serrano trabaja en forma continua como director de la Compañía Ecuatoriana de Teatro y se inclina por el Teatro Clásico de Molière. Toty Rodríguez otra de las protagonistas del Teatro de Paccioni en calidad de actriz, llegaría a ocupar la Subsecretaría Nacional de Cultura durante el gobierno socialdemócrata de Rodrigo Borja. Carlos Villalba realiza una actividad ejemplar, en el desarrollo del teatro estudiantil, fundando el grupo del Colegio Luciano Andrade Marín (CLAM), con el cual desarrolla una actividad artística muy activa y con muy buenos niveles de calidad artística y de compromiso social. Fausto Arellano se vislumbró en algún momento como un imaginativo dramaturgo y tiene ya varias obras en su haber, la mayoría inéditas, Jorge Rodas se va para la Provincia de Esmeraldas y realiza su actividad allá. Jorge Santacruz trata de generar un movimiento teatral en la ciudad de Machala, a través de un grupo de la Universidad (Provincia de El Oro) etc. De esta manera el trabajo realizado en el Ecuador por Paccioni adquiere un efecto multiplicador impregnando el teatro ecuatoriano de las décadas siguientes, hasta que nuevos elementos en la década del 70, darán otra configuración al Nuevo Teatro Ecuatoriano.

1.2.2 Elementos diferenciadores del sistema introducidas por Paccioni

¿Qué es lo nuevo introducido por Paccioni, que no tenía la generación anterior? Con Paccioni llegan sin lugar a dudas una serie de nuevos elementos técnicos, que por entonces eran novedad en Europa, y lo que es más importante, venían sustentados, por la experiencia de un verdadero profesional, que no venía a improvisar -como fuera el caso de muchos europeos y extranjeros no calificados profesionalmente que vinieron al país a aprender el oficio teatral y a desconocer lo alcanzado aquí- por otra parte, es difícil ubicar el trabajo de Paccioni, dentro de un determinado sistema teatral, o de una determinada tradición. El mismo es el producto de un proceso transcultural, dado por su nacionalidad italiana, residente en Francia, al servicio de un organismo multinacional como la UNESCO.

Después de conocer indirectamente su forma de trabajo, a través de varios de sus alumnos, creo sin temor a equivocarme, que en lo referente a técnica teatral practicaba un sistema ecléctico de trabajo, en función de un cierto pragmatismo pedagógico, dirigido a obtener resultados rápidos, en relación a la formación de actores. Aspecto que si bien puede parecer positivo, si se piensa en las discusiones infructuosas posteriores sobre la técnica teatral, que no condujeron sino a una discusión esteril, por su falta de relación con la práctica teatral. Por otra parte la herencia de Paccioni deja una formación actoral no sistemática y no fundada en un conocimiento teórico, que vendrá a provocar deficiencias para la búsqueda de nuevos caminos estéticos, y la aplicación consciente de una u otra técnica, que posibilite el desarrollo individual de sus alumnos. Una buena parte de sus alumnos quedará estancada en el ámbito de las enseñanzas de entonces, sin poder liberarse de ese discurso, que hoy aparece gastado. Este aspecto es reprochable desde mi punto de vista, porque el trabajo teatral de Paccioni se realizaba en una Escuela de Teatro. Naturalmente, hay que entender, que quizá la urgencia de hacer puestas en escena, no daba tiempo para un trabajo más sistemático. Paccioni se dejó contagiar por entonces del impulso revolucionario de la juventud de los 60, y se saltaron etapas.

Una información de primera mano nos trae su alumno y asistente Antonio Ordóñez, quien considera una "virtud" y no un "error" el hecho de que Paccioni no haya hablado jamás de métodos de formación del actor, con lo cual concordamos sólo parcialmente, ya que un aprendizaje si quiere ser sistemático, debe ser analizado y fundamentado con sus fuentes originarias.

Ordóñez: "Paccioni jamás nos planteó un método de trabajo de los existentes. El tenía un método de trabajo que ahora puedes descubrir que era muy aproximado a lo que hace Stanislavski, pero él jamás lo mencionó. Como que Paccioni resolvía las cosas en la medida en que la capacidad de las gentes y las circunstancias concretas le dictaban, pero siempre desde la perspectiva de la técnica Stanislavski, mezcladas quizá con otras posibilidades; con acercamientos a lo que es Brecht, a lo que podría ser Artaud. Si se piensa en *Boletín y Elegía de las Mitas*, algo de esto puede pretenderse, pero jamás Paccioni mencionó un método. Sin embargo, yo creo que Paccioni, estaba muy influenciado en lo que era Jean Louis Barrault, como ética y vida teatral".

Si se analiza algunas de las puestas en escena de Paccioni como las dramatizaciones de los Poemas *El velorio del albañil* y *Boletín y Elegía de las Mitas*, que contrastan con lo que se hacía en el país, se advierte la predominancia del lenguaje corporal. El uso de elementos coreográficos y pantomímicos en la puesta en escena, presta belleza escénica a la composición plástica del espectáculo, aunque al mismo tiempo le limita en la caracterización realista. Es notorio el acento en la preparación física del cuerpo del actor, y es aquí uno de los trabajos claves del teatro de Paccioni, que hay que agradecerle. El teatro de Paccioni rompe con la caracterización melodramática de los personajes, con el afán de conmover al público, lo cual era una de las características del teatro anterior. Otro aspecto interesante es el enfrentamiento serio de la puesta en escena, precedida por un periodo analítico bastante largo de trabajo de mesa, sobre el contexto de la obra, los personajes, el autor, etc., y a diferencia del teatro comercial, una etapa de búsqueda de elementos de montaje a través de largos períodos de improvisaciones, que después Paccioni utilizaba o no según su criterio personal. Con Paccioni se empieza a investigar la realidad circundante. Ya no se trata de ir y dar un espectáculo al pueblo y regresar. Se busca el diálogo con el público, a través del cual se indaga sus problemas, para recoger el material dramatúrgico, que posibilite un teatro más cercano al pueblo. En algún caso se entregó el material recopilado a Simón Corral, y con ello escribió la obra *El cuento de don Mateo*. Así se realiza también la Creación Colectiva, de una manera razonable, tal como hoy subsiste. Finalmente, quiero rescatar otro aspecto, ya nombrado por Ordóñez el de la ética del actor, importante en un medio tan duro como el ecuatoriano para mantenerse activo en el teatro.

1.2.3 Otras manifestaciones teatrales de la época

Dentro del contexto del fin de la década hay que señalar la actividad del Grupo del Sur, venido desde la Argentina y que se radica en Quito desde 1968. Ellos traen la experiencia de los grupos independientes argentinos, y son portadores de un arte actoral de grandes proporciones. Se ocupan con una dramaturgia vanguardista, que enriquece la escena quiteña. *La historia del zoo* de Edward Albee (1968) y *Esperando a Godot* de Becket (1969) son su aporte ya al finalizar la década. Posteriormente se van a reagrupar en distintos grupos, en donde dejarán gratos recuerdos, sobre su alta profesionalidad.

El otro centro teatral ecuatoriano de importancia es Guayaquil. Aquí la actividad teatral está en las manos del Teatro Experimental Universitario Agora. El primer grupo se funda a raíz del paso por el puerto principal, de una compañía profesional mexicana, que deja a dos de sus integrantes. Este grupo se va a beneficiar de la experiencia de su director: Francisco Villar, un profesional ecuatoriano que había trabajado al lado de las grandes figuras del teatro ecuatoriano de la década de los 30 como Marco Barahona y Ernesto Albán Mosquera. Este grupo nace adscrito a la Facultad de Filosofía y Letras de la Universidad de Guayaquil. Pone en escena *Fuenteovejuna* de Lope de Vega, *El Gran Teatro del Mundo* de Calderón de la Barca (dirección de Felipe Navarro), varios entremeses de Cervantes, obras de T. Willians, R. Schechner, Mrozeck, J. Cocteau, etc., y sobre todo obras de autores nacionales. Rodríguez Castelo dice que este grupo "en 1968 montó un Festival de Teatro con *Las faltas justificadas* de José Martínez Queirolo; *Christus* de Rafael Díaz Icaza; *Farsa* de Enrique Gil Gilbert, *Aquella mujer* de Luis García Jaime, y *Luther King* de Saranelly Lamas"[12].

Como complemento al estudio del teatro de esta época, quiero señalar una información ofrecida por el dramaturgo Alvaro San Félix, acerca de la actividad teatral de Pedro Saad en Guayaquil, al que ubica dentro del Teatro Político.

Alvaro San Félix: "Saad ha escrito hasta ahora un teatro claramente político, (20 obras) y uno de los recuerdos más eficientes de su labor lo constituye la obra *29 de Mayo de 1969*, sobre la intervención militar en la Universidad de Guayaquil y la consiguiente matanza de estudiantes. La obra fue representada 118 veces en Quito, Cuenca, Loja y Guayaquil en sindicatos, calles, fábricas en huelga, comunas campesinas, etc. Duró hasta que los paracaidistas desalojaron al público que asistía en la Casa de la Cultura. Y luego en una calle incendiaron el tablado donde trabajaban"[13]. En esta época de confrontación este tipo de incidentes eran frecuentes, y muchos grupos que ejercían el teatro político -de moda por entonces- eran víctimas de la represión policial.

2. EL TEATRO ECUATORIANO DE LA DÉCADA DEL 70

La década del 70 está caracterizada, como la época del "Boom Petrolero" en el Ecuador. El país llegó a disponer de recursos económicos extraordinarios. Los pozos petroleros habían sido encontrados en 1967 en la región amazónica. En 1972 comenzarían las exportaciones, las cuales se realizaban ya, bajo la administración militar. Los militares se habían preocupado poco antes, de dar un golpe de estado al presidente José María Velasco Ibarra, para asegurar la "siembra del petróleo" en beneficio de los ecuatorianos, lo que señalaban por lo menos para justificar el golpe. Se implanta una dictadura de tipo desarrollista y nacionalista hasta que en 1976, otro grupo de militares de derecha substituyen al Gral. Rodríguez Lara instalando una dictadura represiva, con la que se intentaba justificar el uso indebido de los recursos petroleros. Cuando su desprestigio era insostenible fueron obligados a dejar el poder y regresar nuevamente a sus cuarteles. El poder quedó en manos de dos jóvenes mandatarios elegidos por votación popular. Un binomio compuesto por la alianza populista-demócrata cristiana, llevó al poder en 1979 al Ab. Jaime Roldós y al Dr. Oswaldo Hurtado.

Grandes transformaciones se produjeron en el país en esta década, las que contrastan notablemente, con las ocurridas en otros países latinoamericanos, en donde las dictaduras militares, salieron a contener el impulso revolucionario de la década pasada. El petróleo evitó en Ecuador una crisis mayor, que tal vez hubiera arrojado al país a una situación similar a la de los países del cono sur. El sociólogo ecuatoriano Agustín Cueva nos trae a la memoria "[...] que en el 76 casi toda América Latina

---

12   Rodríguez Castelo (sin fecha: 17).

13   San Félix (1982).

tenía gobiernos dictatoriales, las excepciones eran tres o cuatro: México, donde hubo amenaza de golpe; Venezuela, que el petróleo la salvó; Colombia, una democracia con estado de sitio. Digamos que el Ecuador de los 70 era diferente del Ecuador de los años 60, pero no es un Ecuador propiamente represivo, más bien es el Ecuador producto del Boom petrolero con todo lo que eso implica: urbanización, crecimiento económico, institucionalización de muchas actividades culturales, y desde luego un sentimiento de relativa frustración, que la propia literatura va a reflejar: son los "desencuentros", los "desencantos", y cuestiones afines que permeabilizan la producción literaria de ese período"[14].

A pesar de todo el despilfarro de recursos, el país creció económicamente, o dicho con mayor propiedad, un determinado sector creció y las diferencias sociales se agigantaron. En todo caso la fisonomía externa del país se transformó. Resulta muy ilustrativa la descripción de la modernización postpetrolera de Quito, que hace el narrador ecuatoriano (antiguo Tzántzico) Abdón Ubidia en su novela *La Ciudad de Invierno* (1984): "Empezando por la misma ciudad, súbitamente modernizada y en la que ya no era posible reconocer las trazas de la aldea que fuera poco tiempo atrás. Ni beatas, ni callejuelas, ni plazoletas adoquinadas. Eran ahora los tiempos de los pasos a desnivel, las avenidas y los edificios de vidrio. Lo otro quedaba atrás, es decir al Sur. Porque la ciudad se estiraba entre las montañas hacia el Norte, como huyendo de sí misma, como huyendo de su propio pasado. Al Sur, la mugre, lo viejo, lo pobre, lo que quería olvidarse. Al Norte en cambio toda esa modernidad desopilante cuya alegría singular podía verse en las vitrinas de los almacenes adornadas con posters de colores sicodélicos; en esos mismos colores que relampagueaban por las noches en las nuevas discotecas al son de ritmos desenfrenados de baterías y guitarras eléctricas, y podía verse también las melenas y en los peinados afro de las chicas y los chicos que saludaban desde las ventanas de sus automóviles con el pulgar levantado, apuntando al cielo como diciendo "todo va para arriba", porque en efecto todo iba para arriba, y no solamente los edificios y los negocios de todo tipo, sino además lo que Santiago llamaba el cúmulo de las "experiencias vitales" de las gentes. "Es el petróleo" decía Andrés soltando suavemente las palabras [...]"[15].

2.1 Tendencias de la puesta en escena de los 70

Al empezar la década no ha cambiado mayormente el panorama teatral quiteño. El Teatro Ensayo sigue todavía adscrito a la Casa de la Cultura, mientras que el Teatro Popular se ha transformado en el Teatro Experimental Ecuatoriano. La Barricada de Carlos Martínez y el Teatro Independiente de Tobar realizan en 1970 sus últimas temporadas, luego de lo cual desaparecen. Las últimas obras del Teatro Independiente son *El búho tiene miedo de las tinieblas* y *Asmodeo Mandinga*, autor y director es

---

14 Cueva (1988: 59).

15 Ubidia (1984: 26-27).

Francisco Tobar García. En Quito surge el Teatro "El Muro", llevando a escena *Un hombre es un hombre* de Bertolt Brecht. En Guayaquil nace el Grupo Guayacanés que va a cumplir un papel muy importante en esa ciudad. En 1970 llevan a escena la obra *Q.E.P.D* (Que en paz descanse) dirigida por su autor, el también guayaquileño José Martínez Queirolo (1931), quien para entonces ya se ha convertido en el primer dramaturgo nacional.

La década del 70 comienza con el mayor éxito que se conoce en la historia del teatro ecuatoriano. Es la adaptación de la novela *Huasipungo* de Jorge Icaza hecha por el Teatro Ensayo (1970), sobre la base de una propuesta escénica de Marco Ordóñez y la dirección de Antonio Ordóñez. El éxito de la puesta radica: primero, en la popularización de la novela de Icaza en la población ecuatoriana con la consiguiente espectativa de poder ver por primera vez esta historia en el escenario; el segundo aspecto, radica en que el Teatro Ensayo encontró una forma apropiada para dominar el amplio material narrativo, a través de una puesta en escena, inconvencional y dinámica, cifrada en la utilización libre de recursos expresivos, para crear imágenes plásticas corporales, de gran efecto visual, que recreaban en forma gráfica la cruel situación del indio ecuatoriano. El texto, expresado sin preocupaciones naturalistas o ilusionistas, matizaba con caracteres expresionistas una cadena de imágenes extraidas de la novela original. utilizando el recitativo como recurso lingüístico, donde la cadencia rítmica vocal, producía un recargado pathos emocional, en los límites de la catársis. Todo ello brindaba al espectador una puesta patética de gran belleza formal, que al mismo tiempo mostraba un camino posible, para continuar la búsqueda de un teatro nacional con rasgos propios. Este estilo de montaje cuyo eje significante era lo "coreográfico-recitativo" ya lo había venido experimentando el Teatro Ensayo con Paccioni, en *El velorio del albañil* y con *Boletín y Elegía de las Mitas*, y lo continuarán más adelante en montajes como *Vida y muerte Severina* (1980) y *Muestra de García Lorca* 1975. En 1973 el Teatro Ensayo, pone en escena *Santa Juana de América* de Andrés Lizárraga, al que se puede considerar su mejor puesta en escena, ya que sin la utilización de elementos efectistas, llega a crear un espectáculo de gran belleza poética, utilizando un escenario semidesnudo, donde una actuación escénica equilibrada, dió como resultado un espectáculo sobrio y elegante, para dar vida a un texto susceptible del panfleto en el contexto de la época. Isabel Casanova alcanza uno de sus mejores momentos como intérprete del papel protagónico.

En 1975 pone en escena la obra *Antígona* de Anouilh, con la dirección del director irakí Moseen Yassen. Una puesta en escena, que no tiene mayor éxito de público, aunque hay un buen trabajo de caracterización de personajes. La puesta en escena se concentra en la significación estilizada subyacente en la pieza original de Anouilh, perdiendo de vista al destinatario. Falla el conocimiento del público. Con Mossen Yasseen, experimenta el Teatro Ensayo un nuevo estilo de trabajo, que se aparta de la tradición acarreada con Paccioni. El otro gran momento del Teatro Ensayo lo va a vivir con la puesta en escena de *Vida y Muerte Severina* de João Cabral (1980). Obtienen un éxito respetable y lo que es más, con muy pocos elementos logran sensibilizar al público sobre el problema de la migración campesina.

El Teatro Experimental de Eduardo Almeida, que en 1970 habían llevado a escena *El ejército de runas* de Simón Corral, pone en escena *El Chulla Romero y Flores* en 1971, y con ello pretenden abrirse paso en la dirección del indigenismo, que habían empezado exitosamente con Paccioni y que con *Huasipungo* del Teatro Ensayo, alcanzó su punto más alto, y su desgaste como propuesta escénica. Al respecto Rodríguez Castelo dice que Almeida "trata de emular el éxito de *Huasipungo* adaptando a la escena *El Chulla Romero y Flores* de Jorge Icaza [...]; pero el resultado fue más bien modesto"[16]. Almeida persiste en la actividad teatral, y se lanza por el camino de la experimentación con la técnica teatral de Grotowski, traída al Ecuador por otro experto enviado por la UNESCO, Pascal Monod quien en 1971 pone su única obra *Las tentaciones de San Antonio* con el estoico y reducido grupo, que resistió su intenso y ortodoxo entrenamiento, con el cual asiste al III Festival de Manizales en Colombia[17]. Almeida consigue un lugar para ensayos y representaciones en un local aledaño al Teatro Sucre y aparte de la experimentación se ocupa con la escritura de sus propias obras, en las que se destaca una actitud ritual frente al teatro, el deseo de dramatizar aspectos de la realidad nacional, a partir del rescate de elementos simbólicos de la religiosidad popular. *La danza de la noche triste, Misterio barroco* y *Crónica de la vieja banda*, obras escritas y dirigidas por Almeida señalan la mística de su teatro, que hasta avanzado los 80 lo mantuvo atado a las enseñanzas Grotowskianas. Este tipo de trabajo experimental, se ha visto obstaculizado por la permanente renovación de sus miembros, lo cual incide en la continuidad y desarrollo cualitativo que hubiera podido tener en otras condiciones. Junto al Teatro Ensayo son los grupos más antiguos del Ecuador.

En una dirección semejante a la del Teatro Experimental, el grupo Zumbambico pone en 1975, *El Cristo de la agonía* de Rodrigo Díaz, obra basada en una leyenda quiteña sobre el pintor de la época colonial Miguel de Santiago, la cual es llevada a escena de una manera visceral y hasta desgarradora. La temprana muerte del autor impidió el desarrollo de un talentoso dramaturgo con preocupaciones por los temas nacionales.

Una de las tendencias del sistema teatral ecuatoriano de la década del 70 es la creciente latinoamericanización, producto del exilio voluntario o forzado a la que se vieron sometidos hombres de teatro procedentes de países latinoamericanos agobiados por la represión militar, lo cual fue productivo para el enriquecimiento cultural del país. La realización del primer Festival de Teatro Latinoamericano realizado en Quito en 1972 con la presencia de personalidades como Augusto Boal, Enrique Buenaventura, Carlos Giménez, Atahualpa del Cioppo, etc. vino a abrir nuevas opciones. Asimismo la continua realización de festivales en diversos países de la región, vino a posibilitar el intercambio y la discusión sobre preocupaciones comunes, en torno

---

16   Rodríguez Castelo (sin fecha: 24).

17   Una reproducción de la reseña crítica de este trabajo en el marco del III Festival de Manizales aparece en la revista *Letras del Ecuador*, Nro. 151 (1972). Este artículo lo escribe Gerardo Luzuriaga. El artículo original aparece en *Latin American Theatre Review* 5:1 (1971) 5-14.

al denominado Nuevo Teatro. La apertura de la Escuela de Teatro de la Universidad Central (1973), de la cual hablaremos más adelante será el factor determinante para el nuevo cambio paradigmático suscitado en el teatro de la década. Estos elementos insidieron en dos vertientes fundamentales a mediados de la década del 70: Primero, la introducción de la problemática de la clase media urbana de la gran ciudad, adaptada a la realidad quiteña, que había vivido un rápido ascenso a raíz de la explotación petrolera. La problemática del indio, o, de la aristocracia decadente, pasan a ocupar un plano secundario, como temas teatrales. La clase media empieza a ser vista como el sector protagónico de los cambios sociales. Al mismo tiempo aparecen las crisis de la conciencia pequeña burguesa, los problemas que atañen a la subjetividad de una clase que busca su ubicación social. Obras como *Concierto para oficinistas* de Oswaldo Dragún, llevada a escena por el Grupo del Sur, y *Arlechino, servidor de dos patrones* de Goldoni, escenificada por el Clan de Teatro, muestran estas preocupaciones. Ambos espectáculos llevan el sello de la puesta en escena del argentino Nicolás Belucci, para quien la crítica del último trabajo no le fue nada favorable. Santiago Rivadeneira se refiere a este montaje como "el peor intento teatral de 1976"[18]. Sin embargo, un año antes había dirigido uno de sus mejores montajes en una coproducción del Teatro Ensayo con el Teatro Quito: *La gran ilusión*. Esta obra se basaba en una idea de Héctor Malamud (Buenos Aires 1973) y que consistía en una recreación de fragmentos fílmicos de la obra de Chaplin interpretados por ese gran mimo ecuatoriano que es José Vacas, acompañado de la actriz Isabel Casanova. Espectáculo inolvidable por su extraordinaria calidad poética y actoral.

Otro espectáculo interesante por la temática, fue presentado por el Clan de Teatro *La loca estrella* de Pedro Saad H. Obra apologética a la figura legendaria de Manuela Sáenz, la amante del Libertador Simón Bolívar. Un éxito de público, por tratarse de una obra sobre un personaje muy querido de la historia nacional, y por el reparto encabezado por una de las actrices más conocidas del país como es Toty Rodríguez. Sin embargo, la puesta en escena, no pudo mejorar las deficiencias estructurales de un guión dramático cercano al ensayo sociológico dialogado, que impidió la estructuración de personajes.

Dentro de esta misma línea hay que ubicar al Taller de Teatro Latinoamericano, grupo fundado por Ilonka Vargas al que se adhieren varios actores latinoamericanos y ecuatorianos, quienes trabajan bajo la dirección de la antigua integrante del Teatro Libre de Argentina, María Escudero.

En 1977 ponen en escena *La enorme pereza de Néstor González* (*La fiaca*), de Ricardo Talesnik en una adaptación de Abdón Ubidia. Dos años más tarde, María Escudero dirige *A la diestra de Dios Padre* de Enrique Buenaventura, con una adaptación de Raúl Pérez. Ambas puestas en escena adquirieron una connotación escénica interesante al ser puestas para el Teatro Circular de la Casa de la Cultura. De manera que debieron reducir al mínimo los elementos escénográficos, para concentrarse en la caracterización realista de los personajes, lo cual lo lograron gracias a la

---

18   Rivadeneira (1976).

profesionalidad y al dominio de la técnica de interpretación de los actores argentinos y chilenos invitados, quienes junto a otros actores ecuatorianos brindaron dos excelentes espectáculos. Hay que destacar el trabajo de dirección de María Escudero, que con estos dos trabajos alcanza sus mejores momentos como directora, en lo que ha realizado hasta ahora en el Ecuador. Trabajo que lamentablemente se terminó con la partida de sus integrantes.

El grupo Mojiganga realiza su actividad en Quito, inicialmente fundado por el director belga Carlos Theus, al que se junta una parte de otro grupo argentino recién llegado al país, que al poco tiempo se divide; el otro sector va a Guayaquil donde fundan el grupo Juglar, que en el 80 será uno de los más activos del puerto principal. Mojiganga pone en escena *El señor Mockinpott* de Peter Weiss y el *Misterio Buffo* de Darío Fo. Este grupo va a ser el antecesor directo del grupo más importante de la década del 80: el grupo Malayerba. El Mojiganga realiza experiencias interesantes con elementos del teatro popular, tratando de extraer recursos escénicos a partir del estudio de los recursos de la *Commedia del'arte* y su fusión con elementos de la fiesta popular ecuatoriana, utilizando como pretexto varios textos de Darío Fo y otros de su propia creación.

También se debe mencionar a grupos como el TAF (Taller de Actores y Fábulas) que dirige Diego Pérez y que en 1978 en un trabajo conjunto con el escritor chileno Luis Sepúlveda batieron los récords de la cantidad de puestas en escena en el Ecuador.

La otra vertiente por la que se embarcan varios grupos de la época es la llamada "Creación Colectiva"[19]. Las experiencias más conocidas, son las desarrolladas por el grupo de teatro de la Escuela Politécnica Nacional "Ollantay", quienes en 1973, presentan su trabajo $S + S = 41$, obra de carácter documental, de denuncia de la guerra con el Perú de 1941, en la cual el país perdió gran parte de su territorio nacional. Esta guerra aparece como el producto de las obscuras manipulaciones de las compañías transnacionales, por apropiarse del petróleo de la región oriental, que por entonces ya había sido descubierto, y mantenido en secreto hasta 1967. Una obra de carácter didáctico, que fue muy bien recibida por el público, especialmente universitario, al tratar el problema limítrofe con el Perú, hasta hoy no superado. En 1975 el Ollantay, muestra otro trabajo que viene a ser una continuación del trabajo anterior: *¿Cuánto nos cuesta el petróleo?* Los recursos utilizados, son los mismos del teatro didáctico utilizados en la obra anterior, y propenden a la refuncionalización del teatro como un instrumento de concientización social, sobre la problemática petrolera ecuatoriana, que por entonces vivía su apogeo. Obra coyuntural sin duda, con todos los defectos que este tipo de teatro acarreaba, pero que cumplía uno de los objetivos de la "creación colectiva" hacer del teatro un instrumento de comunicación y concientización de masas. El Ollantay desaparece algún tiempo después, para reestructurarse

---

19 Amplia información y bibliografía sobre la Creación Colectiva en Latinoamérica aparece en el libro de Franklin Rodríguez Abad (1994: 60-84).

años más tarde, pero sin alcanzar ya, la repercusión que obtuvo en esa época. De este grupo va a salir Camilo Luzuriaga, uno de los cineastas más activos y exitosos del Ecuador.

Existen otras experiencias de creación colectiva, que por su poca proyección no merecen ser mencionadas. Sin embargo, en algunos casos sirvió como un medio experimental de aprendizaje y conocimiento de la realidad nacional, especialmente para los integrantes de los propios grupos. Así, se pueden mencionar los trabajos de la Escuela de Teatro de la Universidad Central, cuyo grupo de instrucción teatral a cargo de Fausto Arellano, "Los Brujos", realizó una investigación sobre los vendedores ambulantes en Quito. También la experiencia interdisciplinaria realizada por estudiantes de las Escuelas de Teatro y Artes Plásticas en Atuntaqui, sobre las motivaciones que llevaron a los habitantes de este pueblo a hacerse justicia por su propia mano, ante los abusos del capataz de la fábrica, sobre la cual giraba la vida de todo el pueblo. En este trabajo tuvo ya su participación, aunque no tan destacada como se esperaba, la directora argentina María Escudero, que había realizado una experiencia "modelo" en este tipo de teatro con la obra *Contratanto* del grupo "L T L" de Mendoza, la que sin duda le acarreó el exilio que la llevó a radicarse hasta hoy en Ecuador.

El Teatro Ensayo también cae en la tentación de hacer Creación Colectiva y realizan un trabajo de investigación, sobre la construcción del ferrocarril en el contexto de las luchas entre conservadores y liberales de fin del siglo XIX y comienzos del siglo XX, que les lleva cuatro años de investigación *Balada para un tren* (1986) con un texto de Isabel Casanova.

2.1.2 Nueva etapa del teatro nacional: formación académica del hombre de teatro

A comienzos de la década, se llegó a la conclusión de que las condiciones estaban lo suficiente maduras, para entrar a una formación cualititativa del hombre de teatro ecuatoriano. Esta vez también, por iniciativa de Edmundo Rivaneira, un intelectual que ya en los 60, había sido uno de los concitadores del movimiento Tzántzico, se funda la Escuela de Teatro, dentro de la Facultad de Artes de la Universidad Central, de las cuales Rivadeneira era decano, y vicerector respectivamente. Se realiza un convenio de cooperación con la Escuela de Teatro de la Universidad de Santiago de Chile. Se importan planes y programas de estudios, como también la planta básica del personal docente. Así en 1973, la Escuela de Teatro abre sus puertas para dar cabida a estudiantes que se preparan en las carreras de Actuación (4 años), Diseño Teatral (3 años) e Instructores de Teatro Escolar para profesores (2 años) y de Teatro Vocacional (2 años) para instructores barriales (Para esta última carrera se omite el título de bachiller. Se contempla para el futuro la formación de directores teatrales en 5 años, carrera que hasta hoy no ha sido abierta.

Las espectativas son demasiado grandes para poder cumplirse tal como se espera. Desde el principio existe un cierto exepticismo por parte de los sectores, que han venido realizando el teatro en forma un tanto empírica, o ligada a las instituciones

ya descritas. De los alumnos de Paccioni se incorporan como docentes Antonio Ordóñez y Fausto Orellano y de la vieja escuela de los 40, Efraín González en el área de
diseño. A ellos se suman la profesora guatemalteca Ilonka Vargas radicada en el
Ecuador, con estudios de teatro en Moscú. De Chile vienen Sergio Arrau, Eduardo
Mujica, Sergio Madrid, Víctor Villavicencio y Moseen Yahseen. Sobre todo hay mucha espectativa en torno al último, quien es de nacionalidad iraquí y aparte de venir
respaldado de un gran curriculum, se lo considera un excelente especialista del "sistema Stanislavski" que lo estudió en Moscú, método que pasa a convertirse en el fundamento de la formación académica de la escuela. A Moseen Yasseen hay que consi-
derarlo como el verdadero introductor del "sistema Stanislavski" en el Ecuador. Las
carreras intermedias, se las busca inscribir en el contexto de los programas de Extensión Universitaria, que la Universidad impulsa dentro de la Reforma Universitaria,
para buscar una vinculación más activa con los sectores populares. Los instructores
son vinculados con diversos colegios o barrios populares, con el fin de que generen
un movimiento teatral aficionado a nivel barrial o estudiantil. Uno de los primeros
trabajos en alcanzar una gran difusión entre los sectores populares es *La Multa*, una
farsa escrita y dirigida por Sergio Arrau, con el grupo de estudiantes de instrucción.
Mientras tanto en Actuación se sigue un programa sistemático y bastante ortodoxo
del sistema stanislavskiano, para el cual los estudiantes no estaban preparados, y
comienzan las deserciones. El estudio es bastante intenso y debe realizarse a tiempo
completo, convirtiéndose en la carrera que require más tiempo del estudiante universitario. Ante la perspectiva incierta del teatro en el medio ecuatoriano, los estudiantes
buscan nuevas opciones en otras carreras. Surgen las primeras dificultades, los des-
ajustes de un plan académico que obedecía a otra realidad con mayor tradición que
la ecuatoriana. Surgen presiones de la Universidad y de sectores adversos a la formación académica del teatro, quienes ven confirmado el escepticismo inicial. La política
sectaria universitaria por entonces en boga entre los sectores de izquierda como era
natural, penetra también en la Escuela de Teatro, y se producen las rivalidades internas, y luego las primeras deserciones de los profesores extranjeros, que poco a poco
van a ser substituídos por elementos nacionales, algunos de los cuales no tenían la
suficiente formación académica para la docencia universitaria, en una área tan delicada como la del arte escénico. Esta crisis va a ser presente sobre todo a mediados de
los años 80 donde comienza una mediocridad creciente, con diversos altibajos, supe-
ditados al talento y la capacidad de profesores o directores invitados que realizan
puestas en escena con el Taller de Práctica de Escénica, integrado por alumnos y profesores de la escuela. Sin embargo, no se puede dejar de señalar, que la Escuela de
Teatro, cumple un papel importante como efecto multiplicador del movimiento teatral. Efectivamente, casi no hay grupos en el Ecuador que de una u otra manera no
esté vinculado con algún egresado salido de la Escuela de Teatro. Muchos de los
egresados conscientes de las carencias de la escuela, han debido irse al exterior para
llenar ese vacío, algunos de los cuales han regresado ya y se han incorporado al hacer teatral nacional. No hay duda, que de estos sectores, hay que esperar una corriente renovadora del teatro ecuatoriano en el futuro.

En la actualidad la Escuela de Teatro dispone de su propia sala y ofrece al público los trabajos que se producen en sus aulas, manteniendo una oferta relativamente amplia de estilos y autores, que van de los clásicos griegos hasta los del teatro del absurdo, autores contemporáneos y nacionales. Si tuviéramos que elegir algunos de los momentos culminantes de la producción espectacular de la escuela de Teatro, tendríamos que señalar las puestas en escena de *Terror y miserias del Tercer Reich* de Brecht, bajo la dirección de Antonio Ordóñez (1975); *La excepción y la regla* de Brecht con la dirección de Ilonka Vargas (1976); dos puestas en escena de *La ópera de los tres centavos* de B. Brecht bajo la dirección del chileno Heine Mix (1977) y del español Ramón Pareja (1985). Según referencias de prensa y comentarios la puesta en escena de Ramón Pareja tuvo una aceptación extraordinaria de público y colmó las espectativas que el primer montaje no pudo cumplir. El *Ubú Rey* de Alfred Jarry, bajo la dirección del colombiano Enrique Buenaventura (1979). *La conquista* (1980) autor y director Alejandro Buenaventura. *Camino real* (1990) de Tenessee Williams, dirección del norteamericano Alexis González. Mención aparte merecen los trabajos del actor Jorge Matheus ex-alumno de la Escuela de Teatro, quien luego de su egresamiento de la carrera de actor, continua sus estudios de actuación en Madrid, para luego regresar a Quito e incorporarse como profesor de la cátedra de actuación de la escuela de teatro, en donde realiza montajes muy significativos con el taller de Práctica Escénica: *PIC-NIC* de Fernando Arrabal; *Te quiero zorra* de Francisco Nieva y *Pasión* de Edward Bond (1990). Al siguiente año pone en escena *El espejo roto* de Jorge Dávila Vásquez, obra ganadora del concurso de teatro auspiciado por la Casa de la Cultura, y que se ocupa con la vida del poeta ecuatoriano César Dávila Andrade. Y en 1992 *Sueño de una noche de verano* de Shakespeare y *La ardiente paciencia* de Antonio Skarmeta. El trabajo de Jorge Matheus es importante en la medida en que es producto de la escuela de teatro, donde se ha ganado en muy corto tiempo, por su mística de trabajo y profesionalidad respaldada por sus puestas en escena, el respeto de sus alumnos y del público quiteño.

Paralelamente al trabajo pedagógico que se realiza en la escuela de teatro, sus alumnos y egresados, se vinculan o fundan otros grupos, con el objeto de realizar o continuar sus inclinaciones personales. Tal es el caso de otro de los primeros egresados de Actuación Franklin Rodríguez, que mientras cursa el tercer año de actuación funda el Teatro Estudio Universitario (TEU) (1986) con otros estudiantes de la Escuela de Teatro y la Universidad Central, dedicándose fundamentalmente al trabajo de experimentación de la técnica teatral actoral, realizando una activa labor en los sectores universitarios, sindicales, barriales, campesinos. Entre sus montajes más destacados se pueden señalar: *El siguiente* comedia norteamericana contra la guerra de Vietnam de Terence Mc Nally; *El poeta y su tiempo* collage en base a textos de Bertolt Brecht, con el cual realiza una gira por diferentes universidades del país, y posteriormente en Perú y Puerto Rico. Su trabajo *La banda de pueblo* adaptación del cuento de José de la Cuadra, fue invitado a participar, en el IV Encuentro de Teatro Contemporáneo de San Juan de Puerto Rico (1979), con motivo de las Olimpiadas Culturales.

Estas inquietudes por la actuación teatral, unidas a la búsqueda de un lenguaje gestual no verbal, y dejándose inspirar por lecturas sobre las experiencias de Peter Brook en África, los escritos de Artaud, Grotowski, R. Schechner, etc. le llevan a trabajar con un grupo autóctono de la región oriental, "Los Yumbos Chaguamangos", con quienes realiza un trabajo de investigación y experimentación sobre la teatralidad latente en la tradición simbólica-ritual de la Tribu Yumbo, cuya cultura conservaba aun elementos arcaicos amenazados por la iglesia y la colonización creciente, lo cual se había agudizado con la explotación petrolera en esa zona. Esta iniciativa le hace enfrentar los prejuicios de una sociedad racista, que bagatelizaba y no ha reconocido hasta ahora en la práctica, el verdadero valor de las culturas nativas, para la gestación de una cultura nacional. Este grupo sirve como "modelo" para la creación de nuevos grupos en la región, que utilizan los elementos del teatro tradicional, como una forma de resistencia a la penetración cultural. En 1978 "Los Yumbos Chaguamangos" son seleccionados por expertos de la UNESCO venidos al país, con la obra *La Caminata. Folklore y rito*, para representar al país en el IV Festival Mundial del Teatro de las Naciones, que se realizó en Caracas y donde pudo confrontar experiencias con elencos que trabajaban en dirección similar, como aquellas divulgadas por el propio Brook, el Kathakali de la india, la Diablada de Bolivia, etc. Esta sería la primera y la única vez que un grupo indígena obtendría la representación oficial ecuatoriana a un evento teatral de tal naturaleza. El diario El Nacional de Caracas escribiría en su reseña crítica a la noche inaugural sobre la presentacion del grupo ante veinte mil personas en el Poliedro de Caracas: "Todos en silencio contemplaron maravillados a "Los Yumbos Chaguamangos" y sus bailes que son genuina expresión del folclore indígena ecuatoriano. La majestuosidad de las danzas, que reflejan cómo todavía se mantiene la tradición de un pueblo a través de los siglos, provocaron en el auditorio sentimientos de admiración y hermandad hacia un país con el que estamos unidos por estrechos y comunes nexos"[20]: El eco casi nulo en la prensa ecuatoriana y aun de revistas especializadas como *La Última Rueda* perteneciente a la propia Escuela de Teatro, eran un síntoma de la actitud negativa de los sectores medios, hacia las culturas tradicionales indígenas. La carencia de identidad cultural conduce a la negación de la raíz indígena de la cultura nacional, a la que se procura ocultarla al exterior, aunque demagógicamente se la alude para crearse imagen, pero sin comprometerse en la praxis con ella. Como única reacción, el gobierno nacional de entonces obsequiaría al grupo, un equipo completo de instrumentos musicales electrónicos, con lo que se demuestra la ausencia de una política cultural coherente de preservación de las culturas tradicionales en vías de extinción. Después de un período de desfase por la experiencia-schock de este festival, este grupo continúa trabajando y cumpliendo un papel muy importante en la preservación de las tradiciones de su pueblo, aunque ahora en una dirección cercana al teatro y la danza folclórica.

Posteriormente Franklin Rodríguez trabaja con varios grupos, entre otros para la Compañía Universitaria de Teatro de la Universidad de Loja, con la cual pone en escena *Bautismo de sangre* (1980) arreglo escénico en base a varios textos pertene-

---

20   Diario *El Nacional*, Caracas (Viernes 7 de Julio de 1978).

cientes a Hugo Salazar Tamariz, Enrique Gil Gilbert, H. Córdova y Alfredo Pareja. Esta obra era un homenaje a la masacre de obreros en Guayaquil de 1922, que marca el nacimiento de la clase obrera como fuerza política en el Ecuador. En 1984 se marcha con una beca para la desaparecida Alemania Democrática, donde obtiene su doctorado en Ciencias Teatrales en la Universidad Humboldt de Berlin, radicándose desde entonces en Alemania.

Dentro del teatro realizado en las universidades, no se puede dejar de mencionar al Teatro Experimental de la Universidad Católica (TEUC), conformado por estudiantes de esa universidad, cuya actividad la realizaban en un pequeño local, dentro de la Universidad; actividad que la realizaron hasta que las propias autoridades eclesiásticas decidieron clausurarlo en los años 80. Los principales montajes de esos años fueron *Electra* en adaptación del Padre Aurelio Espinoza Pólit y la dirección de Julio Pazos (1972); *Los unos vs. los otros* de J. M. Queirolo con la dirección de José Ignacio Donoso; la adaptación de la novela de Gabriel García Márquez *El Coronel no tiene quien le escriba* (1978), y *Con gusto a muerte* de Jorge Dávila Vázquez. Las dos obras fueron dirigidas con mucha fantasía por Francisco Febres Cordero.

Para finalizar esta década hay que destacar también, el trabajo del coreógrafo y bailarín quiteño Wilson Pico y del mimo José Vacas, que cumplen una labor ejemplar dentro de estas áreas inscritas en las artes de la representación. Wilson Pico sorprendió al público quiteño por 1973 con un espectáculo unipersonal producido con elementos y personajes de la cotidianidad quiteña. Pico se convirtió desde entonces en el representante genuino del género danza-teatro del Ecuador. Sus trabajos de entonces tenían una fuerza plástica extraordinaria y un gran despliegue de energía escénica, muy cercana a la primera etapa del Teatro Pobre de Grotowski. Sus temas los extrae de la vida cotidiana quiteña, agudizando situaciones extremas, en las que aparecen diversos personajes víctimas de la explotación, el fanatismo religioso y la miseria. Es innegable el papel fundamental que ha venido cumpliendo como pedagogo y divulgador de la danza moderna ecuatoriana, donde ha formado una verdadera escuela de seguidores. Lo mismo podríamos decir del mimo José Vacas, quien en 1975 debuta con su trabajo *Desfile de pequeñas mudeces* y luego como protagonista de *La gran ilusión* interpretando el personaje de Charles Chaplin. En las décadas posteriores Vacas va a dar que hablar, no solo dentro de la pantomima, sino también como pedagogo en el área de la pantomima, de la cual es su pionero en el Ecuador y aun como director teatral, llegando a incursionar con sus personajes, en la televisión.

3. EL TEATRO ECUATORIANO DE LA DÉCADA DEL 80

La década del 80 se caracteriza por una cierta estabilidad de la democracia representativa, en el sentido de ausencia de dictaduras. Luego del accidente aviatorio en el cual muere el presidente Ab. Jaime Roldós Aguilera (1981), asume el poder el Dr. Oswaldo Hurtado de la democracia cristiana. Por una serie de errores e indecisiones en este gobierno, el pueblo le volverá las espaldas al centroizquierdismo, para arrojarse en brazos de la derecha política tradicional, esta vez dirigido por el partido socialcristiano del Ing. León Febres Cordero, quien gana las elecciones. Como era de esperarse desata uno de los gobiernos más represivos que ha tenido el Ecuador en los últimos años, lo cual unido a denuncias de inmoralidad en el gasto público produce el levantamiento armado de un sector progresista de las Fuerzas Armadas (1986), encabezado por el Comandante General de la Aviación Frank Vargas Pazzos, el cual culmina con la prisión de sus principales gestores. Al siguiente año en una acción espectacular, un grupo de comandos secuestra al presidente Febres Cordero, obteniendo la libertad incondicional de su líder. En lo económico, se vive una dura crisis económica, acentuada por la caída de los precios del petróleo a nivel internacional y por el terremoto de 1987 que causó serios problemas en la exportación petrolera, que ha pasado a ser la fuente principal de ingresos en el país. Hay serias violaciones de los derechos humanos. Se producen huelgas nacionales. La gente sale a protestar a las calles. El gobierno enfrenta la acción del grupo guerrillero "Alfaro Vive". Finalmente abandona el poder y por primera vez en el Ecuador gana las elecciones el Partido Izquierda Democrática (1988) (Socialdemócrata) llevando al poder a un intelectual y profesor universitario Dr. Rodrigo Borja Cevallos, quien es portador de grandes espectativas por parte de los sectores más marginados del país y de la clase media. Al cabo del período de cuatro años para el que fue elegido, se retira del país sufriendo una derrota aplastante en las nuevas elecciones, con la cual el pueblo calificó su paso por el gobierno. Así quedaron abiertas las puertas, para que una nueva coalición conservadora con una fracción del socialcristianismo, tomen una vez más el poder, esta vez apoyados en la representatividad de Sixto Durán Ballén, quien se hizo popular a raíz de la obra urbanística que realizó como alcalde de Quito, en la primera época de la explotación petrolera.

En el aspecto cultural, los intelectuales, sobre todo de izquierda, han podido comprobar que hacer la revolución en el Ecuador no era tan fácil como se lo habían imaginado en las dos décadas anteriores. La explotación petrolera tampoco era la solución para los problemas del país. Gran parte de los ingresos por este rubro debe desviar el país para pagar la deuda externa, que asfixia la economía nacional.

Varios intelectuales trabajan las decepciones y frustraciones de la izquierda en la narrativa, surgen algunas novelas autobiográficas, donde se reproducen los sueños de entonces, desde la conciencia dividida del presente. Edmundo Rivadeneira aprovecha su paso por la presidencia de la Casa de la Cultura, para hacer construir un enorme edificio con varias salas de teatro y museos, y otro en la Facultad de Artes. De la década anterior, quedarán para el teatro como recuerdo del "Boom Petrolero", aparte del edificio señalado, dos teatros circulares en Quito: El Teatro Prometeo de la Casa de la Cultura y el Teatro Quitumbe de la Concentración Deportiva. En Guayaquil, Febres Cordero construye también una obra para salvaguardar su memoria con el teatro que lleva su nombre. Edificio que consume para su mantenimiento -según una declaración de un funcionario del gobierno posterior- tal cantidad de dinero, con la que se podría subvencionar la actividad teatral anual del Ecuador.

3.1 El sistema teatral ecuatoriano de la década del 80

En esta década al igual que en épocas anteriores se sigue careciendo de una planificación acorde a una política cultural coherente, que dé como resultado el aprovechamiento racional de los recursos que el estado invierte en cultura. Los grupos se esfuerzan en obtener los auspicios necesarios para sobrevivir y poder solventar sus producciones. Organismos culturales creados en dependencias del estado como el Banco Central, la Subsecretaría de Cultura, o dependencias de algunos ministerios administran estos recursos, según el criterio personal de los funcionarios de turno; con lo que se estimula la rivalidad y la competencia de los grupos o su continuo desmembramiento. La mayoría de los integrantes de los grupos se ven obligados a realizar actividades paralelas que les permita la subsistencia. Hacer teatro en el Ecuador se convierte en una actividad de lujo, que cada uno debe financiarse, así como se financia un pasatiempo. Es elocuente el hecho de que no exista un solo Teatro profesional financiado por el estado, o por alguna de sus dependencias. Este hecho, que para algunos es un mérito por la independencia con respecto al estado, determina al mismo tiempo la falta de continuidad en el trabajo teatral, y la pérdida de calidad en los espectáculos.

En lo que respecta a las tendencias del teatro ecuatoriano en la década del 80, resulta muy difícil establecer denominadores comunes, que nos permitan una tipología del discurso espectacular. Los grupos de teatro ecuatorianos de las décadas anteriores parecen marchar sin rumbo. El azar aparece como criterio de elección de los textos dramáticos, y de la puesta en escena, se aspira a la *espectacularidad*. Se empieza a trabajar en función de grandes nombres que atraigan al público, o de grandes producciones. Los grupos emergentes del 60, pasan a ser lentamente desplazados, por grupos que sin partir de una programática preestablecida, van encontrando su poética en la búsqueda continua de códigos y signos para significar la realidad, a través de la libre experimentación con la técnica y la dramaturgia teatral, aunque al comienzo su mensaje parezca confuso y hasta anarquizante. Es este quizás el teatro que la época requiere. De ahi que podemos afirmar que si el teatro de los 60 estuvo condicionado por el Teatro de Paccioni, el del 70 por el academicismo de la Escuela de Teatro, en el 80 el tono dominante lo van a dar grupos experimentales como Malayerba en Quito y El Juglar en Guayaquil.

3.2 El discurso de la espectacularidad y la crisis del teatro de grupo

Bajo este aspecto se puede comprender puestas en escena de varios elencos, que sin perseguir un fin comercial, se juntan para hacer un determinado espectáculo para luego disolverse, reagruparse, o volver a reducirse al grupo originario. En este período se pueden diferenciar dos corrientes: Por una parte, los grupos pequeños que intentan sobrevivir reagrupándose continuamente y por otra, grupos establecidos que para captar la asistencia del público, se embarcan en la tarea de hacer grandes producciones, con directores y actores invitados, contratados para una determinada producción. Con esto empieza a entrar en crisis, el concepto de "grupo" sobre el que había crecido el Nuevo Teatro Latinoamericano, y parece comenzar a reafirmarse lo que antes del 60 se entendía como "compañía". Los grupos de teatro en estas condiciones, carecen de los elementos ideológicos teatrales y políticos aglutinantes, que los cohesione internamente. Aquí se produce la proliferación de grupos que aparecen y se desintegran con igual rapidez. Los trabajos realizados no forman parte de un proceso real de desarrollo de grupo, ni de inserción en la realidad nacional, ya que después la experiencia se diluye. Son actos aislados, que pueden significar un prestigio momentáneo. Este discurso de la "espectacularidad" se refuerza en el momento en que la democracia cristiana empieza a introducir tímidamente la economía de mercado, la cual se va a convertir en el gobierno de León Febres Cordero, en la panacea que le servirá de slogan para llegar al poder: "pan, techo y trabajo". Y no es que estemos en contra de la espectacularidad, sino que esas manifestaciones, no obedecían a la realidad del país ni de los grupos. Es un teatro de la apariencia, más que de la esencia. Esto no significa que algunos de estos grupos, no aspiren a obtener connotaciones sociales con estos espectáculos.

En 1980 sorprende el Teatro Ensayo con la puesta en escena de *Tartufo* de Molière, en un montaje de corte clásico, casi arqueológico trasplantado a una planta de teatro circular, con actores ecuatorianos invitados. El director Roberto D'Amico de nacionalidad italo-argentina, hace una puesta en escena en el mejor estilo del teatro comercial. Una transposición mecánica de un montaje, descontextualizado de tiempo y lugar. La obra, sin embargo, gusta y es un éxito de público. El estilo de trabajo de poner un montaje en 6 semanas, no concuerda con la experiencia heredada de Paccioni, del estudio minucioso de la obra y sus circunstancias, lo que produce enfrentamientos con el director durante el montaje. Esta experiencia no va a tener trascendencia al interior del grupo. En ese mismo año el Teatro Ensayo lleva a escena *Vida y muerte severina* del brasileño João Cabral, que continúa la línea de trabajo del Teatro Ensayo. Puesta más modesta en recursos económicos, pero más real y cercana a la realidad ecuatoriana, y que por cierto incluía elementos novedosos, que le daban al espectáculo una gran belleza estética, al tiempo que mostraba los efectos de la migración campesina. Uno de los grandes problemas que enfrentaba el Ecuador. Luego el Teatro Ensayo se embarca en una experiencia de Creación Colectiva, que le va a consumir cuatro años de trabajo en una experiencia cuyos resultados en opinión de muchos, no justificaron ni la inversión económica, ni el tiempo invertido. *Balada para un tren* un texto de Isabel Casanova, con la dirección de Antonio Ordóñez.

La Fundación Guayasamín auspicia dos espectáculos con un grupo de actores contratados, bajo la dirección de dos destacados directores extranjeros. *Madre Coraje* de Bertolt Brecht, interpretando el rol protagónico la conocida actriz Toty Rodríguez, con la dirección del colombiano Enrique Buenaventura. Obra puesta en escena sin ningún trabajo dramatúrgico previo, y carente de una concepción escénica, se convirtió de una curiosidad histórica sobre el teatro épico de moda entonces, en una obra intrascendente, que no le decía nada al espectador ecuatoriano de entonces. Las grandes posibilidades histriónicas de la actriz Toty Rodríguez no fueron aprovechadas, por falta de una concepción de montaje y una acertada dirección actoral, que no pudo romper con los esquemas del "modelo" de la puesta en escena del Berliner Ensemble de varios años atrás, que a su vez obedecía a su propio contexto, y encontrar los mecanismos para contextualizar la obra en el medio ecuatoriano. El otro montaje *El santo de fuego* de Mario Monteforte, con la dirección del experimentado director uruguayo Atahuallpa del Cioppo, tampoco pudo satisfacer el horizonte de expectativas que se creó, debido quizá a las debilidades de un texto muy poco teatral, que aún la mano maestra de Atahuallpa del Cioppo no pudo salvar. Y con estas dos obras se termina el teatro que ofrece la Fundación Guayasamín.

El Taller de Práctica Escénica de la Escuela de Teatro de la Universidad Central, realiza algunos experimentos en los que se puede destacar *La ópera de los tres centavos* (1984) de Bertolt Brecht bajo la dirección del español Ramón Pareja. Al parecer esta obra fue todo un éxito, por la masiva asistencia del público, que asistió al Teatro Nacional Sucre. Además fue acompañada por una crítica muy favorable. Este montaje cumplía una doble función, pedagógica y de difusión cultural. Gran parte del éxito obtenido con esta obra, que años antes resultó un fracaso, se debe a la dirección escénica, de un director que venía trabajando en el Piccolo Teatro de Milán. Hasta hoy han demostrados ser quienes mejor han comprendido y actualizado esta obra, a través de varios montajes, dirigidos por G. Strehler.

Otro montaje dentro de esta línea lo tenemos en *La conquista* (1980) de Alejandro Buenaventura, con la dirección escénica del propio autor. Obra crítico-realista que intentaba una nueva lectura de ese acontecimiento histórico, desde el punto de vista del pueblo. Según Santiago Rivadeneira: "Una obra que resultó fundamental en nuestro desarrollo escénico, por su nueva visión de este hecho histórico"[21].

La Compañía Ecuatoriana de Teatro que ya en 1977 bajo la dirección de Ramiro Bascompte, intentó introducirse con un tipo de teatro sensacionalista, poniendo la obra *Equus* de Peter Schaffer para obtener un fracaso total, quizá no solo por ser una mala copia de algún montaje europeo visto al apuro, sino también porque el público de los 70 era distinto del público de hoy. Diez años más tarde, bajo la dirección de Ramón Serrano (ex-alumno de Paccioni) lleva a escena una adaptación de la novela *Cumandá* de Juan León Mera, que se exhibe en el Teatro Sucre. Un montaje que no logra superar las limitaciones de una novela, que si bien es clásica en la narrativa ecuatoriana, adolece de la ahistoricidad y la cursilería romántica de la clase terrateniente del siglo pasado, que al tiempo que explotaba al indio en sus haciendas, lo idealizaban en la literatura. Ramón Serrano, talentoso director de comedia, encuentra en autores como Molière (El avaro, El burgués gentilhombre, Don Juan, El enfermo imaginario), el material apropiado para sus mejores puestas en escena, y convencer al público que ya se lo ha ganado, a lo largo de varios años trabajo.

El Taller Teatral El Tinglado dirigido por María Escudero, logra sobrevivir dos temporadas. Con actores de distinta formación, lleva a escena dos obras de dos autores diametralmente opuestos: *La cantante calva* de Ionesco y *Galileo Galilei* de Brecht. A juzgar por el juicio del crítico ecuatoriano Santiago Rivadeneira, intentaron

---

21   Rivadeneira (1988: 52).

un enfoque brechtiano, para la escenificación de la obra de Ionesco: "El Tinglado y María Escudero pudieron crear un nuevo lenguaje, a partir de la gravedad del lugar común, que logra superar el texto ionesquiano. El montaje sirvió, además, para demostrar que el método brechtiano no es un dogma"[22]. Esta puesta en escena es considerada por S. Rivadeneira, como una de las mejores 18 puestas en escena que se han realizado en el Ecuador en los últimos años. Puesta menos feliz, la de *Galileo Galilei* (1987), que no pudo contextualizar la obra en un país, que vivía en ese entonces, un renacimiento de la violencia estatal orquestada por el socialcristianismo, donde el decir la verdad, al igual que en la obra de Brecht, tenía connotaciones subversivas. La puesta en escena, no encontró un estilo de montaje, que contextualice la pieza hacia su destinatario. Un experimentalismo con elementos ajenos a la obra, unido a una mezcla confusa de estilos, neutralizaron la captación del mensaje brechtiano, e incluso dificultaron la caracterización de los personajes. En síntesis, un trabajo desfasado de puesta en escena, contexto social, y actuación.

Por esos mismos días, el grupo Teatro Estudio de Quito dirigido por Víctor Hugo Gallegos, obtenía un éxito apoteósico con la puesta en escena de *Las brujas de Salem* (1987) del norteamericano Arthur Miller, en el Teatro Prometeo de la Casa de la Cultura. Santiago Rivadeneira escribiría: "No vacilamos en calificarla como la más espectacular puesta en escena de los últimos años"[23]. La espectacularidad de esta puesta no estaba dada ni por la escenografía, ya que actuaban en un escenario semivacío, ni por la riqueza del vestuario u otros elementos exteriores. A diferencia de *Galileo Galilei* aquí pudieron generar un universo simbólico, pleno de significaciones psicológicas y sociales, que ponían al descubierto un sistema corrupto, basado en mecanismos de control a través del terror y la violencia. Quedaba claramente definido que cuando estos recursos eran insuficientes, se apelaba al fanatismo religioso para salvaguardar el orden. Sin ser una obra coyuntural, *Las brujas de Salem*, encontraron los códigos de su destinario, un pueblo inconforme con la represión de su gobierno. Procesos paralelos a la pieza habían ocurrido en el país, como el juzgamiento al Gral. Vargas Pazzos y sus comandos que encabezaron la fracasada rebelión al régimen. No me voy a olvidar la tensa atmósfera que recorrió la sala circular del Prometeo, cuando el Gral. Vargas Pazzos, que poco tiempo antes fuera liberado por la fuerza, y de quien se pensaba andaba en la clandestinidad, de pronto entró como espectador en medio del aplauso del público y sólo con su presencia agregó nuevas significaciones semánticas, a la lectura cruzada del espectáculo, quien al final abrazó emocionado a los actores. (En los meses anteriores, se habían dado acontecimientos similares a los de la fábula de la obra, con el juzgamiento del Gral. y sus comandos que participaron en la sublevación armada al régimen.) Eventos como éste, cercanos al Happening, muestran las fronteras difusas entre el teatro y la vida, y su interacción activa en la realidad. Hay que mencionar, que este efecto se produjo, porque al tiempo que se encontró el lenguaje apropiado de la puesta en escena para ese momento,

---

22   Ibíd. (1988: 53).

23   Ibíd.

se lo hizo con muy buenos niveles de actuación y una excelente utilización espacial. Aquí se produjo una productiva interrelación entre la juventud y la experiencia. Actrices talentosas jóvenes como Lissette Cabrera, Cristina Rodas, Adulcir Saad, se complementaron harmónicamente con la experiencia de actores experimentados como el colombiano Jaime Bonelli, que ha estado presente en casi todos los espectáculos importantes realizados en Quito desde fines de los 60, José Ignacio Donoso de quien ya se ha hablado y el mismo Victor Hugo Gallegos, para hablar sólo de algunos.

3.3 Teatro de la Identidad: ejemplos de Malayerba y El Juglar

El eje de la producción espectacular, en la década del 80 en Quito, se da por su perseverancia y calidad con el Grupo Malayerba y en menor grado en Guayaquil con El Juglar. Ambos grupos tienen un origen común en el grupo argentino que llegó a Quito dirigido por Ernesto Suárez en los años 70. Al dividirse el grupo, se quedó en Quito Arístides Vargas, quien con Carlos Theus forma el Mojiganga. Ernesto Suárez se va para Guayaquil con otra parte del grupo. Aquí imparten unos seminarios de actuación y con esta base forman el grupo Juglar. Luego se independizan y logran obtener una sala propia con capacidad para 300 espectadores.

Sobre sus antecedentes el grupo Malayerba escribe en uno de sus programas: "El grupo Malayerba, nace en Quito en el año 1979, como un equipo de actores profesionales, con carácter independiente y destinado a la producción de un teatro latinoamericano que exprese su realidad en un lenguaje propio"[24]. La mayoría de sus componentes iniciales eran de diversas nacionalidades con predominancia de argentinos, entre los que constaban los argentinos María Escudero, Arístides Vargas, Susanna Pautaso, la española Charo Frances. Resulta difícil en pocas líneas hacer un análisis de la obra de este grupo multinacional latinoamericano-ecuatoriano, sin haber podido ver toda su producción a lo largo del 80 y parte de la presente década. Sin embargo, podría visualizar su desarrollo, a partir de diversos momentos de su trayectoria, que pude observar: *Robinson Cruzoe* (1981), *El señor Puntila y su criado Matti* (1986), *Jardín de pulpos* y *Luces de Bohemia* (1994). El ciclo que parte con *Robinson Cruzoe* y que culmina con *Jardín de pulpos* abarca nada menos que diez obras. En estos trabajos se puede advertir una clara evolución que parte, desde una actitud abiertamente anarquista, en el enfrentamiento libre con el texto de autor, los elementos escénicos y la técnica teatral en *Robinson Cruzoe* (1981) donde predominan temas como el individualismo y la soledad tratados en una forma ahistórica e individualista. Se tenía la impresión de que no sabían muy bien lo que buscaban. Luego pasan a un acercamiento ingenuo y despreocupado de la estética de Brecht,

---

24   Ver programa de la obra *Luces de Bohemia* Quito 1994. Aquí se informa, que en este lapso realizan 11 puestas en escena y participan en 11 festivales internacionales de teatro representando al Ecuador. Desde 1990 Malayerba "[...] sostiene un "Laboratorio Teatral Permanente" donde un grupo de treinta jóvenes reciben clases diariamente de las diversas materias impartidas por los profesores del grupo [...]".

para sin intentar practicar el "brechtianismo", tomar lo que les parece útil del teatro épico, y transformar al *Señor Puntila y su criado Matti* de Brecht, en una obra de la sierra ecuatoriana, en donde personajes y situaciones son reconocibles, con lo cual devienen brechtianos. Este proceso avanza en una dirección inversa, esto es, en una búsqueda personalizada de la identidad individual, en el autoconocimiento, en el desvelamiento de la propia subjetividad, en donde el actor se pone como objeto de conocimiento e invita a que el público también lo haga, y con esto se conectan por una parte, con el Teatro Antropológico de Eugenio Barba y por otra con una de las corrientes predominantes del teatro latinoamericano actual. Para este objeto utilizan la obra de Georg Büchner *Woyzeck*, la cual se transforma por efecto de un trabajo dramatúrgico en el *Francisco de Cariamanga* (1991). Finalmente, este proceso continuo les lleva a una creación propia: *El jardín de los pulpos* (1992) obra de Arístides Vargas (director del grupo) en donde la identidad individual fragmentaria y alienada, se lanza a la búsqueda de la memoria histórica, que le posibilite la reintegración en la identidad colectiva, latinoamericana. Esta obra que desde mi punto de vista y juzgando por lo que conozco es su mejor trabajo marca un nuevo paradigma en el teatro nacional, y habría que analizarlo más detenidamente en otro momento. El texto dramático de *El Jardín de Pulpos* de A. Vargas es una obra que indaga a través de la metáfora dos aspectos: primero la complejidad de la identidad del hombre latinoamericano de hoy; segundo la posibilidad de rescatar la "utopía" a través de la capacidad de "soñar". A través de un texto provisto de una gran densidad semántica, pletórico de símbolos, aparecen diversos niveles, que permiten lecturas múltiples sobre la relación del individuo y las instituciones que lo forman y/o lo han deformado: familia, estado, iglesia, educación, militarismo,etc. ocasionándole la pérdida de la memoria y la capacidad de soñar sumergiéndolo en el conformismo. La puesta en escena, desvela este material a través de la utilización libre de recursos del grotesco, de la técnica del clown, de la pantomima, del ritual, manejados con refinamiento y buen gusto. Un grupo de muy buenos actores, entre los que se destacan Charo Frances, Carmen Vicente y Arístides Vargas asumen diversidad de roles sobre seres conocidos y desconocidos que transitan rompiendo las estructuras lineales de tiempo y lugar, moviéndose como en un vaivén por diversas épocas y momentos históricos. Estos seres apocalípticos detectados por las huellas dejadas en la subconciencia, van a ser los testimonios de la identidad perdida, que unirán los eslabones de la cadena de historia, que remiten a las circunstancias y lugares donde fueron quedando olvidados los fragmentos de la memoria. Este grupo de actores son una muestra de un proceso que no solo abarca la conquista de niveles sorprendentes de caracterización, que les hace desplazarse con facilidad por diversos estilos escénicos, sino que también han sabido crear una dramaturgia propia. Este elenco demuestra con su trabajo, la vigencia y la importancia fundamental del trabajo continuado dentro de un grupo, como mecanismo de supervivencia y de proyección cultural. En fin, un teatro que no ha olvidado la poesía, ni ha perdido el humor, ni la creencia en las utopías.

El otro grupo que marcha en una dirección similar, aunque con menores proporciones es el Juglar de Guayaquil. Su campo de acción es la problemática urbana de la gran ciudad. Su primer gran éxito lo obtuvo con la obra *Guayaquil Super Star* (1983), "*sketschs* articulados alrededor de situaciones de la vida del hombre marginado de la gran ciudad"[25]. En este espectáculo, dice Eduardo Almeida, son "el humor" y la "sátira" los elementos principales. *Como e la cosa*, otra obra de El Juglar elaborada en una dirección similar a la anterior, se ocupa de expresar con "humor" "la psicología del hombre costeño". La adaptación del cuento de José de la Cuadra *La banda de pueblo* es otro de sus montajes. Almeida nos informa también de la existencia del "Taller de Arte Popular Raíces, que ha logrado construir una sala para trecientos espectadores en uno de los lugares más populares del puerto"[26].

Otro grupo que lo podríamos ubicar dentro de esta tendencia es el grupo "La Mueca" dirigido y fundado por Oswaldo Segura y Taty Interllige en 1984. En el boletín informativo del grupo Mudanzas refiriéndose a dos de sus producciones (*Un Guayaco en Hollywood* (1988) sobre un texto de Oswaldo Segura y *Maestra vida* (1988) comedia musical latina del panameño Rubén Blades) se puede leer lo siguiente: "Su trabajo lo desarrollan dentro del género llamado grotesco criollo, imprimiéndole el característico ritmo y sabor latino. Mantienen también una permanente labor de difusión a través de seminarios teatrales dirigidos principalmente a los niños"[27].

3.3.1 Recuperación de la dramaturgia nacional

Esta década se caracteriza por la escasa producción del teatro de autor. Son muy contados los escritores que incursionan en este campo. Quizá porque la creación colectiva que se implantó con algún retraso en el Ecuador, terminó por asustar a los autores, precisamente cuando en otras latitudes ya había caído en desuso. De ahí que resulta loable la actitud de grupos como el Teatro Experimental Ecuatoriano, que en los primeros años de la década genera sus propias obras, para posteriormente dedicarse al rescate de obras olvidadas de la dramaturgia ecuatoriana, como *Suburbio* (1931) de Raúl Andrade, que Eduardo Almeida pone en el Teatro Sucre en 1983; y posteriormente *La leprosa* (1872) de Juan Montalvo, llevada a la escena en 1987. Trabajos de los cuales lamentablemente, no disponemos de materiales para evaluar su recepción espectacular. Grupos como "El Espada de Madera" también ponen en escena otra obra de Juan Montalvo *El dictador* escrita en 1873. La Compañía Universitaria de Teatro de la Universidad de Loja con la obra: *La sangre, las velas y el asfalto* de Enrique Gil Gilbert en 1980, y el Patio de las Comedias de Quito con la escenificación de la obra *Receta para viajar* (1892) de Francisco Aguirre Guarderas, escenificada en 1985.

---

25   Almeida (1987: 145).

26   Ibíd. (1987: 146).

27   Ver *Movimientos* (1988).

3.4 Otras expresiones de las Artes de la Representación en la década del 80

Para cerrar esta década, me voy a referir brevemente a algunas otras manifestaciones artísticas que sin ser eminentemente teatrales, se inscriben en el contexto de las Artes de la Representación como la danza-teatro, la pantomima, la ópera, los títeres, etc. Algunos de estas manifestaciones, resultan difícil ubicarlas en uno u otro género, por partir de un enfoque experimentalista multimedial, que les permite deslizarse de un género a otro. Uno de los primeros experimentos en esta dirección fue el trabajo realizado por el mimo José Vacas y la bailarina María Luisa González en el espectáculo *Mudanzas* (1983). Al respecto escribe Santiago Rivadeneira: "Una experiencia escénica, hito en la historia de las artes de la representación. Mudanzas pudo violentar las fronteras y transgredir los espacios de la danza y la pantomima" (1987: 153).

El Frente de Danza Independiente, que dirige el coreógrafo y bailarín Wilson Pico, encuentra material para su trabajo dancístico en la narrativa ecuatoriana, poniendo en escena *La vida del ahorcado* basado en el cuento de Pablo Palacio, y *La Linares* una novela corta de Iván Egüez. El trabajo de Wilson Pico se caracteriza por la utilización muy particular, de elementos narrativos de teatralidad popular extraídos de la vida cotidiana, que generan una composición gestual en las fronteras del rito, en la cual parece predominar la técnica del collage como principio de creación, y la búsqueda de atmósferas, presididas por una actitud casi religiosa frente a la danza, que lo acercan a algunas corrientes de lo que actualmente se podría entender como danza-teatro. El mismo Wilson Pico, va a incursionar posteriormente en la dirección teatral, con la puesta en escena de *Las divinas palabras*, de Ramón Valle-Inclán con el Grupo Malayerba(1994). Una transgresión similar con otros géneros es la que realiza el mimo José Vacas, quien aparte de la utilización de elementos cinematográficos en *La gran ilusión*, (1987) pone en escena *Acto sin palabras* de Becket (1988) y luego dirige varios espectáculos en Quito, e inclusive alguna de las óperas que se han dado en Quito, en los últimos tiempos.

La Opera se ha hecho presente en el Ecuador, contando con el auspicio de la Fundación Opera y de la Orquesta Sinfónica Nacional y gracias al empeño del director musical Alvaro Manzano, quien a su regreso al país luego de sus estudios en la antigua Unión Soviética, impulsa esta actividad en su calidad de director. Obras como *La Traviata* de Verdi y *El Barbero de Sevilla* de Rossini, son llevadas a escena. En 1990 realiza la sinfónica nacional un espectáculo conjunto con el mimo Mario Ojeda, y los actores José Ignacio Donoso y Rocío Bonilla, poniendo en escena *El carnaval de los animales* de Saint-Saens.

Un grupo que viene realizando un trabajo pionero en el area de los títeres es La Rana Sabia. Este grupo desempeña desde el año 1973 un papel muy importante en un sector casi abandonado, como es el público infantil y juvenil. Uno de sus momentos culminantes lo alcanzó en 1980, con la obra *1822, Crónica subyugante de una batalla*. Con esta obra y otras de su producción, este grupo ha recorrido el Ecuador, al tiempo que ha representado con mucha altura al país en una serie de festivales internacionales. Acerca de la trayectoria y las preocupaciones de este grupo, su director Fernando Moncayo manifiesta que la Rana Sabia "[...] tiene puestas en escena más de veinte obras para niños, la mayoría de las cuales son creadas por los integrantes del grupo, lo que les permite la sustentación de una dramaturgia al respecto [...]. En los montajes de la Rana Sabia existe una contínua búsqueda de un lenguaje propio, de una identidad que lo arraigue con las culturas andinas de su país"[28].

Antes de finalizar este primer acercamiento crítico al teatro ecuatoriano de las últimas tres décadas, voy a trazar un ligero esbozo de lo que ocurre en lo que va de esta década. Al comenzar la década presente el grupo Patio de las Comedias, obtiene un éxito considerable con la puesta en escena de la obra *La Marujita se ha muerto con leucemia* (1991) del joven autor ecuatoriano Luis Miguel Campos, dirigida por un ex-alumno de la Escuela de Teatro Guido Navarro. Con el pasar de los años esta obra continúa en cartelera, llegando a batir el récord, en la cantidad de representaciones, en la historia del Teatro Ecuatoriano. Hasta hace algunos meses llegó a contabilizar cuatrocientas representaciones, y siempre sigue contando con un público entusiasta, que en ocasiones no encuentra entrada. Este caso insólito, con una obra sin mayores pretensiones filosóficas, o alcances estilísticos, muy cercana al teatro de Francisco Tobar García. Más aún, se tiene la impresión de que pudo haber salido de la pluma de Tobar. La acción de la obra gira en torno a las aburridas conversaciones que desarrollan tres damas provenientes de tres regiones del país: Quito, Cuenca y Manabí. Estas damas colaboran con obras de beneficencia, realizando obras caritativas en beneficio de los más necesitados. En sus largas disquisiciones, expresadas en el dialecto regional -tal vez aquí yace la clave de su éxito- queda claro, que estas actividades son una coartada para dar sentido al vacío de sus vidas, al tiempo que utilizan sus encuentros para dar rienda suelta a la "chismografía" y al desahogo de sus frustraciones sobre el presente y la nostalgia del pasado. En suma una obra crítica que con elementos naturalistas intenta ejercer una crítica a los nostálgicos del pasado. No hay duda que el público se divierte, en especial la clase que se ve aludida. Así este tipo de teatro ha venido a llenar el vacío dejado por Francisco Tobar hace 20 años. Entre los méritos de este dramaturgo, están el haber redescubierto los elementos de la teatralidad tragicómica de estos sectores olvidados (burguesía y aristocracia criolla) que por casi tres décadas dejaron de ser tema de la escena ecuatoriana; también el haber introducido elementos dramatúrgicos nacionales en su drama como el recurso del dialecto y del regionalismo.

En una dirección opuesta a la anterior, pero también conectada con una de las vertientes del teatro anterior al 60, trabaja el Teatro de la Calle impulsado por el actor Carlos Michelena, que viene de la Escuela de Paccioni, cuyo influjo le viene a través de Antonio Ordóñez, quien fuera su profesor. Carlos Michelena había venido trabajando en grupos como el Teatro Ensayo, El Muro, Malayerba, hasta que decide hacer teatro en los parques y calles de Quito. Empieza con pequeñas improvisaciones a manera de sketchs, que posteriormente toman la forma del "sainete" similar a las

---

28   Moncayo (1987: 155). Aquí se encuentra información adicional sobre otros grupos de Teatro de Títeres del Ecuador como El Ollantay, La Rayuela, etc.

"estampas quiteñas", para en la medida que domina la estructura dramática, ir construyendo obras de mayor duración. El diario enfrentamiento con el público callejero, le permite a Carlos Michelena, la generación de un lenguaje popular, directo y comprensible. Los personajes son extraídos de los sectores marginales y enriquecidos con la estética callejera. Nadie como él de la gente de teatro en Ecuador, conoce tan bien el ser y el sentir del hombre humilde, lo cual le permite la fácil comunicación con el público. La estética callejera ha formado la personalidad y la técnica de Michelena, afinando sus recursos histriónicos, y dándole una gran capacidad de improvisación. Sus espectáculos los construye en permanente alusión y confrontación con el público, que nos recuerda los recursos de la comedia del arte. La pantomima, el gag clownesco, el chiste, la alegoría política del día, la noticia periodística, el dialecto, la mala palabra, la doble intención, unidos a un perfecto conocimiento de la psicología del público, obtienen la risa y el aplauso de un público variado, que le sigue y apoya. Después de varios años de trabajo, el Teatro de Michelena, ya no lo vé solamente el espectador casual de la calle que interrumpe por unos minutos su camino, sino que también actúa en salas cerradas, en programas de televisión, o alterna en programas con artistas de la farándula internacional. Me aventuraría a señalar, que el teatro de la calle de Carlos Michelena, ha venido a llenar el vacío dejado por el teatro de las Estampas Quiteñas del desaparecido Ernesto Albán M., no en tanto a la configuración de los personajes, sino en la temática y la forma de tratar los problemas de la gente humilde, provocando la risa y la alegría popular, como factores libertadores, aunque en forma momentánea. Este tipo de teatro, que Carlos Michelena, lo puede hacer con altura por su formación anterior y su seriedad, ha degenerado lamentablemente en una corriente de teatro aficionado, que tomando este tipo de teatro como modelo, han convertido al teatro en una forma de vida, dando por resultado un verdadero movimiento de "teatro callejero", con una pésima calidad estética, cuyo fin es la búsqueda de la sobrevivencia.

En el contexto del teatro del 90, se destaca el trabajo del grupo "Muyacán" al que lo denominan Pactara *La diosa blanca* (Visiones de la memoria genética) (1993). Trabajo de carácter etnológico-experimental sobre la base de las investigaciones de la mitología indígena, que surge bajo la dirección de Paco Salvador y Nelson Díaz. Este no es un grupo de teatro en el sentido usual del teatro hablado. Empezaron a trabajar hace ya muchos años, como un grupo de danza folclórica integrado por indígenas de la sierra ecuatoriana, e impulsados por el entusiasmo de Paco Salvador. Al cabo de varios años de trabajo amplían su horizonte, introduciéndose en el área de la investigación etnológica, de donde extraen el material para dar vida a un espectáculo impregnado de la magia y la fascinación de las culturas precolombinas. Este es un espectáculo inconvencional, que no se apoya en texto alguno, sino que se construye en la acción, surgida del rito y de la leyenda. Una cosmovisión mágico-religiosa articula las imágenes formadas por cuerpos, que se mueven con precisión geométrica, generando significaciones y alegorías que nos remiten a imágenes oníricas, similares al sueño. Un espectáculo que por su profusión de signos, por la transgresión de su gestualidad, por la precisión en el manejo de recursos técnicos, por el despliegue de energía enmarcados en el contexto de la tragedia india, nos recuerda las intuiciones artaudianas del Teatro de la Crueldad, para la celebración del acto de la *Conquista de Méjico*. Un espectáculo lleno de poesía y significación, un grito de las culturas tradicionales, reclamando su lugar en la cultura nacional y latinoamericana. Nadie mejor que ellos para definir su poética: "Arte escénico multidisciplinario de carácter etno-contemporáneo, ancestro renovado en metamorfosis de imágenes, movimientos, gestos, climas [...] voyerismos a territorios psico-andinos para desvelar lecturas destinadas a aclarar una historia escamoteada: religión y mestizaje"[29].

Un aire renovador es el que trae la puesta en escena de *Macbeth* (1993) obra que es mucho más que una relectura de la obra de Shakespeare. Esta pieza fue reescrita por Santiago Rivadeneira, y llevada a escena por los grupos Teatro Estudio de Quito y el Teatro Ensayo, con Antonio Ordóñez en el rol protagónico. Dirección de Víctor Hugo Gallegos. El mayor mérito de este trabajo, yace en lo que para muchos es su mayor defecto, esto es, en la reescritura del texto dramático. Este es un trabajo que casi no se ha realizado en el Ecuador, sobre todo con respecto a los clásicos. Algunas excepciones se produjeron tiempos atrás con el dramaturgo José Martínez Queirolo, que para dar un ejemplo, continuó la historia de Romeo y Julieta, mostrando estos personajes en su vejez, mientras se hacen mutuamente reproches por la infelicidad de la vida conjunta pasada. Esto ocurre en su obra *Montesco y su señora* (1965). La obra escenificada por el Teatro Estudio bien pudo ofrecerse como el "Macbeth" de Santiago Rivadeneira, así hubiera desatado menos polémica entre los defensores de los "valores" del Teatro Universal; puesto que la obra se reestructuró en su casi totalidad. Problemas de caracterización restaron brillo a la puesta de Gallegos, que, sin embargo, dio como resultado un trabajo meritorio que hay que estimular, y esperar que nuevos grupos le pierdan el miedo a los clásicos para beneficio del público y del teatro ecuatoriano.

BIBLIOGRAFÍA

Almeida, Eduardo: *1960-1987: Una actividad de lenta consolidación*, en: *Escenario de dos mundos....* (1987) 145

Campos Martínez, Luis: Introducción a *Teatro: Trilogía del Mar*, de Francisco Tobar García. Quito (Colección Antares. Editorial Ecuador) 1991, p. 8

Cueva, Agustín: *La cultura de la crisis*, en: *Difusión Cultural, Revista del Banco Central del Ecuador* Nr. 7. Quito (Mayo 1988) 59

Descalzi, Ricardo: *Historia Crítica del Teatro Ecuatoriano*. Tomo V. Quito (Edit. Casa de la Cultura Ecuatoriana) 1968, p. 1413

Luzuriaga, Gerardo: *Letras del Ecuador*, Nr. 151 (1972)

Moncayo, Fernando: *El teatro para niños*, en: *Escenario de dos mundos: Inventorio teatral de Iberoamérica*. 4 Tomos. Madrid (Ministerio de Cultura. Centro de Documentación Teatral) 1987, p. 155

---

29   Tomado del programa del espectáculo en mención.

Moreano, Alejandro: *El escritor, la sociedad y el poder*, en: *La Literatura Ecuatoriana en los últimos 30 años (1950-1980)*. (Varios autores). Quito (Editorial El Conejo). 1983, p. 114

Movimientos. Boletín de la Corporación Cultural Mudanzas, Año III Nro. 1 (marzo 1988)

Rodríguez Abad, Franklin: *Poética del Teatro Latinoamericano y del Caribe* Quito (Abrapalabra Editores y Nueva Editorial de la Casa de la Cultura Ecuatoriana) 1994, pp. 60-84

Rodríguez Castelo, Hernán: *Teatro Contemporáneo*. Guayaquil, Quito. (Clásicos Ariel Nr. 96). (No hay fecha de edición), p. 9

Rivadeneira, Santiago: *Ultimos estrenos*, en: Revista *Última Rueda*, 2-3. Quito (Agosto-Septiembre 1976)

----: *Dieciocho espectáculos en la memoria*, en: *Escenario de dos mundos: Inventorio teatral de Iberoamérica*. 4 Tomos. Madrid (Ministerio de Cultura. Centro de Documentación Teatral) 1988 Tomo 1, p. 52

San Félix, Alvaro: *Teatro de intención política en el Ecuador*, en: *Cultura*, Nr. 13, Vol. V. *Revista del Banco Central del Ecuador*. Quito (Mayo-Agosto) (1982)

Tinajero, Fernando: *De la evasión al desencanto*. Quito (Editorial El Conejo) 1987

----: *Literatura y pensamiento en el Ecuador entre 1948 y 1970*, en: *El Ecuador de la postguerra*. (Varios Autores). Quito (Ediciones del Banco Central del Ecuador) 1992, p. 591

Ubidia, Abdón: *La Ciudad de Invierno*. Novela. Quito (Editorial El Conejo) 1984

ANEXO: TRES DÉCADAS DE TEATRO ECUATORIANO[1]
TEATRO ECUATORIANO DE LA DÉCADA DEL 60

AÑO	CONTEXTO SOCIO-ECONÓMICO Y POLÍTICO	ACONTECIMIENTOS Y CULTURALES	PRODUCCIÓN TEATRAL
1960	José María Velasco Ibarra gana por IV ocasión la presidencia de la república. Se declara nulo el Protocolo de Río de Janeiro.	Poesía: "Dios trajo la sombra" de Jorge Enrique Adoum. El autor gana el Premio Casa de las Américas.	Teatro Experimental Universitario (TEU): "Boca Trágica" de. Enrique Garcés. Dirección de Sixto Salguero. Teatro Independiente: "La noche no es para dormir" Autor y director Francisco Tobar García (1928). Teatro Experimental de la Alianza Francesa: "El Escorial" de Ghelderode. Dirección: Jacques Thierot.

[1] Este es un primer intento de organizar la producción espectacular del teatro ecuatoriano dentro de las últimas décadas. Es posible que aparezcan algunos errores de desplazamiento de fechas, debido en primer término a la ausencia de fechas en los programas consultados, por lo que en muchos casos se ha deducido su presentación, o se ha consultado fuentes, que no se sabe si son seguras. En este caso pido disculpas y la ayuda de los grupos para rectificar estos errores.

AÑO	CONTEXTO SOCIO-ECONÓMICO Y POLÍTICO	ACONTECIMIENTOS Y CULTURALES	PRODUCCIÓN TEATRAL
1961	Golpe de estado de Carlos Julio Arosemena al Dr. Velasco Ibarra. Varios cubanos irrumpen en la Embajada ecuatoriana de la Habana, en busca de asilo		
1962	Se desata una agresiva campaña anticomunista y de fanatismo religioso. El gobierno se ve obligado a romper relaciones diplomáticas con Cuba, Checoeslovaquia y Polonia. Protestas populares. Presión de la derecha y la embajada norteamericana.	Aparecimiento del grupo de vanguardia cultural "Tzántzico" en la capital, con la realización de sus "actos recitantes" (mezcla de poesía, música y teatro).	TEU: "Las Ranas y el mar" de Alvaro San Félix. Dirección Sixto Salgueṛo. Escuela de Arte Escénico del Conservatorio Nacional: "El mar trajo la flor" de Eugenia Viteri. Dirección de Sixto Salguero. Teatro Experimental de la Alianza Francesa: "La casa del que dirán" de Jose Martínez Queirolo. Dirección de Jacques Thierot.

AÑO	CONTEXTO SOCIO-ECONÓMICO Y POLÍTICO	ACONTECIMIENTOS Y CULTURALES	PRODUCCIÓN TEATRAL
1963	Golpe de Estado encabezado por una Junta Militar. Se inicia una etapa signada por una aguda crisis económica y por la represión. Se instauran algunas reformas estatales, inspiradas en la Alianza para el Progreso.	Realización del I Festival Nacional de Teatro en el Teatro Sucre de Quito. Paralelamente se realiza un concurso de obras dramáticas en un acto[2]. Teatro: "La casa del que dirán" de José Martínez Queirolo. Llegada del director italiano Fabio Paccioni enviado por la UNESCO, cuya influencia será decisiva para el teatro ecuatoriano posterior. Poesía: "Los cuadernos de la tierra" de J. E. Adoum.	Teatro Independiente: " El arca de Noé" y Una gota de lluvia en la arena". Autor y director: Francisco Tobar. "Jueves" de Ernesto Albán Gómez. Dirección: Francisco Tobar. Teatro Experimental de la Alianza Francesa: "La casa del que dirán" y "El baratillo de la sinceridad" de José Martínez Queirolo. "El médico a palos" de Molière. Dirección: Jacques Thierot.

---

2   Según informaciones de Hernán Rodríguez Castelo en su Introducción al IV volumen de Teatro Ecuatoriano, participan en este concurso más de 60 autores con 108 obras, y solamente en Quito se llevaron a escena 31 obras teatrales. Ver: *Teatro Contemporáneo, Clásicos Ariel* Nro. 96. Pag. 18. Guayaquil - Quito.

AÑO	CONTEXTO SOCIO-ECONÓMICO Y POLÍTICO	ACONTECIMIENTOS Y CUTURALES	PRODUCCIÓN TEATRAL
1964	Se promulga La Ley de Reforma Agraria.	Novela: "Los poderes onnímodos" de Alfredo Pareja Diezcanseco.	Inicio de las actividades de Fabio Pacchioni. "con la participación de más de 140 alumnos"[3]. Teatro Experimental Universitario "Agora" de la Facultad de Filosofía de Guayaquil: "Juego de niños" de Víctor Ruiz Iriarte. Dirección: Ramón Arias. Compañía de Teatro Independiente: "El ave muere en la orilla". Autor y director Francisco Tobar Donoso.

---

3   Rivadeneira, Santiago. "Dieciocho espectáculos de la memoria", en: *Escenarios de dos mundos: inventorio teatral de Iberoamérica*. Madrid (Centro de Documentación) 1988. Tomo 1, pag. 151.

AÑO	CONTEXTO SOCIO-ECONÓMICO Y POLÍTICO	ACONTECIMIENTOS Y CULTURALES	PRODUCCIÓN TEATRAL
1965	Ecuador pierde la hegemonía mundial en la exportación del banano. Aguda crisis ecnómica.	Aparece la revista "Pucuna" del grupo Tzántzico. Novela: "El lagarto en la mano" de Juan Andrade Heymann.	Teatro Independiente: "El César ha bostezado" y "Las ramas desnudas". Autor y director: Francisco Tobar García. Teatro Ensayo de la Casa de la Cultura: "El Tigre" de Aguilera Malta; "El Pasaporte" de Ernesto Albán Gómez; "Réquiem por la lluvia" y "Montesco y su señora" de José Martínez Queirolo; "Velorio del albañil" de Augusto Sacoto Arias. Dirección Fabio Pacchioni.

AÑO	CONTEXTO SOCIO-ECONÓMICO Y POLÍTICO	ACONTECIMIENTOS Y CULTURALES	PRODUCCIÓN TEATRAL
1966	Invasión de la Universidad Central por el ejército. Levantamientos populares generan la caída de la dictadura militar. Se designa como presidente interino al Sr. Clemente Yerobi. La Asamblea Constituyente nombra al Dr. Otto Arosemena Gómez como presidente.	Toma de la Casa de la Cultura por un grupo de intelectuales de izquierda. Se funda la Escuela de Arte Dramático de la Casa de la Cultura. El personal docente en su mayoría miembros de la generación anterior. Fundación del Teatro Popular Ecuatoriano por Pacchioni. Francisco Tobar recibe la orden nacional al mérito por su labor en el desarrollo teatral. Novela: "El último río" de Nelson Estupiñán Bass. Cuento: "Cabeza de Gallo" de César Dávila Andrade.	Teatro Independiente: "Extraña ocupación" y "La gallina de los huevos de oro". Autor y director: Francisco Tobar García.

AÑO	CONTEXTO SOCIO ECONÓMICO Y POLÍTICO	ACONTECIMIENTOS Y CULTURALES	PRODUCCIÓN TEATRAL
1967	Descubrimiento del petróleo en la Región Amazónica e inicio de la era petrolera . Aumento de la inversion industrial en Ecuador.	El poeta César Dávila Andrade se quita la vida. Fundación del Teatro Popular por Pacchioni y sus alumnos. Novela "El testimonio" de Alsino Ramírez Estrada. Ensayo: "Entre la ira y la esperanza" de Agustín Cueva.	Teatro Independiente: "Cuando el mar no exista", "El león sin melena", Autor y director Francisco Tobar. "La más fuerte" de Strindberg; "El mejor confidente" de Diego Viga; "Un día loco" de Maruxa Vilalta. Dirección: F. Tobar. Teatro Ensayo de la Casa de la Cultura : "Boletín y elegía de las mitas", basado en el poema de César Dávila Andrade, dirección Fabio Pacchioni. Teatro Ensayo:"El cuento de Don Mateo" de Simón Corral Dirección de Fabio Pacchioni. Teatro Popular: "El pagador de promesas" de Alfredo Díaz Gómez. Dirección de Fabio Pacchioni.

AÑO	CONTEXTO SOCIO-ECONÓMICO Y POLÍTICO	ACONTECIMIENTOS Y CULTURALES	PRODUCCIÓN TEATRAL
1968	José M. Velasco Ibarra es elegido por V ocasión presidente constitucional del Ecuador	Fundación del Teatro La Barricada por Pacchioni. Grupo Agora de Guayaquil, participa en el I Festival de Teatro de Manizales con "La última noche de Franz" de Richard Schechner y "En alta mar" de Slawomir Mrozek. Intelectuales de Izquierda fundan el Frente Cultural. Historia crítica del Teatro ecuatoriano (6 Vols.) de Ricardo Descalzi.	Teatro Ensayo: "A la diestra de Dios Padre" de Enrique Buenaventura. Dirección: Antonio Ordóñez Teatro Popular: "Tupac Amaru" de Oswaldo Dragún. Dirección Eduardo Almeida. Teatro la Barricada: "Los Inocentes" adaptación de Enrique Buenaventura. "Libertad, libertad"(?), Dirección Fabio Paccioni. Grupo del Sur: "La Historia del zoo" de Edward Albee. Dirección Nicolás Belucci y Jorge Laguzzi. Teatro Experimental Universitario Agora:(Guayaquil) "Las faltas justificadas" de José Martínez Queirolo, "Christus" de Rafael Díaz Icaza; "Farsa" de Enrique Gil Gilbert; "Aquella mujer" de Luis García Jaime; "Luther King" de Saranelly de Lamas [4].

4 Datos tomados de *Introducción de Hernan Rodríguez Castelo*, en: *Teatro Contemporáneo. Clásicos Ariel* Nro. 96. Guayaquil - Quito. No hay fecha de edición, pag 16 - 17.

AÑO	CONTEXTO SOCIO-ECONÓMICO Y POLÍTICO	ACONTECIMIENTOS Y CULTURALES	PRODUCCIÓN TEATRAL
1969	Ecuador ingresa al pacto Andino	II Festival Nacional de Teatro de la UNP. IV. Festival de Teatro en Guayaquil. Disolución del grupo Tzántzico. "Henry Black" de Miguel Donoso.	Teatro Independiente: "En los ojos vacíos de la gente" y "Balada para un imbécil" Autor y director: Francisco Tobar García. Teatro La Barricada: "Pluff , el fantasmita" de María Clara Machado. Teatro Universitario "Agora" (Guayaquil): "Un extraño en la niebla" de Sergio Román. Dirección: Ramón Arias. Grupo Los Guayacanes (Guayaquil): "Q . E . P . D ." de José Martínez Queiro-lo. Dirección: Miguel Sarracín.

AÑO	CONTEXTO SOCIO-ECONÓMICO Y POLÍTICO	ACONTECIMIENTOS Y CULTURALES	PRODUCCIÓN TEATRAL
1969			Teatro Diagonal: "Casandra, el payaso y el vagabundo" de Hernán Rodríguez Castelo. Dirección: Modesto Parreño. Teatro Ensayo: "Jorge Dandin" de Molière y "Topografía de un desnudo" de Jorge Díaz, "Los tejedores" de Gerhard Hauptmann. Dirección: Antonio Ordóñes Teatro Popular Ecuatoriano: "¿Quiere Ud. comprar un pueblo?" de Andrés Lizárraga. "Los fusiles de la madre Carrar" de Bertolt Brecht. Dirección de Eduardo Almeida. Grupo del Sur: "Esperando a Godot" de Beckett . Dirección: N. Belucci Teatro Ensayo Libre: "Biedermann y los·incendiarios" de Max Frisch. "Los intereses creados" de Jacinto Benavente. Dirección: José Ignacio Donoso.

TEATRO ECUATORIANO DE LA DÉCADA DEL 70

AÑO	CONTEXTO SOCIO-ECONÓMICO Y POLÍTICO	ACONTECIMIENTOS Y CULTURALES	PRODUCCIÓN TEATRAL
1970	El presidente Velasco Ibarra se declara en dictadura.	III Festival Nacional de Teatro (Quito) Teatro: "Cuestión de vida o muerte" "Los unos vs. los otros"; "Q.E.P.D." de José Martínez Queirolo. "El sol bajo las patas de los caballos" de Jorge Enrique Adoum. Estreno en Ginebra. IV Festival Nacional de Teatro convocado por el Patronato Municipal de Bellas Artes de Guayaquil. Novela: "Siete lunas y siete serpientes" de Demetrio Aguilera Malta.	Teatro Ensayo: "Huasipungo" adaptación de Marco Ordóñez sobre la novela homónima de Jorge Icaza. Dirección Antonio Ordóñez. Teatro Popular Ecuatoriano: "Los hombres del triciclo" de Fernando Arrabal. "El hereje" de Morris West". "El ejército de runas", de Simón Corral. Dirección Eduardo Almeida. Teatro Independiente: "El búho tiene miedo a las tinieblas" y "Asmodeo Mandinga", autor y director Francisco Tóbar García. Teatro Los Guayacanes de Guayaquil: "Q.E.P.D." de José Martínez Queirolo. El Muro: "Un hombre es un hombre" de B. Brecht. La Barricada: "Los papeles del infierno" de Enrique Buenaventura. Dirección: Carlos Martínez.

AÑO	CONTEXTO SOCIO-ECONÓMICO Y POLÍTICO	ACONTECIMIENTOS Y CULTURALES	PRODUCCIÓN ESPECTACULAR
1971	Exportaciones: 242,9 millones dólares[5]. Presupuesto fiscal: 4.102 millones de sucres.	Ensayo: "El proceso de dominación política en el Ecuador" de Agustín Cueva. Teatro Ensayo Libre asiste por Ecuador al IV Festival Latinoamericano de Teatro en Manizales.	Teatro Ensayo: "La noche de los asesinos" de José Triana. Dirección: Antonio Ordóñez. Teatro Independiente: "Un espíritu burlón" de Noel Coward. Dirección: Julio Pazos. Teatro Experimental Ecuatoriano: "El chulla Romero y Flores", adaptación de la novela homónima de Jorge Icaza. Dirección Eduardo Almeida. Teatro Ensayo Universidad Católica (TEUC): "Réquiem para un girasol" de Jorge Díaz. Dirección: José Ignacio Donoso.

[5] Baez, René: "Hacia un subdesarrollo moderno" en: *Ecuador Pasado y Presente*. Instituto de Investigaciones Económicas de la U. Central. Pág. 260. 1975. (Datos de exportaciones y presupuesto fiscal del año 1971 a 1974).

AÑO	CONTEXTO SOCIO-ECONÓMICO Y POLÍTICO	ACONTECIMIENTOS Y CULTURALES	PRODUCCIÓN ESPECTACULAR
1972	Asesinato del presidente de la Federación de Estudiantes Universitarios del Ecuador (FEUE) Milton Reyes. Golpe de estado militar encabezado por el Gral. Guillermo Rodríguez Lara. Institucionalización del "Gobierno Nacionalista y Revolucionario de la FFAA". Inicio del "Boom Petrolero" en Ecuador. Exportaciones: 323,2millones dólares.	Se realiza en Quito el I Festival Internacional de Teatro. (Presencia de Boal, Buenaventura, A. de Cioppo, etc.) Aparece la revista "La bufanda del Sol" del Frente Cultural. Novela: "Atrapados" de Jorge Icaza. Teatro Ensayo participa en los Festivales de México y San Francisco (USA) con Huasipungo de J. Icaza	Teatro Ensayo: "Introducción al elefante y otras zoologías" de Jorge Díaz. Dirección de Víctor Hugo Gallegos. Teatro Ensayo: "La comedia de las equivocaciones" de Shakespeare. Dirección Antonio Ordóñez. Teatro Experimental Universidad Católica (TEUC): "Electra" adaptación de P. Aurelio Espinoza Pólit. Dirección de Julio Pazos. "Los unos vs. los otros" de José Martínez Queirolo. Dirección José Ignacio Donoso.

AÑO	CONTEXTO SOCIO-ECONÓMICO Y POLÍTICO	ACONTECIMIENTOS Y CULTURALES	PRODUCCIÓN ESPECTACULAR
1973	Exportaciones: 575.1millones dólares.	Creación de la Escuela de Teatro en la Facultad de Artes de la Universidad Central (Quito). Inicio de la formación académica de actores, instructores y diseñadores. Se traen varios profesores extranjeros. Convenio de cooperación con la Escuela de Teatro de la Universidad de Santiago de Chile. Teatro: "El habitante amenazado" Hugo Salazar Tamariz.	Teatro Ensayo: "Santa Juana de América" de Andrés Lizárraga. Dirección Antonio Ordóñez. Teatro Ollantay: " S + S = 41 ". Obra de Creación Colectiva. Grupo Noviembre 15: "La madre" de Brecht.

AÑO	CONTEXTO SOCIO-ECONÓMICO Y POLÍTICO	ACONTECIMIENTOS Y CULTURALES	PRODUCCIÓN ESPECTACULAR
1974	Exportaciones: 1050 millones de dólares. Presupuesto fiscal: 11.428 millones de sucres.	Novela: "Bruno, soroche y los tíos" de Alicia Yáñez. Teatro Ensayo lleva al II Festival Internacional de Caracas: Boletín y Elegía de las Mitas de Dávila Andrade y Antígona de Anouilh.	Grupo EL Zumbambico: "El Cristo de la agonía", autor y director Rodrigo Díaz. Teatro Ensayo: "Antígona" de Anouilh. Dirección de Mossen Yasen. TEUC: "Fin de Partida" de Samuel Beckett. Dirección Francisco Febres Cordero. Escuela de Teatro de la Univ. Central: "La Multa" Autor y director: Sergio Arrau. "Los brujos". Creación Colectiva. Dirección: Fausto Arellano.

AÑO	CONTEXTO SOCIO-ECONÓMICO Y POLÍTICO	ACONTECIMIENTOS Y CULTURALES	PRODUCCIÓN ESPECTACULAR
1975		Aparece el 1er. número de la revista especializada de la Escuela de Teatro "La Última Rueda".	Ollantay: "¿Cuánto nos cuesta el petróleo?". Creación colectiva. Pantomima: "Desfile de pequeñas mudeces" creaciones de José Vacas. Grupo Los Guayacanes (Guayaquil): "La torre de marfil". Autor y director José Martínez Queirolo. Escuela de Teatro de la Univ. Central: "Terror y miseria del tercer Reich" de B. Brecht. Dirección Antonio Ordóñez. Teatro Ensayo: "Muestra de García Lorca". Collage en base a textos de F. García Lorca. Dirección Antonio Ordóñez. Teatro Ensayo y Grupo de Teatro Quito: "La gran ilusión", basado en una idea de Héctor Malamud. Dirección de Nicolás Belucci.

AÑO	CONTEXTO SOCIO-ECONÓMICO Y POLÍTICO	ACONTECIMIENTOS Y CULTURALES	PRODUCCIÓN ESPECTACULAR
1976	Un triunvirato militar derroca al Gral. Guillermo Rodríguez Lara. Inicio de una etapa represiva. Apresamiento de 42 obispos en Riobamba, mientras realizaban una reunión convocada por monseñor Leonidas Proaño.	Novela: "Entre Marx y una mujer desnuda" de Jorge Enrique Adoum; "El pueblo soy yo" de Pedro Jorge Vera. "Historia de un intruso" de Marco Antonio Rodríguez; "La Linares" de Iván Egüez. "María Joaquina en la Vida y en la Muerte" de Jorge Dávila Vázquez. Cuento: "Micaela y otros cuentos" de Raúl Pérez.	Escuela de Teatro de la Universidad Central: "La excepción y la regla" de B. Brecht. Dirección de Ilonka Vargas. Grupo del Sur: "Concierto para oficinistas" de Oswaldo Dragún. Dirección. N. Belucci. Grupo Zumbambico: "Dansen" de B. Brecht, "El sueño de Felipillo" de Claude de Marigny. Clan de Teatro "Arlechino, servidor de dos patrones" de Goldoni. Dirección de N. Belucci. El Muro: "Dos viejos pánicos" Autor: Virgilio Piñera. Dirección Fausto Jaramillo.

AÑO	CONTEXTO SOCIO-ECONÓMICO Y POLÍTICO	ACONTECIMIENTOS Y CULTURALES	PRODUCCIÓN ESPECTACULAR
1977	Asesinato de trabajadores del Ingenio Azucarero Aztra. Protestas callejeras. Clamor general por el regreso de los militares a sus cuarteles.	Teatro: "La dama meona" José Martínez Queirolo. "Crónica de los Incas sin Incario" de Bruno Sáenz. Novela: "El desencuentro" de Fernando Tinajero. Poesía: "Un perro tocando la lira" de Euler Granda. Filosofía: "Esquemas para una historia de la filosofía ecuatoriana" de Arturo Andrés Roig.	Escuela de Teatro de la Univ. Central: "La ópera de los tres centavos". Dirección de Jaime Mix. Teatro Estudio Universitario: "El siguiente" de Terence McNally. Dirección: Franklin Rodríguez. Taller de Teatro: "La enorme pereza", adaptación de Abdón Ubidia sobre la obra "La fiaca" de Ricardo Talesnik. Dirección: María Escudero. Teatro Ensayo de la Universidad Católica: "Con gusto a muerte" de Jorge Dávila Vázquez. Dirección: Francisco Febres

AÑO	CONTEXTO SOCIO-ECONÓMICO Y POLÍTICO	ACONTECIMIENTOS Y CULTURALES	PRODUCCIÓN ESPECTACULAR
1978	Plebiscito popular en el que se aprueba la Nueva Constitución, como paso previo a la restauración de la democracia. Se aprueba el voto de los analfabetos. Asesinato del político Abdón Calderón Muñoz candidato a presidente de la república por el Frente Radical Alfarista.	Novela "Heredarás un mar que no conoces y lenguas que no sabes" de Alfonso Barrera. El grupo indígena "Los Yumbos Chaguamangos" representa al Ecuador en el IV Festival Mundial del Teatro de las Naciones en Caracas.	Teatro Mojiganga: "El rey desnudo" obra de creación colectiva, "El señor Mockinpott" de Peter Weiss. "Misterio Buffo" de Darío Fo. Dirección Carlos Theus. Taller de de la Facultad de Artes: "Atuntaquí". Creación colectiva. Dirección: María Escudero. Teatro Ensayo de la Universidad Católica: "El coronel no tiene quien le escriba" adaptación de la novela homónima de Gabriel García Márquez. Los Yumbos Chaguamangos (Provincia del Napo): "La Caminata" (Folklore y rito). Autor: Investigación creación colectiva. Dirección: Franklin Rodríguez. Clan de Teatro: "La loca estrella" de Pedro Saad H. Teatro Experimental Ecuatoriano: "La escuela de las mujeres" de Molière; "El principito" de Antoine de Saint de Exupéry; "Oratorio para una muñeca". Autor y director: Eduardo Almeida.

AÑO	CONTEXTO SOCIO-ECONÓMICO Y POLÍTICO	ACONTECIMIENTOS Y CULTURALES	PRODUCCIÓN ESPECTACULAR
1978			Compañía Ecuatoriana de Teatro: "Los inválidos y el héroe nacional" de Friedrich Dürrenmatt. Dirección Ramón Serrano. "Equus" de Peter Scheaffer. TAF: "El puente", "Vida pasión y muerte del gordo y el flaco", Instrucciones para matar al abuelo", "La Tele". Autor Luis Sepúlveda[6]. Dirección Diego Pérez.

6 En las conclusiones de una investigación sobre el Teatro ecuatoriano de enero 1978 hasta marzo 1979, realizada por los investigadores chilenos María Segovia y Luis Sepúlveda se afirma que: "El teatro ecuatoriano con 68 montajes y 1251 funciones en 15 meses no vive una crisis". Vid.: "Cultura" Nr. 13 1982.

AÑO	CONTEXTO SOCIO-ECONÓMICO Y POLÍTICO	ACONTECIMIENTOS Y CULTURALES	PRODUCCIÓN ESPECTACULAR
1979	Caída del Ministro del Interior Bolívar Jarrín al descubrirse sus implicaciones en la muerte del Ec. Abdón Calderón Muñoz. Triunfo del binomio populista-demócrata cristiano del Ab. Jaime Roldós y Dr. Oswaldo Hurtado. Inicio del período democrático.	Teatro: "En tiempos de la colonia" de Hugo Salazar Tamariz. "La herida de Dios"; "Espejo, alias Chuzig"; "Caudillo en llamas", "La herida de Dios" de Alvaro San Félix. Novela: "Bajo el mismo extraño cielo" Abdón Ubidia; "El destierro es redondo" de Edmundo Rivadeneira. "Por qué se fueron las garzas" de Gustavo A. Jácome. La UNESCO declara a Quito y Galápagos Patrimonio Cultural de la Humanidad. Muere Benjamín Carrión. Teatro Estudio Universitario asiste al IV Encuentro de Teatro Contemporáneo y a la Olimpiadas Culturales en Puerto Rico. Encuentro Internacional de Estudiantes (Cuzco) Gira por varias universidades peruanas.	Taller de Teatro: "A la diestra de Dios padre", adaptación de Raúl Pérez, sobre la obra homónima de Enrique Buenaventura. Taller de Práctica Escénica de la Escuela de Teatro (UC): "Ubu Rey" de Alfred Jarry. Dirección: Alejandro Buenaventura. Teatro Estudio Universitario (TEU): "La Banda de Pueblo" de José de la Cuadra. "El poeta y su tiempo". Collage sobre textos de Bertolt Brecht . Dirección: Franklin Rodríguez.

TEATRO ECUATORIANO DE LA DÉCADA DEL 80

AÑO	CONTEXTO SOCIO-ECONÓMICO Y POLÍTICO	ACONTECIMIENTOS Y CULTURALES	PRODUCCIÓN ESPECTACULAR
1980	Cita de los presidentes iberoamericanos en Riobamba, donde aprueban la "Carta de Conducta" presentada por el presidente ecuatoriano. Enfrentamientos entre el poder ejecutivo y legislativo. El partido de gobierno CFP, le quita el apoyo al presidente electo y se alía con los sectores conservadores.	Novela: "Polvo y ceniza" de Eliecer Cárdenas. Raúl Pérez gana el Premio Casa de las Américas por su obra "En la noche y en la niebla". Teatro Popular Ecuatoriano participa en el Festival del Teatro de las Naciones en Amsterdam.	Teatro Ensayo: "Tartufo" de Molière. Dirección:Roberto D' Amico. "Vida y muerte Severina" de João Cabral de Melo . Dirección: Antonio Ordóñez. Cia. Cecil Villar (Guayaquil): "Un gallo sobre el tejado caliente". Autor y director: Enrique Pacheco. El Juglar: "El centroforward murió al amanecer" de Agustín Cuzzani. Dirección Ernesto Suárez. Compañía Universitaria de Teatro de la Universidad de Loja: "Bautismo de sangre", en base a textos de E. Gil Gilbert, H. Salazar Tamariz y Holger Córdova. Dramaturgia y dirección de Franklin Rodríguez.

AÑO	CONTEXTO SOCIO-ECONÓMICO Y POLÍTICO	ACONTECIMIENTOS Y CULTURALES	PRODUCCIÓN ESPECTACULAR
1980			La Rana Sabia (Grupo de títeres): "1822: Crónica subyugante de una batalla" Creación del grupo. CLAM: "El monte calvo" de Jairo Aníbal Niño. Dirección: Carlos Villalba. Actores en Marcha: "Soldados". Dirección de Alejandro Buenaventura. Taller de Práctica Escénica de la Escuela de Teatro: "La Conquista". Autor y director: Enrique Buenaventura.
1981	Conflicto armado con el Perú por el problema limítrofe. Intervención de la OEA para lograr un acuerdo de paz. Muerte del presidente Jaime Roldós en un accidente de avión. El Dr. Oswaldo Hurtado asume el poder ejecutivo.	Novela: "Nunca más el mar" de Miguel Donoso. Teatro Popular Ecuatoriano participa en las jornadas de Teatro Musical contemporáneo en Rennes (Francia).	Grupo Malayerba: "Robinson Crusoe". Creación colectiva sobre textos de Jerome Savary. Dirección de Charo Francés. Taller de Actores y Fábulas (TAF): "Esta noche juntos amándonos tanto" de Maruxa Vilalta. Dirección: Diego Pérez.

AÑO	CONTEXTO SOCIO-ECONÓMICO Y POLÍTICO	ACONTECIMIENTOS Y CULTURALES	PRODUCCIÓN ESPECTACULAR
1982		Julio Pazos gana el Premio Casa de las Américas en Poesía con "Levantamiento del país con textos libres." Cuento: "El más hermoso animal nocturno" de Carlos Carrión. Teatro: Diego Pérez gana un concurso nacional de teatro con la obra: "Pródigo Cuzcungo". Muerte del actor Ernesto Albán M.	Grupo Malayerba: "Dídola, Pídola Pon" de Mauricio Sendak. Dirección Susana Pautasso. Fundación Guayasamin: "Madre Coraje" de Bertolt Brecht. Dirección de Alejandro Buenaventura.

AÑO	CONTEXTO SOCIO-ECONÓMICO - POLÍTICO	ACONTECIMIENTOS Y CULTURALES	PRODUCCIÓN ESPECTACULAR
1983	Inundaciones en la costa ecuatoriana. Reunión del Parlamento Andino en Quito. El presidente Hurtado convoca a la reunión económica de América Latina.	"El rincón de los justos" de Velasco Mackensie.	Fundación Guayasamín: "El santo de fuego" de Mario Monteforte. Dirección de Atahualpa del Cioppo. Grupo Malayerba: "Mujeres" de Darío Fo y Franca Ramé. Dirección: Aristides Vargas. Teatro Experimental Ecuatoriano: "Suburbio" de Raúl Andrade. Dirección. Eduardo Almeida. Taller de la Escuela de Teatro: "Fuenteovejuna" de Lope de Vega. Dirección Antonio Ordóñez. Pantomima: "Mudanzas", trabajo experimental creado por María Luisa González y José Vacas. Teatro de la Calle: "El inmigrante", creación, dirección y actuación de Carlos Michelena.

AÑO	CONTEXTO SOCIO-ECONÓMICO - POLÍTICO	ACONTECIMIENTOS Y CULTURALES	PRODUCCIÓN ESPECTACULAR
1983			Taller de Actores y Fábulas (TAF): "Macbeth" de W. Shakespeare, "Bodas de sangre" de F. García Lorca. Dirección: Diego Pérez. El Juglar (Guayaquil) : "Guayaquil Superstar", "Como e' la cosa", "Una ventana a la calle", "Banda de Pueblo" de José de la Cuadra[7]. Grupo Teatro: "Final de partida" de Beckett. Dirección: Germán Viteri.

7　No dispongo de más información sobre fechas de estrenos, autores o directores de las obras de este grupo.

AÑO	CONTEXTO SOCIO-ECONÓMICO - POLÍTICO	ACONTECIMIENTOS Y CULTURALES	PRODUCCIÓN ESPECTACULAR
1984	Reunión de presidentes latinoamericanos en Quito para buscar soluciones a la crisis de la deuda externa. El Frente de Reconstrucción Nacional (agrupación de las fuerzas de derecha) ganan las elecciones. Ing. León Febres Cordero es el nuevo presidente de la república. Inicio de una época en la que se intenta poner en marcha el modelo neoliberal de la economía de mercado. Continúa una etapa represiva de violación de los derechos humanos. Desconocimiento de la Corte Suprema de Justicia por el presidente de la república.	Malayerba va al "Festival Latinoamericano de Teatro" en Argentina. Novela: "Ciudad de invierno" de Abdón Ubidia. "Pájara la memoria" de Iván Egüez. Festival Intercolegial de Teatro de la Subsecretaría de Cultura en varias provincias.	Escuela de Teatro: "La ópera de los tres centavos" de B. Brecht. Dirección de Ramón Pareja. Grupo Malayerba: "La Fanesca". Creación colectiva sobre textos de María Escudero. Dirección de Arístides Vargas y Charo Francés. Taller de Actores y Fabulas TAF: "La Lección" de Ionesco. Dirección: Diego Pérez.

AÑO	CONTEXTO SOCIO-ECONÓMICO - POLÍTICO	ACONTECIMIENTOS Y CULTURALES	PRODUCCIÓN ESPECTACULAR
1985	Ruptura de relaciones diplomáticas con Nicaragua. Visita del papa Juan Pablo II al Ecuador. El movimiento guerrillero "Alfaro Vive, carajo" se hace presente con una serie de acciones.	Novela: "EL poder del Gran Señor" de Iván Egüez. "Teoría del desencanto" de Raúl Pérez.	Frente Independiente de Danza: "Los materiales de la ira y del amor" (danza-teatro) de Wilson Pico. La Pequeña Compañía: "El retablillo de don Cristóbal" de F. García Lorca. Dirección Jorge Matheus. Compañía Ecuatoriana de Teatro: "El avaro" de Molière. Dirección de Ramón Serrano. Teatro de Vanguardia: "La orgía" de E. Buenaventura. Dirección Iván Argudo. Opus: "Pic - nic en el campo de batalla" de Fernando Arrabal. Dirección de Juan Carlos Terán. Patio de las Comedias: "Receta para viajar". Autor Francisco Aguirre Guarderas.

AÑO	CONTEXTO SOCIO-ECONÓMICO - POLÍTICO	ACONTECIMIENTOS Y CULTURALES	PRODUCCIÓN ESPECTACULAR
1986	Fracaso de la insurrección armada del Gral. Frank Vargas Pazzos en contra del presidente León Febres Cordero. Caída de los precios del petróleo. Época de dura crisis económica.	Novela:"Sueño de lobos" de Abdón Ubidia.	Teatro Estudio de Quito: "Las Brujas de Salem" de Arthur Miller. Dirección de Víctor Hugo Gallegos. Grupo Malayerba: "El señor Puntila y su criado Matti". Autor B. Brecht. Dirección Charo Francés. Teatro Ensayo: "Balada para un tren" de Isabel Casanova. Dirección: Antonio Ordóñez. La Carpa: "Informe para una academia" de Franz Kafka. Dirección de Christoph Baumann. Taller Teatral El Tinglado: " La cantante calva" de Ionesco. Dirección María Escudero. Compañía Ecuatoriana de Teatro: "El cornudo imaginario" y "Don Juan" de Molière. Dirección: Ramón Serrano.

AÑO	CONTEXTO SOCIO-ECONÓMICO - POLÍTICO	ACONTECIMIENTOS Y CULTURALES	PRODUCCIÓN ESPECTACULAR
1987	El presidente Febres Cordero es secuestrado varias horas por militares de la aviación, quienes exigen y obtienen la libertad del Gral. Vargas Pazzos, encarcelado a raíz de la sublevación del año anterior. El presidente se compromete a no tomar represalias. El presidente de los EEUU George Busch visita Ecuador. Un terremoto en la región oriental causa graves perjuicios a la economía nacional, destruyendo partes del oleoducto petrolero.	Teatro: "Morir en Vilcabamba" de Eliecer Cárdenas. Premio Nal. de Literatura Aurelio Espinoza Pólit 1987. Malayerba asiste al Festival Iberoamericano de Cádiz. Frente de danza independiente organiza la Muestra de danza Contemporánea (Danza - Teatro): "La Linares" , "El hombre que sueña", "Vida del ahorcado", "Los materiales de la ira y el amor".	Taller Teatral El Tinglado: "Galileo Galilei" de Bertolt Brecht. Dirección de María Escudero. Teatro de la Calle: "La historia del niño héroe". Creación de Carlos Michelena. Frente de Danza Independiente: "La Linares" adaptación coreográfica de Wilson Pico sobre la novela homónima de Iván Egüez. Teatro Experimental Ecuatoriano: "La leprosa" de Juan Montalvo. Dirección Eduardo Almeida. El Telón: "La última cinta" de Beckett. Dirección Marcelo Arteaga. Mudanzas: "Pantoficinas" , creación de José Vacas. Compañía Ecuatoriana de Teatro: "Cumandá". Adaptación de la novela de Juan León Mera. "El burgués gentilhombre" de Molière. Dirección: Ramón Serrano.

AÑO	CONTEXTO SOCIO-ECONÓMICO - POLÍTICO	ACONTECIMIENTOS Y CULTURALES	PRODUCCIÓN ESPECTACULAR
1987			Taller Experimental de Teatro: "La historia del zoo" de E. Albee. Dirección de Christoph Baumann. El Juglar (Guayaquil): "Oh Guayaquil, be-autiful!". Creación colectiva. Dirección de Mauro Guerrero. Cía. de Comedias de Cecil Villar: "Balada para un adulterio". Dirección: Enrique Pacheco. Teatro Experimental de Machala: "Contigo, pan y cebolla" de Héctor Quintero. Dirección Bolívar Flores.

AÑO	CONTEXTO SOCIO-ECONÓMICO - POLÍTICO	ACONTECIMIENTOS Y CULTURALES	PRODUCCIÓN ESPECTACULAR
1988	Desaparición de los hermanos Restrepo (15 y 18 años). Tiempo después se constatará la implicación de la policía en este hecho. La Izquierda Democrática (Socialdemocracia) gana las elecciones con el Dr. Rodrigo Borja. Problemas con el gobierno norteamericano por el mural del pintor Guayasamín en la sala de sesiones del Congreso Nacional.	Muerte de monseñor Leonidas Proaño. Malayerba asiste al "Festival Iberoamericano de las Naciones".	Grupo Malayerba: "Doña Rosita la soltera" de F. García Lorca. Dirección de María Escudero. Teatro de la Alianza Francesa: "Wanted Moliêre" Dirección: Eudes Labrusse. Mudanzas: "Acto sin palabras" de Samuel Beckett. Dirección y actuación: José Vacas. La Mueca: "Un guayaco en Hollywood". Creación colectiva. Dirección Taty Interligue. "Maestra vida". Comedia musical de Rubén Blades. Taller de Teatro: "Ha llegado un inspector" de John Priestley. Dirección Ilonka Vargas.
1989	Recuperación de la reserva monetaria nacional.	Jorge Enrique Adoum recibe "El Premio Nacional Eugenio Espejo" por el conjunto de su obra literaria. Cuentos. "Divertinventos, libro de fantasías y utopías" de Abdón Ubidia.	Grupo Malayerba: "Galería de sombras imaginarias" Adaptación y dirección de Arístides Vargas sobre textos de A. Jarry, F. García Lorca y J. W. Goethe.

TEATRO ECUATORIANO DE LA DÉCADA DEL 90

AÑO	CONTEXTO SOCIO - ECONÓMICO - POLÍTICO	ACONTECIMIENTOS Y CULTURALES	PRODUCCIÓN ESPECTACULAR
1990	Sublevaciones indígenas. Exigencia de un estado plurinacional.	Malayerba participa en el "XVI Festival de Teatro de Oriente" en Venezuela. Concurso de teatro auspiciado por la Casa de la Cultura Ecuatoriana. Participan 38 autores. Encuentro de Teatro Ecuatoriano organizado por la Subsecretaría de Cultura y la Asoc. de Trabajadores del Teatro. Novela: "El desvastado jardín del paraíso" de Alejandro Moreano. "Una buena razón para matar" de Raúl Rojas. Ensayo (Teatro) "Imágenes de la violencia" Iván Ulchur.	Mudanzas: "Pantomimas de Pascual" y "Relatos para los que no quieren oír". Actuación y dirección de José Vacas. Taller de Práctica Escénica: " PIC - NIC " de Fernando Arrabal, "Te quiero Zorra" de Francisco Nieva, "Pasión" de Edward Bond. "La ardiente paciencia" de Antonio Eskarmeta. Dirección de Jorge Matheus. La espada de madera: "El dictador" de Juan Montalvo.

AÑO	CONTEXTO SOCIO-ECONÓMICO - POLÍTICO	ACONTECIMIENTOS Y CULTURALES	PRODUCCIÓN ESPECTACULAR
1991	Una banda de adolescentes siembra el terror, dando muerte a varios taxistas.	Teatro ecuatoriano. Ocho obras seleccionadas. Casa de la Cultura. Novela: "Los diamantes y los hombres de provecho" de Eliecer Cárdenas.	Grupo Malayerba: "Francisco de Cariamanga" adaptación libre del drama "Woyzek" de G. Büchner. Adaptación y dirección de Arístides Vargas. Patio de las Comedias: "La Marujita se ha muerto con Leucemia" de Luis Miguel Campos. Dirección Guido Navarro. El Callejón del Agua: "El rincón de los amores inútiles". Adaptación de Arístides Vargas sobre textos de Enrique Jardel, Luis Fernández, Mario Benedetti. Dirección de Luis Mueckay. Compañía Universitaria de Teatro: "El espejo roto" de Jorge Dávila Vásquez. Dirección de Jorge Matheus.

AÑO	CONTEXTO SOCIO- ECONÓMICO - POLÍTICO	ACONTECIMIENTOS Y CULTURALES	PRODUCCIÓN ESPECTACULAR
1992	Los pueblos indígenas paralizan al país en protesta por la discriminación de que vienen siendo objeto y exigen su reconocimiento como nacionalidades indígenas. Visita al Ecuador del presidente peruano Alberto Fujimori. La derecha tradicional accede nuevamente al poder por elección popular, a través de Sixto Durán Ballén y Alberto Dahik. Aplicación acelerada del modelo económico neo-liberal. Anuncio de un plan agresivo de privatización de empresas de servicios públicos. Protestas masivas.	V Festival Internacional de Teatro de Manta. Malayerba asiste al Festival Internacional de las Artes en Costa Rica. Teatro: "Comedia del cuerpo" de Bruno Sáenz Andrade.	Taller de Práctica Escénica de la Esc. de Teatro: "Sueño de una noche de verano" de Shakespeare. Dirección de Jorge Matheus. Compañía Universitaria de Teatro: "Anastas o el origen de la Constitución" de Juan Benet. Dirección Antonio Ordóñez. Teatro La Mueca (Guayaquil): "Efigenio, santo o demonio" José Paredes Litardo. Dirección: Taty Interllige y Oswaldo Segura. La Trinchera (Manabí): "El zaguán de alumnio". Adaptación y dirección de Arístides Vargas sobre textos de Hugo Mayo. Grupo Rojo Oscuro: "Casa matriz" de Diana Raznovich. Dirección de Christoph Baumann. Espacio: "Sueños de un seductor" de Woody Allen. Dirección Juan Carlos Terán. Patio de las Comedias: "Las Criadas" de Jean Genet. Dirección: Sergio Maldonado.

AÑO	CONTEXTO SOCIO-ECONÓMICO - POLÍTICO	ACONTECIMIENTOS Y CULTURALES	PRODUCCIÓN ESPECTACULAR
1992			Compañía Nacional de Danza: "El perfume de las gardenias" basado en poemas de Efraín Huerta. Dirección: Arturo Garrido. La Caja Ronca: "No todos los ladrones vienen a perjudicar" de Darío Fo. Dirección de José Vacas. "Isabel, tres carabelas y un soñador", adaptación de Santiago Rivadeneira sobre el texto homónimo de Darío Fo. Dirección: Antonio Ordóñez.
1993	Graves inundaciones arrasan varios pueblos de la costa ecuatoriana, y provocan daños en la agricultura y en el sistema eléctrico nacional.	Novela: "Que te perdone el viento" de Eliecer Cárdenas. Malayerba asiste al Festival de los Cinco Continentes en Venezuela.	Muyacán: "Pactara...La Diosa Blanca" (espectáculo de Teatro-danza) Dirección: Paco Salvador y Nelson Díaz. Grupo Malayerba: "Jardín de pulpos". Autor y director: Arístides Vargas. Teatro Estudio y Teatro Ensayo: "Macbeth". Adaptación de Santiago Rivadeneira sobre la obra de Shakespeare. Dirección de Víctor Hugo Gallegos.

AÑO	CONTEXTO SOCIO-ECONÓMICO - POLÍTICO	ACONTECIMIENTOS Y CULTURALES	PRODUCCIÓN ESPECTACULAR
1994	El gobierno realiza un plebiscito a nivel nacional.	Primera Cita Latinoamericana de Danza Contemporánea. Ensayo (Teatro): "Poética del teatro latinoamericano y del Caribe" de Franklin Rodríguez.	Taller de Práctica Escénica: "Las divinas palabras" de Ramón Valle-Inclán. Dirección Víctor Hugo Gallegos. Grupo Malayerba: "Luces de Bohemia" de Ramón Valle-Inclán. Dirección de Wilson Pico.

AUTORES DEL VOLUMEN

RAMÓN GRIFFERO. Director y dramaturgo. Es también Sociólogo de la Universidad de Essex y Licenciado en Estudios Teatrales por la Universidad de Lovaina. Director del Teatro universitario de esa ciudad entre 1980 y 1982. Ese año asume la dirección del teatro Fin de Siglo en Chile. Entre sus obras se cuentan las siguientes: *Historia de un galpón abandonado. Espectáculo escénico. Teatro fin de siglo-El Troley. 3 Obras de Ramón Griffero*. Santiago/Chile (Neptuno Editores) 1992; *99 La Morgue* (en ibíd.); *Cinema Utoppia,* (en ibíd.).

EDUARDO GUERRERO DEL RÍO (Santiago, 1953). Profesor de Estado en Castellano (U. Católica de Chile). Doctor en Literatura por la Universidad Coplutense de Madrid, España. En la actualidad es Profesor y Director de Estudio de Periodismo y Coordinador Diploma de Teatro de la Universidad Finis Terrae. Además, ejerce la crítica teatral en el diario "La Época" y la crítica literaria en el diario "La Segunda". Vicepresidente del Instituto Internacional de Teoría y Crítica de Teatro Latinoamericano. Entre sus publicaciones más importantes, *Crecer por la palabra I* (Santiago: Salesiana, 1983; con otros autores), *Literatura Latinoamericana* (Madrid: Santillana, 1987), *Conversaciones El teatro nuestro de cada Díaz* (Santiago: Red Internacional del Libro, 1993) y múltiples estudios, investigaciones, prólogos y artículos en libros y revistas especializados de teatro, tanto nacionales como internacionales.

M. SOLEDAD LAGOS DE KASSAI, nacida en Santiago de Chile, reside desde 1981 en la República Federal de Alemania. Doctora en Filosofía y Letras por la Universidad de Augsburgo. Colaboradora Científica en la Cátedra de Literaturas Románicas de la misma universidad entre 1990 y 1993. Desde 1993-1994 trabaja como investigadora de Teatro Latinoamericano en Buenos Aires. En 1995 regresa a la República Federal de Alemania. Es miembro de diversas organizaciones dedicadas a la investigación literaria y teatral (Society for Latin American Studies, Londres; Deutscher Hispanistenverband; International Federation for Theatre Research; Instituto Internacional de Teoría y Crítica de Teatro Latinoamericano IITCTL; Theater- und Mediengesellschaft Lateinamerika e. V., Stuttgart; Corporación Teatral de Chile, entre otras) y del Comité Editorial del Boletín del Instituto de Artes del Espectáculo, Facultad de Filosofía y Letras de la Universidad de Buenos Aires. Además de desempeñarse en el ámbito de la docencia y la investigación, la Dra. Lagos de Kassai ha escrito ficción: en 1994 se edita su libro de cuentos *Sonambulismos* en Santiago de Chile. Ese mismo año la Editorial Peter Lang publica su tesis doctoral, *Creación colectiva: Teatro chileno a fines de la década de los 80*. Ha publicado artículos sobre Teatro Chileno, Latinoamericano y Español en revistas y libros especializados, tanto en Europa como América Latina, algunos de los cuales se enumeran a continuación: *El teatro chileno de creación colectiva - Testimonios*

desde Santiago en 1988, Mesa Redonda Nº 8, Augsburgo 1988, 62 págs.; Zu
Gabriela Mistrals *Desolación* und zu *Tala*, en: *Kindlers Neues Literaturlexikon*, Bd.
11, München 1990, p. 768-770 y 771-772; *El teatro chileno de creación colectiva
desde sus orígenes hasta fines de la década de los 80: Algunas reflexiones*, en: WUS
(ed.), *Fin de la fiesta oder abgefeiert?* - Diskussionsbeiträge zu Lateinamerika über
die "500-Jahre-Feier" hinaus, Wiesbaden 1992, p. 203-218; Kassai, Soledad / Schee-
rer, Thomas M., *Theaterblut - real und symbolisch - Eduardo Pavlovskys Stück "Potestad" anläßlich des Hispanistentags 1993*, en: *Uni Press* 2/93, Augsburg, p. 25-26;
*Nuevos lenguajes escénicos en el teatro chileno de creación colectiva de fines de la
década de los 80 y en el teatro español de vanguardia*, en: Pelletieri, Osvaldo (ed.),
De Lope de Vega a Roberto Cossa, Teatro Español, Iberoamericano y Argentino,
Buenos Aires 1994, p. 157-175; *Imagen y Gestualidad - La búsqueda de una nueva
estética*, en: *Teatro del Sur*, Nº 1, junio 1994, Buenos Aires, p. 31-42; *Culto a la
Malinche en "Los perros" y "Ceremonias del alba"*, en: Pelletieri, Osvaldo (ed.),
Actas del II Congreso Internacional de Teatro Iberoamericano y Argentino, Buenos
Aires 1995 (en prensa); *"Teatro de la Memoria": Reescritura de la Historia mediante
la revisión de los mitos subyacentes al concepto de chilenidad*, en: Zayas de la Lima,
PERLA (ed.), *El mito en el Teatro Latinoamericano*, Buenos Aires 1995 (en prensa).

EDUARDO PAVLOVSKY es médico psiquiatra, Fundador del Movimiento
Psicodramático Latinoamericano, Fundador del Grupo Psicoanalítico Plataforma,
Director del Centro Psicodrama Grupal.
Autor de numerosos textos sobre psicoterapia grupal, 1) Psicoterapia de grupo de
niños y adolescentes; 2) Psicodrama psicoanalítico en grupo; 3) Psicodrama cuándo,
por qué dramatizar; 4) Reflexiones sobre el proceso creador; 5) Adolescencia y mito;
6) Multiplicación dramática; 7) Espacios, creatividad y otros textos; etc.
Es autor y actor de las siguientes obras de teatro: *El Sr. Galíndez*, *Telarañas*,
Cámara lenta, *La mueca*, *El Sr. Laforgue*, *Pablo*, *Potestad*, *Rojos globos rojos*, *El
Cardenal*. Sus obras han representado a la Argentina en 25 Festivales Internaciona-
les, y algunas de ellas han sido traducidas al inglés, francés, alemán y portugués.
El Sr. Galíndez fue llevada al cine español (1984), Festival de Berlín (muestra
paralela). Y. Louis Trintignant estrenó en Los Angeles (1994) su obra *Potestad*. Su
libro más reciente es *La ética del cuerpo*.
Como actor de cine ha participado en *El santo de la espada*, *Cuarteles de invierno*,
El exilio de Gardel, *Miss mary*, y *Los chicos de la guerra*.

FRANKLIN RODRÍGUEZ ABAD. Ecuatoriano. Realizó estudios en el Colegio
Normal Juan Montalvo. Licenciatura en Actuación Teatral en la Escuela de Teatro
de la Universidad Central. Licenciatura en Filosofía en la Universidad Católica de
Quito. Doctorado en Ciencias Teatrales en la Universidad de Humboldt de Berlín.
En calidad de autor o director teatral ha participado en numerosos montajes teatrales.
Como director teatral ha representado al Ecuador en varios eventos internacionales

como el IV Festival Mundial del Teatro de las Naciones en Caracas (1978), el V Encuentro de Teatro Contemporáneo en Puerto Rico (1979), Encuentro Internacional de Estudiantes Cuzco (1979). Participa como ponente en varios eventos internacionales entre otros en Berlín, Augsburgo, Kiel, Rostock, (Alemania); La Habana, Barcelona, Ottawa. Ha escrito diversos estudios sobre Teatro Latinoamericano en ediciones conjuntas y revistas. Publicaciones: *Del teatro precolombino hacia la nueva poética teatral latinoamericana*, en: *Cultura* 26. Quito (Edición del Banco Central del Ecuador) 1986. *Apuntes para una poética del teatro latinoamericano*, en: *Semiótica y Teatro Latinoamericano*. Buenos Aires (Editorial Galerna/IITCTL). 1990. *Poética del Teatro Latinoamericano y del Caribe*. Quito (Nueva Editorial Casa de la Cultura Ecuatoriana) 1994. Estancias durante sus estudios en el Deutsches Theater, Berliner Ensemble, Volkstheater Rostock, y en la Schaubühne (Berlín). Participa en numerosos seminarios sobre técnica de actuación, dirección teatral, pantomima, etc. Ha sido docente invitado en la Universidad Nacional de Loja, en la Escuela de Actuación "Ernst Busch" de Rostock. Ha dirigido el Proyecto de Teatro Alternativo en el Arbeiterwohlfahrt (AWO), el seminario de Actuación de Schwerin (Alemania) donde dirige el grupo "Freies Theater Studio".

KLAUS PÖRTL nació el 12 de mayo de 1938 en Budweis/Böhmen. Estudió filología románica, germanística, historia y teatrología en Munich (1966). Lector de la editorial *Wissenschaftliche Buchgesellschaft* de la ciudad de Darmstadt en el año 1966, lector del DAAD (Servicio Alemán de Intercambio Académico) en la Universidad de Navarra en Pamplona de 1967 a 1971. Desde 1971 profesor ayudante en la Universidad de Maguncia, hizo su oposición a la cátedra de lenguas románicas con especialidad en lengua y literatura españolas de esa misma universidad en 1975. Fue vicepresidente de estudios y enseñanza universitaria de la Universidad de Maguncia entre los años 1985 y 1990. Fue profesor invitado en la Universidad de Valencia (por un semestre en 1983), en las Universidades de los Andes (Bogotá, 4 semanas, 1987), de la Concepción (Chile, una semana, en 1987) y de la Lingüística (Moscú, 4 semanas, 1990) ofreciendo ciclos de conferencias sobre literatura española y latinoamericana. Desde 1990 es catedrático y director del Instituto de Lengua y Cultura Españolas y Portuguesas de la Universidad de Maguncia en Germersheim. Obras publicadas: *Die Satire im Theater Benaventes von 1896 bis 1907*. (München, 1966), *Das lyrische Werk des Damián Cornejo (1629-1707)*. Eine kritische Edition der Handschriften von Roncesvalles. Teil 1. (München, 1978). Como editor: *Das Spanische Theater. Von den Anfängen bis zum Ausgang des 19. Jahrhunderts*. (Darmstadt, 1985). *Reflexiones sobre el Nuevo Teatro Español*. (Tübingen, 1986). Contribuciones científicas sobre la literatura española, latinoamericana y portuguesa, especialmente de los siglos XIX y XX. Traducción de obras de teatro de Antonio Buero Vallejo (*La doble historia del doctor Valmy*) y de Antonio Martínez Ballesteros. Coeditor de la revista *Iberoromania*, actualmente director ejecutivo.

ALFONSO DE TORO de origen chileno y de nacionalidad alemana, Magister Artium, Doctor por la Universidad de Munich (1982) obtuvo la *venia legendi* en la Universidad de Hamburgo (1990) y es actualmente (desde 1992) catedrático de Filología Románica en los campos de la semiótica, teoría literaria y teatro en la Universidad de Leipzig y director del Centro de Investigación Iberoamericana en el Instituto de Romanística, después de haber enseñado desde 1978 a 1992 en las Universidades de Kiel y Hamburgo. Es miembro del Comité Ejecutivo y Científico del Instituto Internacional de Teoría y Crítica del Teatro Latinoamericano (Ottawa, Canadá) y Director de la Sección de Europa. Además es director de la serie *Teoría y Crítica de la Cultura y Literatura* (Editorial Vervuert/ Francfort), de la serie *Teoría y Práctica del Teatro* (ambas series con Fernando de Toro) y co-editor de la serie Leipziger Forschung y de la revista *La Escena Latinoamericana*. Ha sido también profesor invitado y conferenciante en diversas universidades tanto europeas como norteamericanas y latinoamericanas.

La publicaciones del autor abarcan el campo del teatro, narrativa y poesía de las literaturas españolas, latinoamericanas, francesas e italianas, como así también el área de la teoría literaria y de la teoría de los géneros. Entre sus numerosas publicaciones pueden ser mencionados los libros *Zeitstruktur im Gegenwartsroman* (Tubinga: Gunter Narr Verlag, 1985); (ed.) *Gustav Flaubert* (Tubinga: Gunter Narr Verlag, 1987); (ed.) *Texte-Kontexte-Strukturen* (Tubinga: Gunter Narr Verlag, 1987); *Texto-Mensaje-Recipiente* (Tubinga: Gunter Narr Verlag, 1988 y 2a. edición Buenos Aires: Galerna 1990); *Los laberintos del tiempo* (Francfort: Klaus Dieter Vervuert, 1992); (ed. con K. A. Blüher) *Jorge Luis Borges* (Francfort: Klaus Dieter Vervuert, 1992); (ed. con F. de Toro) *Hacia una nueva crítica y un nuevo teatro latinoamericano* (Francfort: Klaus Dieter Vervuert, 1992); (ed. con M. Canevaci) *La communicazione teatrale. Un aproccio transdisciplinare* (Roma: Edizioni Seam, 1993); *Von den Ähnlichkeiten und Differenzen. Das Drama der Ehre des 16. und 17. Jahrhunderts in Italien und Spanien* (Francfort: Klaus Dieter Vervuert, 1993); (ed. con Wilfried Floeck) *Teatro Español Contemporáneo. Autores y Tendencias* (Kassel: Edition Reichenberger, 1995); (ed. con Dieter Ingenschay) *La Novela Española Contemporánea Autores y Tendencias* (Kassel: Edition Reichenberger, 1995), así como artículos en misceláneas, enciclopedias y diversas revistas europeas, latinoamericanas y norteamericanas, como *Kindlers Literatur Lexikon*, *Coloquio Anglo-Germano*, *Dispositio*, *Acta Literaria*, *Gestos*, *Iberoromania*, *Iberoamericana*, *Revista Canadiense de Estudios Hispánicos*, *Revista La Torre*, *Revista Iberoamericana de Literatura*, *Romanische Forschungen*, *Semiosis*, *Segismundo*, *Maske und Kothurn*, *Zeitschrift für Ästhetik*, etc.

FERNANDO DE TORO de origen chileno y de nacionalidad canadiense, doctor por la Universidad de Montreal (1980), es actualmente Profesor Titular en la School of Comparative Literary Studies, Director de la Facultad de Humanidades y miembro del Senado en Carleton University en Ottawa, Canadá. Se especializa en teoría y semiótica del teatro, Posmodernidad (ficción, arquitectura, teatro, pintura y filosofía), teoría de la literatura y literatura hispanoamericana.

Es director de un proyecto de investigación colectivo sobre "Historia del teatro latinoamericano (1500-1980)" subvencionado por el Social Sciences and Research Council of Canada; Ex-Presidente del Instituto Internacional de Teoría y Crítica de Teatro Latinoamericano; Ex-Director de la revista teatral *La Escena Latinoamericana*; Ex-Director de la serie "Teoría y Práctica del Teatro"; Director del Centro de Investigación de Teatro Latinoamericano en Carleton University y Co-Director con Alfonso de Toro de la serie *Teoría y Crítica de la Cultura y Literatura* y de la serie *Teoría y Práctica del Teatro* (Vervuert Verlag).

Sus publicaciones incluyen artículos sobre teatro hispanoamericano, antropología, semiótica teatral y literatura postmoderna, aparecidos en diversas revistas de EE.UU. (*Semiotica, Gestos, Canadian Review of Comparative Literature*), Europa (*Dégres, Versus*) y Latinoamérica (*Espacio, Repertorio*).

Es autor (en colaboración con Peter Roster) de la *Bibliografía del teatro hispanoamericano contemporáneo (1900-1980)* (Frankfurt: Klaus Dieter Vervuert, 1985), *Brecht en el teatro hispanoamericano contemporáneo* (Ottawa: Girol Books, 1984 / Buenos Aires: Editorial Galerna, 1987) y *Semiótica del teatro. Del texto a la puesta en escena* (Buenos Aires: Editorial Galerna, 1987/1988). Este libro ha sido publicado en 1994 en inglés en una co-producción entre Vervuert (Frankfurt am Main) y la University of Toronto Press, Toronto, Canadá. Es editor (con Alfonso de Toro) de *Borders and Margins: Post-Colonialism and Post-Modernism* (TKKL Bd. 5, Frankfurt am Main: Klaus Dieter Vervuert; 1995). Ha realizado importantes traducciones al español, entre ellas se destaca la del *Diccionario del teatro* (Barcelona: Paidós, 1984) de Patrice Pavis y *El director y la escena* (Buenos Aires: Editorial Galerna, 1987) de Edward Braun.

Teoría y práctica del teatro
Theorie und Praxis des Theaters

1. Alfonso de Toro/Fernando de Toro (eds.), *Hacia una nueva crítica y un nuevo teatro latinoamericano*, 1993
2. John P. Gabriele (ed.), *De lo particular a lo universal. El teatro español del siglo XX y su contexto*, 1994
3. Fernando de Toro, *Theatre Semiotics. Text and Staging in Modern Drama*, 1995
4. Wladimir Krysinski, *El paradigma inquieto. Pirandello y el campo de la modernidad*, 1995
5. Alfonso de Toro/Klaus Pörtl (eds.), *Variaciones sobre el teatro latinoamericano. Tendencias y perspectivas*, 1996.
6. Herbert Fritz, *Der Traum im spanischen Gegenwartsdrama. Formen und Funktionen*, 1996